Les meilleures pratiques
du développement des dirigeants

Chez le même éditeur

Frank Bournois, Jean-Louis Scaringella et Jacques Rojot,
RH : Les meilleures pratiques des entreprises du cac 40

Jean-Claude Lewandowski, *Les nouvelles façons de former*

Henry Mintzberg, *Des managers, des vrais ! Pas des MBA*

Yves Réale et Bruno Dufour, *Le DRH stratège*

Thales Université, *Le conseil interne, une innovation pour la mobilité : l'expérience Thales Missions et Conseil*

Bruno Dufour

Martine Plompen

Les meilleures pratiques du développement des dirigeants

Préface d'Alain Thibault
Président-directeur général du groupe Bernard Julhiet

Éditions
d'Organisation

Éditions d'Organisation
Groupe Eyrolles
61, Bd Saint Germain
75240 Paris cedex 05

www.editions-organisation.com
www.editions-eyrolles.com

Traduit de l'anglais par Michèle Fodor

© *Groupe Eyrolles, 2006*

ISBN : 2-7081-3328-4

Sommaire

CINQUIÈME PARTIE
NOURRIR L'INNOVATION :
LIBÉRER L'ÉNERGIE POUR APPRENDRE

Préface

UNE COMPLEXITÉ TOUJOURS CROISSANTE…

Jamais les discours sur le changement n'ont été aussi présents qu'aujourd'hui. Politiques, dirigeants d'entreprises, responsables syndicaux ou associatifs, tout le monde parle de la nécessité de changement et des périls qu'il y aurait à ne pas l'accomplir. Le changement est à ce début de 21ᵉ siècle ce qu'était le progrès au 20ᵉ, une évidence que l'on sait incontournable mais que l'on a énormément de mal à définir et encore plus à mettre en œuvre.

Changer aujourd'hui est à la fois plus nécessaire et plus difficile, parce que les équilibres entre les types de changement que connaissent les hommes depuis plus de quarante mille ans, la Tradition, l'Ouverture et l'Innovation, ont aujourd'hui été complètement bouleversés. Quand les hommes cherchent à Évoluer, ils avancent pas à pas, en tirant les leçons de leurs expériences passées, et s'efforcent d'en transmettre les fruits aux générations qui les suivent. Ils sont les tenants d'une société de Tradition. Quand les hommes cherchent à s'Enrichir, ils s'efforcent d'échanger leurs richesses (matérielles, culturelles…) avec celles des autres plutôt que de les leur confisquer par la force. Ils sont les tenants d'une société d'Ouverture. Quand les hommes veulent Progresser, ils inventent de nouvelles manières de procéder, cherchent à « faire autrement » et n'hésitent pas à remettre en cause les traditions. Ils sont les tenants d'une société d'Innovation.

Dans les sociétés traditionnelles, les hommes de Tradition au pouvoir ont toujours cherché à freiner l'expansion des hommes d'Ouverture, réputée dangereuse, et activement combattu les hommes d'Innovation, toujours suspects de remettre en cause les valeurs acquises. Les révolutions industrielles successives, les innovations technologiques en matière de transport et de communication, ont aujourd'hui considérablement réduit le pouvoir des hommes de Tradition au profit des hommes d'Ouverture et surtout des hommes d'Innovation.

Le contexte de ce début de 21e siècle, marqué par le scepticisme et les craintes devant la mondialisation, la croissance continue des échanges mondiaux et le spectaculaire éclatement de la « bulle » Internet, témoigne d'un nouvel équilibre à trouver entre les Traditions, sans lesquelles les hommes sont sans repère, l'Ouverture de la mondialisation et l'Innovation de la société technologique dans laquelle nous vivons. Ce sont ces nouveaux rapports entre Tradition, Ouverture et Innovation qui génèrent l'avènement d'une société complexe, marquée par des interactions entre des éléments hétérogènes, difficiles à appréhender car multiples, dissemblables et souvent contradictoires.

… À LAQUELLE LES ENTREPRISES RÉAGISSENT DE FAÇON PARADOXALE

Cette complexité croissante nous confronte à des changements de plus en plus fréquents, soudains, rapides et profonds, que les entreprises doivent maintenant intégrer comme faisant partie de leur quotidien. La tendance la plus distincte de ce nouveau millénaire est en effet la montée des incertitudes : incertitudes consécutives à la complexité des organisations et processus, incertitudes liées à la vitesse d'obsolescence des produits et des services et au rythme effréné de l'innovation, incertitudes engendrées par les risques qui pèsent sur les marchés où les comportements des clients évoluent de plus en plus rapidement et où la concurrence s'intensifie en permanence.

Face à la montée de ces menaces, la réponse des entreprises a jusqu'ici été de multiplier les projets d'organisation. Finance, production, marketing, commercial, contrôle de gestion et même ressources humaines, toutes les grandes fonctions de l'entreprise ont connu leurs projets de réengineering. Ces projets ont permis de réduire les coûts, d'optimiser les cycles de mise sur le marché, d'assurer un haut niveau de qualité des produits et des services et d'améliorer le pilotage économique. Ils ont peu à peu dessiné ce qu'est l'entreprise d'aujourd'hui : une organisation conçue au plus juste et au plus efficace… et paradoxalement plus difficilement capable de s'adapter à l'incertitude.

La grande tendance des années 1990 a en effet été de favoriser des organisations à la fois plus efficientes et plus rigides. Pour le groupe

Bernard Julhiet, les raisons en sont très claires : les entreprises ont surinvesti dans les processus et les systèmes et sous-investi dans les hommes. Or ceux-ci sont sortis fragilisés des réorganisations successives. Les logiques d'alignement systématique sur les « best practices », de « zéro défaut » et de pression continue sur les résultats financiers à court terme, ont engendré plus de passivité, moins d'apprentissage et moins d'innovation.

REPOSITIONNER LE CAPITAL HUMAIN
AU CŒUR DE LA TRANSFORMATION

Pour sortir de ce paradoxe, il n'existe à nos yeux qu'un seul remède réellement efficace : tirer parti des incertitudes en investissant massivement sur le capital humain. Le changement peut être vécu comme un événement exceptionnel ou imprévu, auquel il faut réagir souvent de manière douloureuse, ou comme une source de nouvelles opportunités et un levier de mobilisation.

Si les hommes ne changent pas, les organisations, les processus et les systèmes deviennent rapidement obsolètes. Ce constat nous pousse à revoir nos modes d'intervention. Notre responsabilité n'est plus simplement d'aider nos clients à améliorer leur performance à court terme mais de les aider à maintenir et développer leur performance aujourd'hui et demain.

Ceci suppose un véritable changement de paradigme dans la façon de penser le changement et la transformation en entreprise. Aujourd'hui, le modèle « cible » domine encore largement. Notre culture du management centrée sur les objectifs quantifiables en est totalement imprégnée, il n'est qu'à constater le nombre de fois où le mot « cible » est utilisé, « objectifs cibles », « organisation cible », « système cible », etc. — les exemples sont innombrables. Dans le modèle « cible », les entreprises décident de ce qu'elles veulent être et organisent leurs ressources de manière à atteindre cette cible.

Chacun d'entre nous a un jour vécu l'un de ces grands projets de transformation. Prenons l'exemple d'une entreprise constatant une baisse de rentabilité. La direction générale détermine, après analyses, que la cause de cette chute de rentabilité est due au trop grand nombre de clients non rentables. Une « cible » est donc fixée pour les deux prochaines années : se concentrer sur les clients rentables. Un nouveau projet est lancé : « 100 % de clients rentables », un chef de projet est nommé, une équipe est constituée, un prestataire est retenu, le projet est relayé à grand renfort de communication dans l'ensemble de l'entreprise. Un diagnostic est établi, des actions correctives sont lancées. Un nouveau système de gestion de la relation client est mis en place permettant de mieux connaître et analyser les caractéristiques du portefeuille commercial. Parallèlement, une nouvelle organisation des ventes par compte clé est déployée, avec pour objectif de mieux coordonner les efforts commerciaux à destination des clients les plus intéressants. L'analyse était bonne, le projet est rapidement un succès, le taux de marge remonte. Au bout de deux ans, l'équipe projet est dissoute, le chef de projet obtient une belle promotion, tout va pour le mieux, la rentabilité est remontée à un niveau satisfaisant. À peine un an après la fin du projet, le taux de marge rechute. Les commerciaux qui sont payés à la commission sur le chiffre d'affaires et qui évoluent dans un environnement culturel mettant en valeur la conquête, ont signé quelques contrats mal maîtrisés avec de nouveaux clients pour lesquels l'entreprise a produit à perte, ce qui a entraîné une forte dégradation de la rentabilité générale. Le constat de la direction générale est amer. Malgré les investissements dans le nouveau système de gestion de la relation client et la nouvelle organisation commerciale, les équipes commerciales n'ont toujours pas intégré le souci de la rentabilité et leur comportement n'est pas collectivement performant.

Cet exemple caricatural, mais réel, montre à quel point il est nécessaire d'introduire la dimension humaine au cœur de la transformation. Pour faire face à la concurrence mondiale et à l'incertitude généralisée, la plupart des entreprises ont atteint la taille critique, se sont réorganisées en profondeur, ont réduit leurs coûts de manière drastique, se sont positionnées sur les bons segments de marché, ont revu leur offre et leur dispositif de marketing. Même si aucune position n'est jamais acquise de manière définitive, la différence ne fait plus sur ces sujets, pour la bonne et simple raison que les entreprises performantes y sont déjà excellentes ! Les marges de manœuvre devenant de plus en plus étroites, les entreprises qui demain se démarqueront de manière durable ne seront plus seulement celles qui commercialiseront les produits et services les plus innovants et bon marché avec la meilleure qualité, mais celles qui seront capables de maintenir ce haut niveau de performance dans la durée parce qu'elles auront su créer des comportements durablement performants. La clé des performances actuelles et futures est le capital humain. Seuls les hommes ont la capacité à maintenir le niveau performance actuel, seuls les hommes ont la capacité à identifier, apprendre à maîtriser et développer les nouveaux leviers qui feront la performance de demain.

L'enjeu aujourd'hui pour les entreprises est de concevoir et mettre en place les dispositifs qui feront que leurs collaborateurs auront les moyens, les compétences et la volonté d'acquérir et de développer des comportements performants. Il s'agit tout simplement d'obtenir les résultats à travers les hommes !

AGIR SUR LES BONS LEVIERS

Après plus de cinquante ans d'intervention en tant que spécialiste du capital humain auprès des plus grandes sociétés, l'expérience nous a enseigné que les comportements performants ne sont jamais le fruit du hasard mais le résultat de politiques cohérentes agissant simultanément sur les hommes et les organisations. Il n'est pas possible d'agir directement sur la façon dont les collaborateurs exercent leur métier ; le contrôle social est aujourd'hui un fantasme obsolète. Ce que l'entreprise est en mesure de faire, c'est d'influencer et d'orienter les comportements professionnels de ses collaborateurs. Ce qui, compte tenu du pouvoir d'entraînement et de transformation des logiques de collaboration, est un immense levier d'optimisation des performances. Quand nous travaillons avec nos clients sur la valorisation du potentiel de leurs équipes nous distinguons traditionnellement six dimensions qui sont autant d'axes d'actions :

- la vision et les valeurs sont les éléments de la stratégie et de la culture d'entreprise qui donnent un sens aux comportements ;
- le management ou le leadership est la capacité du management à créer un environnement positif, constructif et mobilisateur pour les collaborateurs ;
- les compétences individuelles et collectives sont la capacité de l'entreprise et des collaborateurs à acquérir, développer et mobiliser les savoirs, savoir-faire et savoir-être nécessaires à l'atteinte des objectifs stratégiques de l'entreprise ;
- les politiques ressources humaines sont les outils de gestion des ressources humaines (évaluation, mobilité, rémunération, formation...) à disposition de l'entreprise pour favoriser le développement des bons comportements ;
- l'organisation et les processus sont le contexte organisationnel (répartition des rôles et responsabilités, procédure de reporting, de coordination...) qui va favoriser les comportements performants ;
- les outils et les systèmes sont les supports opérationnels qui vont permettre d'outiller, de rationaliser et de systématiser les comportements performants.

Agir de manière simultanée, systématique et cohérente sur ces six leviers permet de créer l'environnement qui favorisera l'éclosion, le développement et la persistance des comportements performants dont l'entreprise a besoin. C'est de la cohérence et de la pertinence des dispositifs mis en place sur chacun de ses six leviers que naissent les bons comportements et in fine la performance de l'entreprise.

L'ambition du groupe Bernard Julhiet est d'accompagner ses clients sur l'ensemble de ces axes. Recrutement, évaluation des collaborateurs, coaching, ingénierie et animation de formation, conseil en ressources humaines, conseil en organisation et conduite du changement, conception de module e-learning, accompagnement à la mise en place de systèmes d'information ressources humaines, toutes nos activités ont pour dénominateur commun d'aider nos clients à favoriser les comportements performants dont ils ont besoin pour gagner la compétition. Le capital humain et son développement sont inscrits dans nos gènes, accompagner nos clients dans leur transformation et les aider à gagner grâce aux hommes est notre passion.

C'est dans cet esprit que nous avons décidé d'accompagner l'European Foundation for Management Development (EFMD), Martine Plompen et Bruno Dufour dans la publication de cet ouvrage. Nous partageons la vision que les auteurs développent sur l'entreprise de demain comme étant une organisation apprenante devant résoudre le paradoxe d'être à la fois alignée et adaptable, une organisation où la capacité de leadership des managers sera déterminante et où les équipes ressources humaines devront se positionner en véritables partenaires stratégiques des directions générales.

Le véritable apport de cet ouvrage réside pour nous dans les nouveaux éclairages qu'il apporte sur le processus d'apprentissage en entreprise et dans le benchmark, l'analyse et la mise en perspective des meilleures pratiques qu'ont su développer les organisations les plus performantes en la matière, en particulier au travers des dispositifs d'université d'entreprise. Ces programmes sont des outils susceptibles d'agir sur les leviers de la vision, du leadership et des compétences, et même potentiellement de l'organisation et des politiques de ressources humaines. Vous l'aurez compris, ils s'inscrivent au cœur de notre vision du capital humain. C'est donc avec fierté et passion que nous nous associons à ses auteurs et que nous vous souhaitons bonne lecture.

ALAIN THIBAULT

Président-directeur général du groupe Bernard Julhiet

Avertissement

Les mots cachent des modèles

Dans l'effort de traduction de l'ouvrage, écrit initialement en langue anglaise, auteurs et traducteur ont buté sur la difficulté à identifier dans la langue française la terminologie adéquate.

Les langages techniques couvrent en fait des modèles culturels et organisationnels différents. Le vocable « formation » en français n'a pas d'équivalent en anglais. Le mot peut signifier une bonne demi-douzaine de pratiques différentes sans pour autant indiquer exactement celui que l'on veut désigner : training, development, teaching, learning, education, course[1]. Mais chacun de ces mots a un sens différent de « formation ».

Les Anglo-Saxons ont une approche fonctionnelle et pragmatique centrée, soit sur le développement individuel et organisationnel, soit sur l'entraînement à une tâche particulière. Dans « formation », il y a forme qui veut dire au départ moule (grec *morphê*, latin *forma*). Cette définition renvoie au mot emploi qui veut littéralement dire « ployer dedans ». On forme pour se conformer à un emploi. La dimension de la tâche, des missions à réaliser ou du développement personnel ou organisationnel n'est pas présente. La dimension est clairement plus statutaire, voire contraignante et non strictement opérationnelle.

Développer les hommes et l'organisation, c'est donner de l'autonomie pour que les personnes résolvent les problèmes qui surgissent sans faire appel au supérieur hiérarchique. Le modèle français fait donc référence à des modes de transmission du savoir hiérarchisé et à une pratique similaire en entreprise. Mais les pratiques évoluent sous la pression de l'environnement et la qualification des acteurs.

Le mot pédagogie est peu usité en anglais. On parle même en français de pédagogie des adultes (adult learning) ce qui est un non-sens, la racine « ped » signifiant « enfant ».

La grande innovation des quinze dernières années en andragogie (adult learning) dans le monde anglo-saxon a été de renforcer les démarches learning plutôt que teaching, pour aller dans le sens du développement personnel et de l'empowerment (responsabilisation). Les nouvelles technologies, qui promeuvent la désintermédiation ont joué un rôle important en ce sens.

Le titre de l'ouvrage en anglais, *Innovative Corporate Learning*, amène à une traduction qui s'éloigne du premier sens car il ne s'agit pas de formation au sens français du terme, mais beaucoup plus d'accompagnement du déploiement de la stratégie de l'entreprise. L'ambiguïté du mot « éducation » en français, notamment dans les termes « éducation nationale » alors qu'il s'agit en fait surtout d'enseignement, l'impossibilité de traduire learning par apprentissage (à cause de la référence à la pratique particulière de l'apprentissage) sont autant de freins à une transposition simple. Les ouvrages anglo-saxons sur le sujet ne sont d'ailleurs que peu traduits. L'usage en canadien français du mot « apprenance » pour traduire learning en choque plus d'un.

Ces aspérités, comme autant de barbes sur une pièce de métal, sont les témoins de quelque chose de plus profond. Si l'on y regarde de plus près, c'est le modèle de management des ressources humaines qui est en jeu. Modèle économique et orienté performance pour les Anglo-Saxons, modèle administratif et social en France. La fonction ressources humaines n'est pas encore tout à fait un « partenaire stratégique » de la direction de l'entreprise et de ce fait ne s'est pas approprié le langage et les pratiques correspondantes. C'est d'abord un acteur social et ceci est dû à l'histoire (Charte d'Amiens en 1906, guerre 1939-1945), à la législation sociale, aux grands conflits sociaux du siècle précédent, au rôle spécifique des syndicats. Les ouvrages anglo-saxons sur le positionnement stratégique de la fonction ressources humaines ont plus de vingt ans et n'ont pas été traduits. La formation est d'abord un droit social en France (1971) et ce ne sont pas les lois récentes qui nous feront dire le contraire. Dans le monde anglo-saxon, le corporate learning est avant tout un moyen pour améliorer et développer la performance afin de conserver les meilleurs.

Le mot corporate est lui-même difficile à traduire. Il peut signifier « de l'entreprise », voire dans certaines applications « du groupe » au sens siège social, lieu de résidence de l'équipe réduite de la direction générale (corporate headquarters). Corporate learning renvoie donc au développement (personnel et organisationnel) des dirigeants et managers de l'entreprise, ainsi d'ailleurs qu'au développement de l'entreprise elle-même et de ses savoirs (knowledge management).

Les dirigeants français ont été la plupart du temps formés, et souvent même très bien, dans le cadre de leurs études supérieures. Ils maîtrisent un savoir technique ou conceptuel de haut niveau. Par contre ils savent moins bien « faire faire », se comporter dans certaines situations (savoir être), communiquer, négocier, évaluer, manager. Jadis ces questions relevaient de l'intime dans la pratique de direction française[2]. Ce n'est que récemment qu'elles sont venues à l'ordre du jour dans les entreprises. C'est ainsi que les pratiques évoluent, et comme elles sont encore récentes et vite transposées, le glossaire n'a pas suivi et les praticiens ont préféré garder la terminologie anglo-saxonne, ce que nous ferons également dans bien des cas.

Certains sports ont gardé leur jargon (le tennis, le football, le rugby, le golf, le surf...) cela n'empêche pas nos concitoyens d'y exceller. Gageons qu'il en sera de même pour ces nouvelles pratiques innovantes de développement des dirigeants et des entreprises. Nous espérons que le lecteur ne nous en tiendra pas rigueur. Ceci ne nous empêchera pas d'utiliser parfois un faisceau de termes proches pour éviter les répétitions.

Introduction

Nouveaux enjeux pour les dirigeants : du management au leadership

Le rôle et la mission des dirigeants ont changé de façon radicale au fil des années et ce n'est pas par hasard si le mot « leadership » remplace de plus en plus le mot « management » dans le domaine de la formation des dirigeants.

L'organigramme d'une entreprise ne montre qu'une partie seulement de l'organisation réelle. « Chaordonné », tel est le mot à la mode qui indique un système biologique complexe qui n'est pas schématisé par un squelette sans vie. Les dirigeants dans un tel environnement doivent avoir des compétences sophistiquées qui ne sont pas simplement mécaniques.

Nous sommes tous des clients

Les entreprises sont maintenant moins repliées sur elles-mêmes et portent beaucoup plus d'attention au client. Un réel transfert de connaissances a été effectué en direction du client dans des domaines qui, il y a peu d'années seulement, auraient semblé trop compliqués. Par le jeu des nouvelles technologies, les clients se passent des intermédiaires, les opérations bancaires en sont un exemple. Mais le simple fait d'acheter dans un hypermarché ou sur un site web montre la masse de connaissances que tout un chacun a emmagasinées en tant que client. L'utilisation d'un clavier est maintenant aussi essentielle que la lecture et l'écriture.

Et nous tous « Occidentaux » sommes devenus ce nouveau client sophistiqué.

NOUS SOMMES TOUS DES FOURNISSEURS

Un tel comportement est le fait de la vie professionnelle comme de la vie personnelle. Ces attitudes si exigeantes sont reflétées dans l'environnement de l'entreprise, c'est un exercice réciproque entre collègues. Nous sommes tous devenus le « client roi » et en même temps le « fichu fournisseur ». Dans une entreprise le client peut être interne, au-dessus de nous, au-dessous de nous, à côté de nous et aussi à l'extérieur... Le dogme de la qualité 100 % est devenu la nouvelle religion et tout le monde est constamment en train d'évaluer tout le monde (TQM, Six Sigma, Balanced Score Card, le système de prime permanent, 360°, les assessment centers). Toutes les parties doivent être satisfaites, quelles qu'elles soient, quelle que soit leur identité, où qu'elles soient, quel que soit le moment. Il est évident que nous parlons là de quelque chose qui va bien au-delà d'un travail de gestion ne se souciant que des opérations. Les ordres ne viennent pas seulement des patrons. Où devons-nous aller, que devons-nous faire, ce n'est pas très clair, mais les indications proviennent de l'intégration des besoins du client. Il arrive trop souvent que les managers soient déstabilisés face à des demandes opposées de la part de l'entreprise et de la part du client. L'arbitrage devient difficile et plaire à tout le monde tourne au jeu politique, ce qui n'a pas grand-chose à voir avec la maîtrise d'une expertise.

Totale satisfaction, sinon rien. Accepter l'ambiguïté et être sous tension ne suffit pas. Les nouveaux dirigeants doivent aussi être capables de développer une vision, un consensus et montrer le chemin dans la nouvelle jungle des entreprises.

Les problèmes n'arrivent pas en ordre par dossiers. Ils arrivent par paquets comme autant de nœuds gordiens : inextricables, provenant de nombreuses sources de l'entreprise. Et il n'y a pas d'Alexandre le Grand pour trancher, les dirigeants doivent trouver des solutions qui passent les blocages et les frontières.

La compétence transactionnelle devient fondamentale. Redéfinir les procédures d'une fonction à l'autre prend du temps, de l'énergie et de l'argent. Les négociations internes, le marketing intra-entreprise, voici le nouveau jeu — beaucoup appellent cela de la politique... Les combats d'arène peuvent être désastreux dans une entreprise et quelques exemples le démontrent : l'appareil photo numérique a été étudié par plus de 21 services chez Kodak, il n'est donc pas surprenant de voir le temps qu'il a mis pour voir le jour.

Concevoir et communiquer les opportunités d'apprendre de l'université d'entreprise présente une complexité semblable. Les questions transfonctionnelles deviennent « méta fonctionnelles » et mêlent non seulement les fonctions mais aussi d'autres questions qui doivent être politiquement correctes comme :

- la diversité ;
- la responsabilité sociale de l'entreprise ;
- le soutien politique, financier, moral ;
- l'équilibre entre le global et le local ;
- etc.

Et la route du succès passe par la mise en réseau car à moins d'avoir des amis partout dans l'entreprise, on ne peut arriver à un compromis. Le management interstitiel, c'est-à-dire entre les cases et au travers de l'organigramme, permet aux dirigeants de contourner les obstacles et de survoler les pièges. Ces réseaux se tissent à partir d'expériences passées dans divers services ou au cours de stages et de séminaires au sein de l'UE, l'université d'entreprise — ce qui est l'un des principaux résultats et avantages d'une telle entité, c'est-à-dire amener les gens à se connaître et à se faire confiance au sein de l'entreprise tout entière.

Le management devient un « métamanagement », avec de très nombreuses métaphores pour expliquer ce qu'il faudrait faire. C'est la raison pour laquelle les faits racontés, les histoires de réussite, les cas d'étude, ont pris tant d'importance dans la préparation et la vie du dirigeant : quand les explications rationnelles deviennent difficiles à comprendre, il faut savoir utiliser des paraboles pour mieux communiquer.

Nouvelles compétences requises : pas une surprise

Cette situation d'obscure clarté est une expérience quotidienne or la complexité et la controverse ne peuvent être enseignées en tant que telles. Un autre méta niveau de compréhension doit être atteint en mêlant l'esprit rationnel avec la part émotionnelle de chacun d'entre nous.

Les « métamanagers » doivent déchiffrer la réalité complexe, tout en la décodant sans trop de simplification. Ils servent de coach, facilitateur, consultant interne ou expert pour « tous » les clients, qu'ils soient patrons, collègues, employés, partenaires, vrais clients... C'est ce qui explique les nouvelles tendances de préparation des dirigeants, le besoin de compétences en communication, les nouvelles dispositions de coaching et de consulting internes.

Avec la généralisation de l'approche « Qualité Totale » et la mise au point de nouveaux processus, les dirigeants sont en train de devenir concepteurs ou reconcepteurs de processus et chefs de projet, fonctions pour lesquelles peu ont été formés. En repensant l'entreprise, les « métamanagers » sont confrontés au développement de leur entreprise et au management du changement. Or ils ne sont pas tous familiers avec l'anthropologie ou l'étude des comportements organisationnels. Les acrobaties nécessaires pour ajuster la stratégie et les objectifs à tous les niveaux de l'entreprise, pour un meilleur fonctionnement, ne sont pas une opération où il suffit de faire jouer sa mémoire ou ses connaissances. Des compétences exceptionnelles dans le domaine transactionnel ou politique sont nécessaires. Ces savoir-faire sont beaucoup plus sophistiqués que ceux qui sont requis pour motiver les personnes et ils vont bien plus loin que la compétence stricte de communication.

C'est un exercice dur que de négocier et suivre les objectifs de ses subordonnés lorsque la réalité est si mouvante. Qui plus est, à cause des restructurations, des délais qui ne sont pas tenus et grâce, ou à cause, des nouvelles technologies, les dirigeants ont maintenant moins d'assistance pour atteindre des performances plus élevées. Il n'y a plus de secrétaire, plus d'assistante. Les leaders dirigent. Les métamanagers sont malmenés dans tous les sens et exposés à beaucoup de dangers dans une sorte de position « héroïque » que très peu d'entre eux peuvent garder durablement.

Il n'est pas étonnant que de nouvelles compétences et de nouvelles qualités soient nécessaires. Parmi celles ayant une valeur critique, il y a l'observation et le courage. L'observation, pour mieux s'adapter et réagir, le courage, non seulement pour atteindre les objectifs, mais aussi pour s'opposer aux décisions discutables ou contraires à l'éthique. De telles attitudes sont bien peu récompensées au cours des « distributions de prix » annuelles. Pas de médaille non plus, d'ailleurs, pour les efforts réalisés pour faire progresser les autres ou pour préparer les dirigeants potentiels à des missions dans l'entreprise. Or sans récompense, pas de réalisation.

Mais ne nous laissons pas abuser par la terminologie. Être leader est une autre manière de dire que les choses deviennent de plus en plus difficiles. Soutenir le développement des dirigeants et leur entreprise est une mission de l'EFMD. Accompagner le dirigeant est l'une des solutions. Les nouvelles qualifications requises appellent l'innovation dans ce domaine, de la part des entreprises comme des institutions.

Les meilleures pratiques du développement des dirigeants amènera, nous l'espérons, de nouvelles idées, de bonnes pratiques et des repères pour tous ceux qui sont concernés.

LE DÉVELOPPEMENT DE L'ENTREPRISE, VERSION CONCRÈTE

Les entreprises font de plus en plus confiance aux actifs incorporels pour obtenir des avantages compétitifs. Ce qui compte surtout est d'utiliser de façon maximale les connaissances existantes, la capacité d'apprendre et les talents humains, car l'innovation, la rapidité, la vitesse et la souplesse dans l'exécution sont aujourd'hui plus importantes que jamais. Dans ce livre, nous fournissons des exemples portant à la réflexion comme à l'action, provenant d'institutions bien connues. Nous passons aussi en revue les actions prises par des entreprises qui ont pour but d'augmenter leur capital humain pour accroître au maximum le partage des connaissances et le développement continu. Au travers de tous ces cas apparaît une carte du parcours européen. Elle permet de mieux comprendre les cultures innovantes qui mettent en valeur la créativité entreprenante. Ce livre concernera tout particulièrement tous ceux qui, concrètement, s'intéressent au développement dans un but stratégique. Il leur permettra de :

  découvrir comment on peut l'accompagner de façon innovante ;
  regarder en coulisse et examiner d'un œil critique quelques-unes des approches des leaders mondiaux ;
  voir comment on peut engager les personnes d'une entreprise sur la voie de l'excellence.

Dans l'agencement de l'entreprise idéale, les processus de développement, les communautés de pratique, les initiatives de management des connaissances opéreront tout d'une pièce au sein d'une culture d'entreprise novatrice où les personnes concernées s'épanouiront et contribueront à une entreprise qui se renouvelle constamment ; une entreprise qui étonne ses clients et la communauté à laquelle elle appartient. Par cet ouvrage, nous voulons contribuer à une plus profonde compréhension des voies qu'il faut emprunter pour arriver à une telle organisation.

C'est le développement du management au sens large qui est le souci fondamental de ces pages et les différentes parties de l'ouvrage sont consacrées à l'art et à la science de la formation, aux partenariats pour le développement de l'entreprise, aux universités d'entreprise et à l'innovation et la créativité. De nombreux et riches exemples illustrent la variété d'approches adoptées à travers l'Europe. Nos observations confirment que la clé de la réussite est un assortiment pertinent d'initiatives qu'il faut aligner de façon appropriée avec la stratégie. Par contre, ce n'est pas l'étiquette utilisée, partenariat ou université d'entreprise ou idea factory qui compte.

La plus grande partie de la littérature existante sur le développement organisationnel est académique et théorique. Ici, en présentant plus d'une centaine d'exemples vécus par les meilleures organisations européennes, écoles ou entreprises, nous mettons l'accent sur l'application de méthodes qui changent la vie. Ce n'est que grâce à l'expertise et à la vaste expérience du réseau EFMD qu'il a été possible de rassembler ce « témoignage » unique. Ce livre est destiné à ceux qui veulent réfléchir, sélectionner et appliquer les meilleures initiatives en matière de développement.

Chaque partie analyse les principales questions qu'il convient de considérer.

La première partie brosse un tableau des défis de toute sorte que l'on doit affronter pour se développer : mettre en œuvre une définition élargie du management des ressources humaines, donner un profil adéquat aux nouvelles universités d'entreprise, soutenir la formation...

La deuxième partie traite des partenariats pour le développement organisationnel. L'innovation dans ce domaine demande un prestataire souple travaillant en mode de co-construction avec un ou plusieurs partenaires. Mais quels sont les éléments critiques d'une telle méthode de travail ? Encore une fois, ce sont des exemples pratiques qui fourniront une foison de points à retenir.

Accélérer le changement dans une entreprise en s'aidant d'une entité propre à cette entreprise, tel est le propos de la troisième partie. Elle est illustrée dans la quatrième partie par une série d'études de cas. Les plus grandes entreprises européennes montrent à quoi ressemblent les meilleures universités d'entreprise : Où sont les limites d'une université d'entreprise ? Comment former et faire grandir une université entreprise ? Et comment s'arranger à ce que cette université devienne l'innovateur et l'initiateur de la stratégie de l'entreprise ?

La cinquième partie se concentre sur la façon de nourrir la créativité et l'innovation. Les « nouvelles idées » étant la clé de voûte du renouveau de l'entreprise, cette section explore les moyens de développer un environnement innovateur. Le développement continu de l'entreprise est accru par un processus de management des idées, en utilisant les arts, en s'aidant de communautés de pratique. Une fois encore, un grand nombre de considérations perspicaces et pratiques surgissent au fil des cas exposés.

On n'a pas encore écrit ou dit le dernier mot sur le développement organisationnel. Le rôle de l'individu, la relation existant entre apprendre et changer, l'analyse du concept de formation, la création d'un environnement idéalement propice à l'imprégnation, tout ceci a été examiné à fond. Il faut s'attendre cependant à ce que l'importance de la formation continue de croître, aussi bien pour les individus que pour les entreprises.

> « Apprendre est un trésor qui suivra partout son propriétaire. »
> (Proverbe chinois)

Première partie

Les défis du développement : Comprendre l'art et la science

LA COMPÉTENCE D'APPRENDRE À APPRENDRE

Les entreprises doivent s'améliorer dans l'art d'apprendre, c'est-à-dire de comprendre, d'acquérir de nouvelles compétences et de les appliquer avec succès. L'art d'apprendre est au cœur de la formation du dirigeant, qui concerne en fait l'exécution et le développement d'une stratégie. Les compétences apparaissent de plus en plus comme une cible mouvante, si bien que les interventions de formation sont nécessaires en permanence. Peut-être peut-on définir la formation comme « la compétence d'apprendre à apprendre ». Le sens que nous donnons au mot « apprendre » est un sens large qui englobe la création de savoir et le développement de l'entreprise et nous nous concentrons tout particulièrement sur le processus de changement humain induit. Après tout, seuls des gens très exceptionnels peuvent satisfaire aux critères du manager d'aujourd'hui pour arriver à mettre en œuvre des solutions de collaboration dans un environnement socialement complexe.

Dans un monde idéal, les processus consistant à apprendre, les communautés de pratique, les initiatives de management du savoir, doivent opérer sans faille dans une culture d'entreprise novatrice dans laquelle les personnes impliquées s'épanouissent et contribuent à une organisation sans cesse renouvelée qui étonne ses clients et la communauté à laquelle elles appartiennent. Par cet ouvrage, nous voulons contribuer à une compréhension plus profonde de tout ce qui est nécessaire pour construire une telle entreprise. Nous nous concentrons sur le développement du management au sens large, consacrant plusieurs chapitres à l'art et la science de la formation, aux partenariats, aux universités d'entreprise et à l'innovation et la créativité.

Il est très courant de diviser l'apprentissage organisationnel en trois prototypes[3] :

le type 1 couvre la correction des déviations ;

le type 2 implique l'ajustement à l'environnement ;

le type 3 concerne ce que l'on appelle la résolution de problème.

Le processus de cet accompagnement organisationnel peut être décrit en quatre étapes :

- l'identification des informations pertinentes pour apprendre ;
- l'échange et la diffusion de connaissances ;
- l'intégration de ces connaissances dans les systèmes existants ;
- la transformation des connaissances en actions et en applications.

D'autres modèles peuvent présenter plus de types ou moins d'étapes, mais ce qui compte surtout est le besoin d'approches intégrées.

Les enquêtes relatives aux meilleurs employeurs en Europe indiquent qu'ils arrivent à des résultats extraordinaires grâce à un alignement soigné de leur stratégie, de leurs processus et de leurs ressources avec les personnes, les programmes et les pratiques[4]. Ce qui fait toute la différence tourne autour d'une plus grande implication, d'une inspiration plus élevée, du développement des talents clés, de l'appropriation à l'échelle de l'entreprise, de la différenciation des missions et de la responsabilisation étendue. Ceci se révèle surtout vrai lorsque nous considérons l'évolution du concept de l'art d'apprendre. On est passé d'une approche individuelle en mode transactionnel visant le bon résultat d'une tâche, à un accompagnement d'entreprise fécond ayant pour but de construire un véritable capital humain.

EXIGENCES NOUVELLES

Face aux défis stratégiques actuels, on attend beaucoup du chef d'entreprise. Il doit être visionnaire, fin stratège, leader charismatique et rapide dans ses décisions. Il doit pouvoir manœuvrer dans n'importe quel contexte culturel et bien sûr, être souple, innovant, rigoureux.

Selon John Stopford, professeur à la London Business School, trois éléments sont prioritaires pour un directeur général. Créer tout d'abord de nouvelles propositions de valeurs à partir des actifs incorporels. Redéfinir ensuite les limites organisationnelles — par exemple, savons-nous ce que recouvre l'industrie pétrolière ? On parle de l'entreprise Microsoft, mais en réalité, où commence, où finit Microsoft : logiciels, communications, media, jeux, systèmes d'information, bases de données ? Certains directeurs généraux de sociétés familiales passent 40 % de leur temps[5] à attirer, retenir et valoriser des hommes de talent de niveau supérieur. Les connaissances comptent, mais l'imagination, l'intuition, le sens de l'innovation, sont essentiels. Dans ce livre, nous explorons des initiatives de formation propres à créer une telle organisation qui entreprend. Ou, comme le dit Paul Evans de l'Insead, on se développe grâce aux défis que l'on rencontre — et ceci est vrai des sociétés du Net comme des autres sociétés : la révolution de l'entreprise est loin d'être terminée.

Le « courage » est le mot qui vient à l'esprit lorsque l'on réfléchit à tout ceci. Ronald Heifetz, directeur de cours de « Leadership Education » (Préparation au leadership) à Harvard, souligne que le vrai leadership comprend le courage d'affronter la réalité[6], trois réalités à la fois :

  quelles sont les valeurs que nous défendons ? Et conformons-nous vraiment nos actes à ces valeurs ?

  quelles sont les compétences et les talents de notre entreprise ? Et y a-t-il un fossé entre ces ressources et la demande du marché ?

  quelles opportunités le futur nous fait-il miroiter ? Et quel pas devons-nous franchir pour les saisir ?

Lorsque nous faisons preuve de courage pour faire face à la réalité, alors nous avons la force de surmonter et orchestrer les conflits, c'est encore ce que dit Heifetz :

  le courage de discuter et de débattre d'options politiquement incorrectes en public ;

  le courage d'envisager plusieurs manières de faire et d'avancer ;

  le courage d'innover à l'intérieur des limites fonctionnelles.

Les entreprises performantes ont besoin d'œuvrer stratégiquement sur deux fronts simultanément, c'est ce que l'on appelle des stratégies à double effet : porter au maximum les capacités d'aujourd'hui tout en développant de nouvelles capacités pour demain. Si l'on s'en tient au domaine propre du développement du management, il semble que trois tendances principales l'influencent :

  une nouvelle façon d'apprendre : le nouvel ordre mondial conduit à de nouveaux défis dans le domaine de la formation. Les clients veulent aller au-delà de ce que l'on apprenait traditionnellement, ce qui entraîne un cursus enrichi de nouveaux éléments ;

  la technologie de l'information : elle joue un rôle immense, particulièrement sur la nouvelle manière d'apprendre ;

  un plus grand nombre d'acteurs : les universités d'entreprise poussent comme des champignons, des prestataires indépendants apparaissent. Les partenariats entre écoles, consultants et entreprises modifient le paysage de la formation traditionnelle.

L'entreprise de demain

Charles Handy — souvent appelé le « philosophe européen du management » — a parlé par anticipation, au siècle dernier déjà, de l'organisation « des trois i » : l'information, l'intelligence et les idées. Voici ce qu'explique Handy : « Une organisation qualifiée sait bien que tous ses collaborateurs brillants sont définis en tant qu'individus, spécialistes, professionnels, décideurs, leaders. Cette organisation ne peut manquer d'être littéralement obsédée parce que l'on doit apprendre ». Et dans ce contexte, il convient peut-être de définir le QI comme le « quotient d'innovation ».

i	Interaction	Intégration
	Implication	Imagination
	Inspiration	Ingénuité
	Information	Investigation

1.1 L'organisation de tous les « i »

Le changement de sens du travail et le rôle des personnes dans une organisation sont ce qui pose le défi le plus fondamental. Les caractéristiques clés des organisations aux « trois i » sont l'adaptabilité et l'alignement. Dans une organisation alignée, chaque personne, quel que soit son niveau, connaît la direction que prend son entreprise, sa vision, sa stratégie, et elle est rémunérée pour cela — c'est ce qu'a expliqué Warren Bennis dans une interview récente. Les hommes, sont le cœur de la stratégie. Apprendre et innover n'a jamais été plus important et les questions de ressources humaines apparaissent dans des fonctions où il n'avait jamais été question d'elles auparavant.

Dee Hock, dans son livre Birth of the Chaordic Age (Naissance de l'âge chaordonné), soutient que les formes organisationnelles traditionnelles ne peuvent plus fonctionner car les organisations sont devenues trop complexes. Le fondateur de la carte VISA plaide pour une forme d'entreprise qu'il appelle « chaordonnée », c'est-à-dire simultanément chaotique et ordonnée. Il pense que si VISA a réussi, c'est justement à cause de cette structure « chaordonnée » : propriété de ses banques membres qui, dans un sens, sont en compétition les unes avec les autres en regard du client, mais dans l'autre sens, doivent coopérer en honorant les transactions les unes des autres, au-delà des frontières et des devises.

Comment construire des organisations interconnectées si complexes ? Manager les hommes, est une réponse. Ce management s'appuie sur la compréhension à la fois des organisations et du rôle étendu que joue l'individu dans les processus de développement. Le développement organisationnel représente un changement vers des ressources humaines activement et professionnellement génératrices de stratégie, amenées de plus en plus à anticiper les besoins de l'entreprise et à accroître sa capacité à résoudre les problèmes. Et le progrès technologique soutient cette évolution. Une enquête réalisée en 2002 par l'université Watson Wyatt a montré que l'investissement technologique est bénéfique surtout parce qu'il permet aux ressources humaines de se recentrer pour devenir un partenaire stratégique.

Sans doute trouverons-nous utile de porter nos regards sur l'organisation interne de 3M[7]. Cette entreprise décrit ainsi la mission de son service ressources humaines : « En partenariat avec tous ceux qui ont des intérêts chez nous, la mission des ressources humaines est de manager une contribution et un développement de plus en plus conséquents des individus, des équipes et des activités, tout en maintenant un environnement qui procure aux gens de 3M satisfaction et fierté vis-à-vis de leur entreprise. »

3M a un modèle global de compétences incorporant dix dimensions avec trois éléments centraux :

Connaissance du domaine d'activité	• Avoir des résultats • Rôle de leader et d'influence
Connaissance de l'entreprise	• Apprendre et progresser • Efficacité personnelle • Orientation stratégique et clients
Excellence dans le travail	• Supervision et coaching • Réflexion et prise de décision

1.2 Modèle global de compétences 3M

Promouvoir les RH, nouveau partenaire stratégique

Au tout début de l'histoire des RH, on se préoccupait surtout de la gestion du personnel. Cet aspect des RH n'est plus aujourd'hui à l'ordre du jour étant donné qu'il est maintenant confié à des sous-traitants par un nombre croissant d'entreprises. Le meilleur exemple prouvant que cette perspective est dépassée est le contrat d'outsourcing (sous-traitance) entre BP Amoco et Exult[8]. Le marché conclu concerne par exemple l'équipe des RH et le système ; l'administration des bénéfices, la fiche de paye et les expatriés ; les données et les relations employés. De plus, le contrat de cinq ans signé en 1999 comprend le management de la performance, la formation, le développement des employés et celui de l'entreprise. Des données fournies périodiquement, cependant, indiquent que la roue tourne moins en douceur qu'on ne l'espérait. En février 2005, BT et Accenture ont signé un contrat de dix ans portant sur les services d'administration des RH.

Dans une perspective de performance élevée, le management des hommes est fondamental pour la mise en œuvre de la stratégie d'une entreprise. Les entreprises s'efforcent de créer de nouvelles compétences en développant un accompagnement fondé sur l'expérience. Le développement est modifié par le contexte organisationnel, tel est le message exposé longuement par le manuel Handbook for Organisational Learning and Knowledge. Tout au long de ce livre, les auteurs[9] mettent l'accent sur le fait suivant : la dynamique créée par les divers contextes d'entreprise est souvent sous-estimée ou mal comprise, un développement réussi ne peut être que le fruit d'un processus activement managé.

L'un des défis les plus importants auquel doit faire face toute fonction ressources humaines est de réinventer sa propre structure et son organisation. Dans quel but ? Pour démontrer, dans le futur, un comportement favorable vis-à-vis d'une approche par les processus et en tant que partenaire, qui rendra l'entreprise plus efficace. Dave Ulrich[10] décrit l'homme idéal des RH comme un partenaire stratégique, un expert administratif, un collaborateur modèle et un agent de changement.

DÉFINITION ÉLARGIE DES RESSOURCES HUMAINES : LE MANAGEMENT DES HOMMES

Mais comment le management des ressources humaines peut-il contribuer à la performance organisationnelle ? Dans leur livre International Human Resource Management : The Global Challenge, les auteurs Evans, Pucik et Barsoux présentent une réponse en trois volets[11] :

1. premièrement, le management des ressources humaines joue le rôle d'un architecte qui doit mettre en place les fondements tout en reconnaissant que la valeur ajoutée provient de la cohérence avec l'environnement et avec la stratégie de leur entreprise ;

2. deuxièmement, son rôle est aussi celui de partenaire du changement. Les RH doivent faciliter le processus de réalignement lorsque la stratégie est modifiée ;

3. troisièmement, son rôle est aussi celui du navigateur qui tient la barre et qui doit frayer son chemin à travers les tensions créées par le caractère complexe des entreprises transnationales.

D'ailleurs, le manuel Handbook for Organisational Learning and Knowledge[12] confirme que pouvoir et conflits sont les dimensions les plus méconnues du processus de développement de l'entreprise.

Comment les RH contribuent à la performance organisationnelle

- Architecte
- Partenaire du changement
- Navigateur

Thomas Sattelberger, ancien vice-président de l'EFMD, et généralement considéré comme le fondateur de la Lufthansa School of Business, a rapporté dans un entretien accordé à l'EFMD[13] :

> « L'une des principales lignes de conduite est celle-ci : ne pas tomber dans le piège des évaluations pour se consacrer plutôt à renforcer la stratégie. Si l'on se fie à l'activité seulement, on

navigue à vue de nez et seules guident les affaires existantes. Pour moi, je suis pour une définition élargie du développement des RH. Il ne s'agit pas seulement de capter et de fidéliser un capital intellectuel pour exécuter des stratégies d'entreprise. Non, il faut capter et fidéliser un capital intellectuel pour générer des stratégies d'entreprise. Puisque le capital intellectuel est le pivot central, le développement des RH génère en fait la stratégie dans certains domaines. C'est la croissance ou la diminution du capital intellectuel qui détermine les compétences futures de l'entreprise. Aujourd'hui, nous sommes peut-être d'excellents exécutants, nous faisons la relation entre le fait d'apprendre et le fait de faire des affaires. La formation et le développement aident certes à mettre en œuvre des stratégies pour l'entreprise, mais ce qu'il faut maintenant, et c'est là notre nouveau défi, c'est générer des occasions auxquelles on ne pensait pas, grâce aux collaborateurs. »

Et Sattelberger de continuer : « Nous devons évoluer, aller vers une ère nouvelle pour les entreprises. Les organisations excellentes se développent pour finalement ressembler à des associations de volontaires bénévoles. Les gens sont là tous ensemble pour une cause commune, ils sont poussés par leur propre motivation et ils ont l'entière liberté de s'organiser en réseau, d'interagir, de débattre. »

Une telle définition élargie suppose aussi que la connaissance organisationnelle est enchâssée dans les valeurs et les compétences de la société qui l'accueille. Les frontières de l'organisation devenant de plus en plus floues, de nouvelles énergies provenant de sources plus larges peuvent être utilisées pour alimenter un développement continu.

Le défi difficile des RH en tant que fonction est d'apporter des réponses efficaces et des idées pratiques. Un directeur « des talents » confiant doit vérifier en permanence les futures compétences de son entreprise, amener le changement culturel, et soutenir un régime d'innovation. À cette fin, les managers des RH doivent comprendre à quel point leur travail a changé, dit Neil Boden, directeur des ressources humaines à la Royal Bank of Scotland, responsable de l'intégration de son équipe après l'acquisition de NatWest. De nombreuses activités de routine des RH peuvent maintenant être réalisées en ligne, sont délocalisées ou sont réalisées par les employés eux-mêmes, voire sous-traitées[14]. Les gens des RH doivent se considérer « d'abord comme des membres de leur entreprise, ensuite comme des professionnels des ressources humaines », continue-t-il. Et ils doivent se concentrer sur le recrutement de talents, sur les questions de succession des dirigeants et sur la stratégie à long terme de leur entreprise. Le principe général est le suivant : les managers en poste recrutent, développent et dirigent leurs collaborateurs, et les RH interviennent si c'est nécessaire. Par exemple, les directeurs des RH doivent se concentrer sur le recrutement à long terme de leur entreprise, c'est ce que souligne lui aussi Vance Kearney, directeur des RH pour l'Europe chez Oracle.

Il est important de prendre en compte, dans ce contexte, le cycle de vie de toute organisation. Les entreprises naissent, croissent rapidement, sont en phase de maturité, puis entrent dans celle de réinvention. Les différentes approches des RH, phase par phase, sont explorées en profondeur dans diverses autres publications et dans d'autres rapports de recherche.

RÉALISER DE LA VALEUR STRATÉGIQUE GRÂCE AUX RH

Selon l'étude de benchmarking des RH[15] réalisée par PWC, les priorités les plus importantes des RH sont : le changement culturel, le développement du leadership et la communication interne. La figure ci-dessous reflète la future évolution des activités des RH selon Daniel Vloeberghs, dans son ouvrage Human Resource Management.

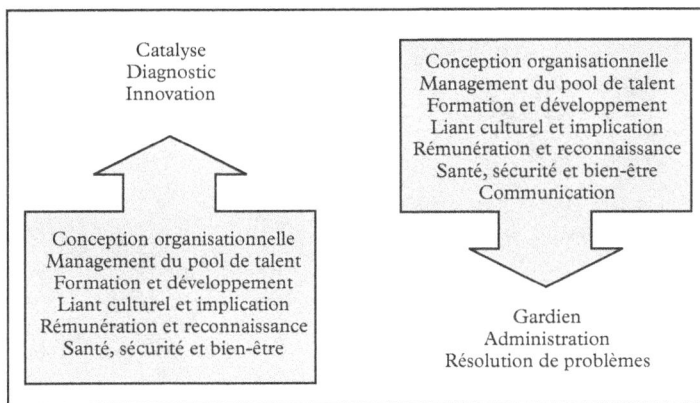

Catalyse
Diagnostic
Innovation

Conception organisationnelle
Management du pool de talent
Formation et développement
Liant culturel et implication
Rémunération et reconnaissance
Santé, sécurité et bien-être
Communication

Conception organisationnelle
Management du pool de talent
Formation et développement
Liant culturel et implication
Rémunération et reconnaissance
Santé, sécurité et bien-être

Gardien
Administration
Résolution de problèmes

2.1 L'évolution future des activités des RH

Une étude, entreprise par Development Dimensions International (DDI), sur la globalisation des pratiques des RH indique quelles sont les compétences les plus déficientes : la prise de décision stratégique, la vision, la communication et l'innovation. Toujours selon cette étude DDI, 85 % des entreprises globales essaient d'établir, dans tous leurs sites, une culture d'entreprise cohérente avec les objectifs et la façon de voir de l'entreprise. Pour qu'il y ait un équilibre approprié entre les pratiques globales et locales, l'étude présente les meilleures pratiques[16] :

- établir des systèmes communs dans tous les sites, y compris en comptabilité, marketing, systèmes d'information du management ;
- créer dans tous les sites une fonction organisationnelle gérant les apports individuels ou collectifs ;
- pourvoir à une préparation des managers et un développement organisationnel dans tous les sites, de sorte que chacun sache de quelle manière l'entreprise souhaite mener ses activités ;
- créer une stratégie et la formaliser, expliquant comment l'organisation mère se propose de mettre en œuvre une culture d'entreprise commune ;
- communiquer et faire partager les mêmes valeurs, les mêmes missions, les mêmes objectifs.

L'étude 2002 Human Resource Competency Study[17] rapporte que les compétences et les pratiques des RH ont maintenant un impact sur pratiquement 10 % de la performance financière de l'entreprise, c'est-à-dire plus que deux fois autant que cinq ans auparavant. Leurs contributions stratégiques comprennent le management de la culture, les disciplines de changement rapide, la mobilisation de l'organisation pour une réponse étroitement intégrée aux pressions compétitives et l'amélioration de la qualité de la prise de décision stratégique.

Contributions stratégiques des RH

- Management de la culture d'entreprise
- Disciplines de changement rapide
- Mobilisation de l'organisation pour des réponses étroitement intégrées aux pressions concurrentielles
- Amélioration de la qualité de la prise de décision stratégique

De plus, l'étude ci-dessus identifie cinq domaines majeurs de compétences pour les professionnels des RH :

- la contribution stratégique ;
- la crédibilité personnelle ;
- la qualité du service et des délivrables RH ;
- la connaissance des activités de l'entreprise ;
- la technologie RH.

L'étude 2002 Human Resource Competency Study porte en outre son attention sur la manière de réaliser une valeur stratégique. Ses conclusions clés comportent par exemple :

- la création d'une organisation réactive face au marché ;

- la construction d'une culture forte conduisant à la performance de l'entreprise ;
- l'attention portée à la vitesse du changement ;
- l'apport de points de vue alternatifs sur les questions stratégiques concernant les activités de l'entreprise ;
- la modification des délivrables RH concernant les compétences intégrées ;
- une attention soutenue concernant les « propositions de création de valeur » et la « chaîne de la valeur » de l'organisation.

De plus en plus de recherches ont répondu à un nombre croissant de questions. Pourtant, certaines interrogations demeurent et les hommes et les femmes qui ont des responsabilités au sein des RH se demandent comment les résoudre[18] :

- comment peut-on équilibrer les tâches traditionnelles et les missions nouvelles incombant aux RH, d'un côté des tâches techniques et administratives, de l'autre et de plus en plus des missions stratégiques ?
- la fonction RH va-t-elle se transformer ou va-t-elle disparaître graduellement parce qu'elle sera sous-traitée ?
- quelle métaphore peut-on utiliser de façon vraiment appropriée pour les professionnels des RH : architectes, gardiens, coachs, administrateurs, innovateurs, partenaires de l'entreprise, agents de changement, ou tous à la fois ?
- quel est le groupe cible prioritaire pour les RH : les employés, les associés, les parties prenantes, les clients, et par ailleurs comment équilibrer les objectifs de tous ces groupes cibles ?
- comment faire évoluer la fonction RH dans une organisation en réseau, comment peut-elle dépasser les frontières ?
- comment les professionnels des RH dans le futur vont-ils continuer d'ajouter de la valeur en créant un avantage compétitif organisationnel ?
- quelles pratiques spécifiques des RH sont-elles essentielles pour des relations matures employeur-employé ?
- quelle va être l'évolution des RH dans un monde électronique, les e-RH ? Les technologies de l'information utilisées en entreprise vont-elles avoir un impact définitif sur les pratiques des RH ?
- les systèmes de formation vont-ils réussir à fortifier les compétences clés identifiées dans les organisations ?

Ou, pour se référer à une étude complémentaire, voici comment le Corporate Leadership Council[19] a résumé le triple défi des dirigeants des RH :

accélérer le processus de mobilisation, en apportant rapidement une compréhension en profondeur des affaires et de la culture de l'entreprise ;

aligner la stratégie des RH avec celle de l'entreprise, en prenant en compte les structures internes et les attentes des managers en poste ;

créer une mesure de la performance stratégique, en identifiant les domaines clés dans lesquels les RH peuvent améliorer la performance organisationnelle.

Paul Evans, Vladimir Pucik et Jean-Louis Barsoux, dans leur récent ouvrage consacré au management international des RH[20] concluent que le plus grand défi des RH va plus loin que celui d'amener le changement ou d'aider à la création d'une architecture sociale. Ils font remarquer trois défis en particulier :

comment construire une culture compétitive ?

comment créer une tension constructive entre entités qui s'opposent ?

comment créer une culture saine de débat et d'émulation ?

En termes de santé de l'entreprise dans le futur, quel est le rôle organisationnel des RH de l'entreprise en ce qui concerne la gouvernance, la durabilité, l'écologie, la diversité, l'éthique ? Est-ce que tout ceci converge dans une approche cohérente du management des talents ? L'alignement est vital parce que les grandes entreprises deviennent de plus en plus complexes à force de chercher à répondre aux besoins diversifiés du client. Manager les hommes et manager les managers ressemble de plus en plus à résoudre la quadrature du cercle. Partager le sens de la direction, s'approprier et répercuter ce qu'est la raison d'être de l'entreprise semble préférable à simplement « faire respecter » les règles.

3

L'art de renouveler
l'entreprise

Les gourous Peter Senge et Peter Drucker sont d'accord[21] : le défi continu est l'art du management des hommes — humainement. Les entreprises comme les hommes ont besoin « d'aimer ce qu'ils font ». Une telle pensée humaniste a un effet libérateur. Elle ouvre la voie de l'expression, sur le lieu de travail, et aussi à des caractéristiques spécifiquement humaines : l'initiative et la créativité. Que ce soit à l'intérieur ou à l'extérieur de l'entreprise, personne aujourd'hui ne contredira le besoin de se recentrer sur l'individu et ses émotions. Mais même en économie libérée la loi de Packard (de chez Hewlett Packard) est toujours valable : « La croissance en revenu ne peut excéder la croissance en hommes qui peuvent exécuter et soutenir cette croissance. » C'était en 1937.

Les études classiques et la culture générale sont plus pertinentes que jamais. Des sujets comme la philosophie, l'éthique, l'anthropologie, l'histoire et la littérature enseignent comment interpréter l'information et comment débattre d'un point de vue. Cette sorte d'enseignement plus large est une nécessité fondamentale pour l'innovation et l'esprit d'entreprise. Une fois encore nous nous tournerons vers Charles Handy : « En matière de pédagogie, la passion que nous montrons à l'heure actuelle pour les tests de connaissance et de compétence analytique ne prépare pas beaucoup les gens à une vie de confiance en soi, une vie dans laquelle les relations, la créativité et la prise de risque seront les facteurs qui feront la différence ». Oui, pourquoi ne pas élargir notre point de vue et porter notre attention, par exemple, sur les compétences de management et de leader de personnes comme Nelson Mandela.

Teresa Amabile[22], de son côté, a fait des recherches qui suggèrent que la créativité, élément vital de l'arsenal compétitif, peut être

© Groupe Eyrolles

sérieusement handicapée si l'on met en œuvre simultanément des actions de réduction de coût pour améliorer la position concurrentielle de l'entreprise. Les stimulants de la créativité sont entre autres l'autonomie sur le lieu de travail, des missions à challenge, des ressources adéquates et des groupes de travail de soutien. Un manager qui met la créativité à la première place — ainsi que des leaders de projet qui comprennent le processus de la créativité — doit obligatoirement avoir des compétences fortes dans le domaine de la communication. Dans la cinquième partie nous explorerons plus en détail la question de l'innovation et de la créativité.

Pour optimiser le capital humain, les entreprises doivent offrir une approche plus intégrée de la manière dont elles organisent leurs affaires, ajoute Göran Carsted[23]. Son point de vue est fondé sur son expérience de travail et de leader dans différents pays comme la France, la Suède et les États-Unis et au sein de deux cultures d'entreprise différentes : Volvo et IKEA. Carsted dit encore : « il s'agit seulement d'inviter les gens à participer à quelque chose qui a du sens et qui mérite vraiment leur engagement. Mon expérience m'a appris qu'il y a trois composants principaux susceptibles de créer une telle combinaison de sens et d'énergie. Tout d'abord, il faut situer son organisation dans le contexte global. Ce qui veut dire inviter continuellement les employés à comprendre le monde dans lequel opère leur entreprise. Deuxièmement, afin de s'organiser, il faut bâtir sur l'idée de lâcher la bride. Lâcher la bride et inviter chacun à créer et à prendre part au projet. Troisièmement, il ne faut pas oublier la puissance phénoménale générée par des points de vue différents sur une même question — voir les choses de l'intérieur puis de l'extérieur, de bas en haut à la place d'une perspective hiérarchique traditionnelle regardant du sommet vers le bas, ou à l'envers. »

Une étude[24] récente a examiné plus de mille deux cents cas de renouveau d'entreprise et de projets de changement, ce qui a permis d'aboutir à cinq conclusions principales. L'aspect humain, c'est évident, est traité plus d'une fois en tant que sujet principal. Par exemple, il faut aider les gens à être en phase, en construisant un climat de confiance, en honorant le contrat psychologique entre le personnel et l'entreprise, en communiquant avec honnêteté, de façon efficace et souvent. Tout en préparant les systèmes au changement, cette étude confirme le rôle fondamental joué par les RH. Les objectifs de performance, la description des postes, les objectifs d'apprentissage et de connaissance, les incitations et la reconnaissance peuvent devenir des barrières au renouveau de l'entreprise lorsqu'ils ne sont pas alignés correctement.

La sagesse ordinaire enseigne que les entreprises devraient adopter une culture du savoir et du développement, être entreprenantes, tandis que l'ère du « patron star » semble révolue. C'est Robert Greenleaf, lors de son travail avec AT & T qui a développé le premier modèle de leader au service des autres (servant leadership) : servir ou se servir ? Pour inspirer les accompagnateurs de la profession, le Greenleaf Center cite dix caractéristiques du leader au service des autres : il écoute, il persuade, il conceptualise, il développe, il rêve, il communique, il évolue, il promeut. La question centrale du leader au service des autres est la suivante : « ceux que je sers grandissent-ils comme des personnes, deviennent-ils plus sains, plus sages, plus libres, plus autonomes ? »

LA RESPONSABILITÉ

Une telle approche intégrée ne peut être soutenue à moins de mettre en cohérence les valeurs. Un dessein, des valeurs, des responsabilités — qu'ils soient globaux et/ou d'une entreprise et/ou sociaux — sont devenus la question numéro un.

La responsabilité sociale de l'entreprise (RSE) joue un rôle de plus en plus grand dans le leadership. Très peu de gens vont nier que la RSE concerne « ce qu'il faut faire » — mais qui définit et détermine ce qu'il faut et ce qu'il ne faut pas faire ? Dans l'étude sur les directeurs généraux publiée par PWC en 2002[25], la « réputation sociale » est devenue la toute première des priorités pour les directeurs généraux du monde entier. Cette étude identifie aussi quelles sont les principales composantes de la réputation sociale d'une entreprise. Pour le directeur général européen typique, ce qui compte surtout est l'existence d'un environnement de travail sain (93 %), puis la responsabilité vis-à-vis de tous ceux qui sont partie prenante (82 %), enfin la garantie de la valeur des actions (67 %). D'une courte tête, le directeur général européen s'avère être le plus sensible à l'approbation extérieure (62 %), si on le compare à un directeur général typique aux États-Unis et en Asie.

Un récent rapport de Business for Social Responsibility[26] souligne comment une entreprise peut mettre sur pied un système de management interne ayant pour but d'intégrer la RSE dans son organisation et sa culture. Par exemple, chez Novartis, la responsabilité formelle pour toutes les questions de RSE est dévolue de façon conjointe aux directeurs juridiques et à ceux des RH qui siègent au comité exécutif. Chez British Telecom, des programmes environnementaux, sociaux et communautaires sont combinés en une seule unité de politique sociale, en partie pour encourager une forte culture de responsabilité sociale dans toutes les unités de l'entreprise.

À la récente conférence annuelle de l'EFMD sur la RSE, plusieurs exemples ont été présentés pour montrer comment la question de la RSE contribue aux initiatives de développement du leadership. Chez PricewaterhouseCoopers, le programme Ulysse traduit la discussion sur la RSE en un programme de développement du leadership. TPG (prestataire global de services de poste et de logistique basé aux Pays-Bas), partenaire du Programme alimentaire mondial, a agi de manière similaire lors de l'initiative « Bougeons le monde » qui a donné corps à son leadership social. Chez Excel, le Global Business Excellence programme est un module de dix-huit mois destiné aux leaders de haut niveau pour qui la RSE prend la forme de l'élaboration d'un jardin-marché irrigué dans l'Afrique du Sud rurale.

L'« HOMME TOTAL » AU TRAVAIL

Un lieu de travail intégré — qu'est-ce que c'est ?

Un endroit où il est normal que les gens travaillent en mobilisant toutes les facettes de leur personnalité, avec leurs talents, leurs émotions complexes, où chacun se sent suffisamment en sécurité pour parler ouvertement et où règne un sens élevé de l'intégrité[27]. Le chef d'orchestre Benjamin Zander, qui dirige le Boston Philharmonic Orchestra, est consultant chez Coopers & Goldman Sachs ; il a souvent utilisé la musique et le chant pour aider les employés à penser de manière non conventionnelle. Le poète David Whyte amène la poésie à des entreprises comme Merck et Procter & Gamble, pour stimuler la créativité en aidant les employés à faire le pont entre leurs côtés analytique et artistique. De tels efforts sont entrepris pour toucher les employés à un niveau plus profond, engageant de ce fait la personnalité tout entière des collaborateurs. Des entreprises comme Lucent Technologies ou Southwest Airlines prennent des initiatives pour donner un peu plus d'âme à la vie en entreprise. Par exemple, les dirigeants de haut niveau qui participent au Boeing Global Leadership Programme passent trois semaines à l'IESE (qui est la Business School de l'université de Navarre à Barcelone) pour suivre un programme de formation où ils apprennent, entre autres choses, les rudiments de la cuisine espagnole, l'histoire du flamenco et la tauromachie. De tout temps les hommes ont voulu trouver du sens à ce qu'ils font. Dans la même veine, et c'est intéressant, les participants de l'Advanced Corporate University Learning Group de l'EFMD ont identifié au premier chef les « facteurs émotionnels » comme étant les potentialisateurs principaux d'une grande expérience d'intégration des connaissances.

Développer les opportunités

Développement, innovation, management du savoir, c'est ainsi qu'on les désigne. Les initiatives se chevauchent, et d'une manière plus générale ce sont les idées qui sont la monnaie du futur. Pour qu'une entreprise croisse et prospère, il faut que les idées circulent rapidement dans l'entreprise et que tous échangent leurs avis et leur expertise. Mais pour y arriver, il ne suffit pas de mettre tout le monde en réseau de communication interne, il faut créer un climat où chacun désire partager et apprendre. Lynda Gratton, experte en comportement organisationnel à la London Business School, a mis en vogue une expression pour synthétiser cela, elle utilise les termes de « stratégie vivante ». Dans son livre[28], elle met en valeur trois défis majeurs concernant les aspects humains d'une entreprise :

1. le « choix de l'employé » : de plus en plus, celui-ci s'attend à ce que sa situation de travail soit sur mesure, il veut choisir où et quand il/elle travaille, quel sera son développement et comment il/elle sera payé(e) ;

2. le liant organisationnel : il est alimenté par des conversations entre les personnes afin de compléter ces choix ;

3. une philosophie du changement : elle doit être mise en place pour que chacun comprenne la complexité croissante.

Une étude récente effectuée par la Cranfield School of Management et portant sur 200 entreprises d'électronique et d'ingénierie en Allemagne et au Royaume-Uni montre que trop souvent les managers perçoivent l'innovation comme une discipline en soi[29]. Le management de l'innovation requiert en fait de bonnes performances dans cinq domaines : la stratégie d'innovation, la créativité et le management des idées, la gestion du portefeuille d'activités, la gestion de produit et le management des hommes. La clé de tout management de l'innovation est une culture dans laquelle les employés sont motivés à contribuer. Bien que la frontière soit floue avec les interventions visant à comprendre le pourquoi de la chose, nous consacrons la cinquième partie de cet ouvrage aux initiatives dans le domaine de l'innovation, nous concentrant tout spécialement sur le management des hommes. Les entreprises qui se développent plus rapidement que la moyenne ont un état d'esprit aventureux qui leur permet de saisir les opportunités. Une étude effectuée par Pricewaterhouse-Coopers[30] identifie sept principes communs à ces entreprises :

- un désir de croissance partagée par tous ;
- une vision perspicace du futur pouvant être reconnue et partagée par tous ceux qui sont partie prenante ;
- un projet de croissance dans lequel visions et missions sont traduites en étapes pratiques ;
- de l'agilité, avec une infrastructure et des systèmes qui sont bien adaptés au succès dans un environnement d'affaires changeant sans cesse ;
- la capacité d'optimiser les nouvelles propositions d'un bout à l'autre de leur cycle de vie et la volonté d'abandonner les initiatives qui pourraient réduire leur efficacité ;
- une exécution des plans plus rapide que celle de la concurrence — que cela signifie l'emploi de nouvelles technologies et de techniques de management ou l'apport de nouveaux produits et services sur le marché ;
- un flux d'innovations orientées client pour renouveler l'entreprise : la poursuite d'idées qui ajoutent de la valeur afin de relancer la croissance et relancer le marché. Probablement cette dernière caractéristique est-elle la nécessité la plus pressante pour la plupart des entreprises.

Pour être innovante, une entreprise doit générer une riche variété d'idées diverses et inhabituelles, encourager l'état d'esprit de l'entreprise et avoir la volonté de les mettre en pratique, en s'appuyant sur une confiance envers les individus, confiance tolérant le risque même lorsque leurs idées contredisent les études de marché.

Peut-être Gary Hamel[31] a-t-il identifié la véritable question d'une manière des plus appropriées : il remarque que chaque entreprise a une sorte de processus d'allocation de capital financier, mais presque aucune d'entre elles n'a un système d'allocation de talent — et encore moins un marché ouvert de talent.

5

Apprendre comment ?
Apprendre pourquoi ?

Le désir d'apprendre fait partie de façon fondamentale des émotions humaines — une émotion qui, comme son nom l'indique, motive et nous fait bouger. Ce qu'apprend l'individu, cela ne fait aucun doute, est la clé de l'employabilité, et ce qu'apprend l'entreprise est à la base de tout avantage compétitif. Aucun développement sans apprendre. De plus en plus les entreprises se soucient de développer leur personnel en gardant présent à l'esprit que ces hommes sont une ressource en perpétuelle évolution. Peter Senge suggère dans *La cinquième discipline*[32] que la plupart des entreprises souffrent de « désordres de l'apprendre ». Il le disait déjà en 1990. En 1997, Arie De Geus suggère quatre composantes fondamentales pour l'« entreprise vivante[33] » : la compétence pour apprendre, la cohésion et l'identité, la conscience de l'environnement et la compétence à gérer sa propre évolution.

Apprendre et se développer est

- Cognitif
- Émotionnel
- Physique
- Spirituel

Le Tomorrow's Leaders Research Group[34] (Groupe de recherche pour les leaders de demain) a, par son travail, fait ressortir un terme qui est devenu un indicateur de potentiel pour de futures hautes performances : « l'intelligence pour apprendre ».

Or comment l'entreprise apprend-elle, comment se développe-t-elle ? Sans doute par « un processus consistant à diriger fermement la puissance de l'intelligence, le savoir et l'expérience collectifs disponibles dans l'entreprise, de sorte à la faire évoluer et se transformer continuellement au bénéfice de toutes les parties prenantes[35]. »

D'autres publications comme l'International Encyclopedia of Business and Management ont de longues entrées à ce sujet. L'encyclopédie ci-dessus comporte aussi un tableau pratique qui catégorise les façons d'apprendre de l'entreprise[36]. On y trouve :

- des courbes d'apprentissage (learning curves) ;
- un changement comportemental par essai et erreur ;
- une adaptation à l'environnement ;
- une économie fondée sur la recherche ;
- la modification des cartes mentales.

La même entrée fait référence aux principales études systématiques sur la formation et l'apprendre en entreprise :

- 1978 : Argyris et Schon[37] identifient six conceptualisations des modes d'apprentissage selon la façon dont l'entreprise est conçue : un groupe, un acteur collectif, une structure, un système, un système culturel ou une arène politique ;
- 1983 : Shrivastava[38] identifie quatre concepts pour l'apprentissage organisationnel : une expérience institutionnalisée, une adaptation, une connaissance de relations causales actions-résultat, un partage d'hypothèses ;
- 1985 : Fiol et Lyles[39] cherchent à prescrire ce que l'on peut légitimement définir comme l'apprentissage organisationnel ;
- 1991 : Huber[40] identifie quatre constructions associées à ce sujet : l'acquisition de connaissances, la distribution de l'information, l'interprétation de l'information et la mémoire organisationnelle.

Le développement cognitif de l'entreprise, de plus en plus, concerne l'acquisition de connaissances de l'extérieur et de l'intérieur de l'entreprise : la création de connaissances et la découverte de connaissances. Développer les personnes est un sujet complexe et les principes essentiels du développement de talents sont toujours valables : des missions qui sont un défi, le management du risque et l'expérience des difficultés[41]. Cependant, investir dans le capital humain est compliqué. Les compétences dont les entreprises ont besoin ne cesseront pas de changer et les personnes dotées d'un bon capital formation peuvent quitter promptement l'entreprise. Galunic et Weeks, professeurs à l'Insead, suggèrent que les entreprises peuvent encourager l'engagement et la loyauté en investissant dans un accompagnement générique après avoir fini les programmes spécifiques à l'entreprise[42]. L'exemple le plus connu dans ce contexte est celui de British Airways avec son programme « Manager d'abord les personnes » (Managing People First). Dans les années 1980, ce programme visait le développement personnel et le leadership — et non pas telle ou telle compétence — et il servait à renforcer l'engagement des employés ainsi qu'à transformer la compagnie.

LE DÉVELOPPEMENT DU DIRIGEANT :
LES TENDANCES ACTUELLES

Michæl Osbaldeston, au cours d'une interview[43] récente, a identifié les principales tendances concernant le développement du dirigeant. S'appuyant sur sa grande expérience « des deux côtés de la barrière », du côté académique et du côté entreprise, il résume ainsi :

> « Les changements les plus significatifs peuvent être rassemblés sur un continuum : du fragmentaire en passant par le détail, jusqu'à la mise au point et l'intégration. Au départ, le développement du dirigeant était abordé dans la plupart des entreprises d'une façon fragmentaire, souvent par l'intermédiaire de cours spécifiques visant une certaine situation. Puis on a pu détecter un mouvement ascendant vers une approche formalisée. On reliait par exemple bien souvent les initiatives de développement aux systèmes de développement de carrière et d'évaluation des tâches. Plus tard est apparu le concept de mise au point permanente par des processus d'enseignement, en parallèle avec le principe que le développement du dirigeant fait partie intégrante de la stratégie de l'entreprise et que, par conséquent, il est une source d'avantage compétitif. Les entreprises les plus sophistiquées aujourd'hui travaillent avec un modèle intégré de développement du dirigeant. Une telle approche se caractérise par un souci des besoins et des résultats de l'entreprise et par des processus de management total. Les interventions sont réalisées sur mesure, d'après les besoins individuels et ceux de l'entreprise, elles vont du conseil ou de l'enseignement par l'action jusqu'au coaching et à l'évaluation complète. »

- Fragmentaire
- Puis formalisé
- Puis focalisé
- Enfin intégré

Particulièrement en ce qui concerne le développement du management (DM), nous pouvons traduire ces changements en déplacements de la connaissance fonctionnelle vers le leadership stratégique et la transformation de l'entreprise. L'approche du DM des premiers temps est caractérisée par une mise au point générale fondée sur des connaissances, mise au point qui visait les individus. Cette approche DM s'est transformée en interventions sur mesure à l'adresse d'équipes de dirigeants sur un mode se rapprochant de la réalité, au travers de l'enseignement par l'action et par l'exemple. Et, en parallèle, il y a eu un changement d'optique concernant l'intervention qui n'est plus fondée uniquement sur la relation hiérarchique mais sur un processus généralisé qui cascade de haut en bas à travers l'entreprise tout entière.

Approches concernant le développement du management	
De	*Vers*
Connaissances fonctionnelles ➲	Leadership stratégique et changement organisationnel
Général ➲	Sur mesure
Enseignement cognitif ➲	Action learning
Individus ➲	Équipes de dirigeants
Hiérarchie ➲	Cascade
Événement ➲	Processus

5.1 **Évolution du point de vue sur le développement du management**

LES MEILLEURES PRATIQUES
DES ENTREPRISES GLOBALES

Plusieurs initiatives de recherche à travers l'Europe ont tenté d'identifier les meilleures pratiques d'enseignement en entreprise. Au niveau opérationnel, voici ce qui peut compter parmi les meilleures pratiques de formation organisationnelle :

- focalisation sur les cibles stratégiques majeures : par exemple, les jeunes managers à potentiel élevé, les dirigeants, les managers seniors ;
- focalisation sur les besoins stratégiques majeurs et les problèmes de l'entreprise : management du changement, attention portée aux clients, management des connaissances ;

création d'une université virtuelle de l'entreprise : par exemple, un réseau mondial actif de centres de formation locaux avec un fort accent mis sur l'échange, modules sur l'intranet accessibles à volonté, communication des succès à travers tout le groupe ;

accompagnement à un niveau international pour créer une entreprise mondiale : par exemple, par un programme type action learning intensif sur les « niches » de croissance, en stimulant les réseaux multiculturels, en ayant le même langage ;

recherche d'un meilleur retour sur investissement : par exemple, avec des critères de sélection forts, la sélection de programmes externes clés, des processus d'évaluation forts ;

implication du management à haut niveau dans la formation et la pédagogie : soutien des managers pour construire des cas d'étude de l'entreprise ;

investissement dans des partenariats universitaires ou avec des entreprises : sélection de programmes « ouverts » majeurs et validation, qualification de leur façon de combler les besoins dans le domaine de la formation, construction de programmes sur mesure avec un petit groupe d'universités sélectionnées, partenariat dans des consortiums montés par des universités, élaboration de consortiums avec des entreprises non compétitives pour échanger les meilleures pratiques à niveau élevé, mais l'investissement est conséquent ;

développement de nouvelles méthodes pour apprendre : action learning pour les managers à niveau élevé, projets de groupe pour les managers seniors, octroi d'un coaching ;

soutien par l'intermédiaire d'une équipe de consultants internes : assistance des managers pour la mise en œuvre du changement et la capitalisation des mécanismes du changement ;

utilisation de systèmes d'évaluations des compétences de leadership dans les programmes pour le management : la plupart des entreprises ont mis au point leur propre modèle de compétences de leadership ;

intégration des résultats de l'enseignement et du développement dans le système de valorisation des managers.

Pour donner un exemple pratique, nous pouvons prendre celui d'Holcim. Le concept de développement du management chez Holcim, groupe international de cimenteries et de matériaux de construction, a été documenté in extenso dans un récent article[44] du magazine EFMD Forum. Voici sur quels principes de développement du management se fonde Holcim :

un développement réussi est le résultat d'une culture d'entreprise ouverte et collaborative, ce qui permet aux employés d'assumer leurs responsabilités quant à leur propre futur ;

les managers ont la responsabilité de créer une entreprise qui se tourne vers son avenir, et ce en fournissant des occasions d'apprendre au travail et hors travail. Les erreurs sont souvent la meilleure occasion d'apprendre ;

les managers chez Holcim sont évalués à partir de leurs performances réelles et de leur potentiel confirmé ;

le développement individuel est une tâche cruciale pour tous les managers à tous les niveaux et contribue à l'excellence des ressources humaines ;

des programmes de développement ne peuvent réussir sans un suivi continuel ;

chacun a besoin d'objectifs ambitieux qui vont permettre de se dépasser et de grandir. Plus le niveau du manager est élevé, plus les attentes sont importantes ;

des entretiens fréquents et ouverts avec chaque employé sont cruciaux pour tenir le manager informé — il ne peut y avoir d'amélioration que si le « dialogue » sous-jacent assure une réflexion continuelle sur l'accomplissement des objectifs. « Dialogue » est le terme Holcim employé pour le processus consistant à fixer des objectifs individuels, surveiller le progrès, évaluer la réalisation et fournir une réponse appropriée.

Le processus de développement du management chez Holcim recouvre six étapes différentes :

1. lier le développement du management aux projets de l'entreprise ;
2. revoir et estimer le rendement, le potentiel, la réactivité et la mobilité ;
3. créer des plans de succession ;
4. définir les perspectives de développement individuel ;
5. mettre en œuvre ces perspectives de développement individuel ;
6. évaluer avant de passer à la responsabilité suivante.

De plus, Holcim travaille avec un modèle de compétences stratégiques qui comprennent principalement :

des compétences professionnelles : résolution de problèmes, planification et organisation, vision stratégique, sensibilité au coût et résultat, orientation client ;

des compétences sociales : définition d'objectifs et suivi, esprit d'équipe, communication, leadership et cohérence, sélection et coaching ;

des compétences personnelles : ouverture d'esprit, motivation, créativité, initiative, promptitude à apprendre et développement personnel, résistance au stress, intégrité, partage, éthique des affaires.

En termes très généraux, différents ensembles de compétences sont requis pour effectuer des changements structurels et culturels. Le développement de ces compétences est généralement considéré comme un processus en trois étapes. Ce processus est illustré par Amin Rajan dans son diagramme « Développement des professionnels et des managers opérationnels » (Figure 5.2).

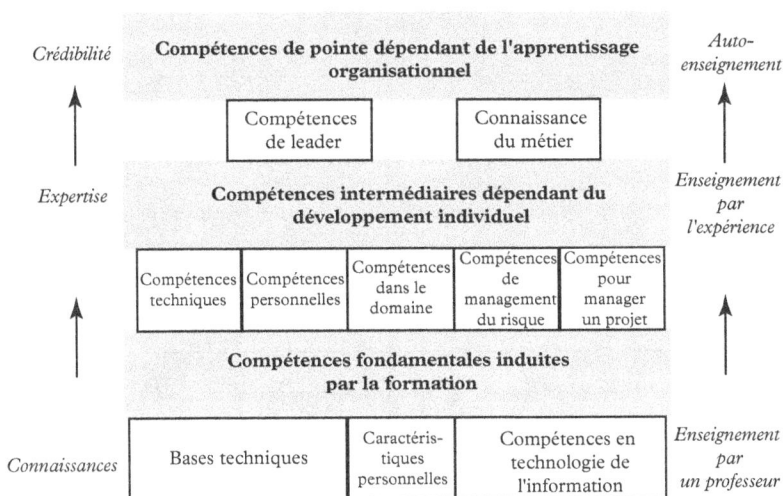

Crédibilité	**Compétences de pointe dépendant de l'apprentissage organisationnel**		*Auto-enseignement*
	Compétences de leader	Connaissance du métier	
Expertise	**Compétences intermédiaires dépendant du développement individuel**		*Enseignement par l'expérience*

Compétences techniques	Compétences personnelles	Compétences dans le domaine	Compétences de management du risque	Compétences pour manager un projet

	Compétences fondamentales induites par la formation			
	Bases techniques	Caractéris-tiques personnelles	Compétences en technologie de l'information	*Enseignement par un professeur*

Connaissances

**5.2 Développement des professionnels
et des managers en poste**[45]

En parallèle, une volonté claire tend à définir bien plus précisément la valeur ajoutée d'une expérience de développement. L'importance du suivi, du coaching et du soutien individuel sur site, est fortement mise en valeur, particulièrement dans le débat du retour sur investissement. Ceci apparaît clairement dans la croissance considérable des initiatives sur mesure consacrées au développement, que ce soit dans le contexte de partenariats, de programmes plus spécifiques de consortiums ou d'universités d'entreprise.

Le développement, c'est certain, peut emprunter un grand nombre de voies (Figure 5.3).

	Enseignement traditionnel	
Enseignement traditionnel		**Mentoring et suivi individuel**
Programmes sur site Business schools Programmes sur mesure		Conseils à point nommé Coaching Tutorat interne Tutorat externe
Dispositions formelles		*Dispositions informelles*
Enseignement à distance		**Enseignement par l'expérience**
Assisté par ordinateur Formation ouverte Autodiagnostics Travail en réseau avec des pairs		Mission à défi Mobilité latérale Benchmarking dans le cadre d'un consortium Sortie de la zone de confort
	Auto-enseignement	

5.3 Les voies du développement[46]

LE MARCHÉ DU DÉVELOPPEMENT DU MANAGEMENT

La plupart des entreprises mettent sur pied et continuent d'améliorer des initiatives de développement de management internes et les combinent avec des interventions modulaires, souvent en partenariat avec un nombre limité de business schools. Il faut savoir qu'un grand nombre de rapports font état d'une baisse d'intérêt pour les programmes ouverts des écoles de management tandis que l'importance des programmes dédiés et customisés croît. Il peut être utile aussi de se souvenir qu'il existe une différence entre la formation au management et le développement du management.

- Les programmes de formation auront de plus en plus un objectif à court terme, ils seront de plus en plus spécialisés et ils seront de plus en plus provoqués par un problème ou le besoin d'une compétence spécifique.
- Les initiatives de développement ont lieu dans un contexte plus large et dans une optique à plus long terme. Là, des interventions diverses sont encadrées dans un projet plus ambitieux et plus durable.

D'une façon générale, il y a un changement d'optique qui modifie le domaine du développement du management :

on parlait de donner une connaissance fonctionnelle mais aujourd'hui il est question de soutenir une formation visant l'intégration des savoirs dans une perspective stratégique ;

on expliquait des concepts et théories généralistes mais aujourd'hui on conçoit des approches sur mesure pour des individus ou des entreprises ;

on se concentrait jadis sur une préparation intensive en début de carrière quand aujourd'hui on s'investit dans un développement continuel, qui dure toute la vie, et, à cet effet, on développe des partenariats.

On se rend compte[47] que les participants deviennent de plus en plus proactifs et exigeants. Le partenariat de formation est souvent le moule dans lequel les approches de conception et d'action communes s'expriment le mieux. De plus, le développement du management est en train de devenir vraiment international. Soulignant tout cela ou le mettant en perspective, les RH évoluent et on en attend une contribution. Les prestataires de formation pour le développement du management proposent une gamme de plus en plus variée de programmes et services. Ceci a un effet sur la manière dont les écoles de management sont structurées et managées. D'une façon plus générale, la frontière entre développement du management et développement de l'entreprise s'estompe de plus en plus.

PROFIL DES NOUVEAUX CENTRES DE DÉVELOPPEMENT

Les centres de préparation pour dirigeants ou universités d'entreprise, doivent s'éloigner d'une culture fondée sur les connaissances généralistes et un souci académique. Ils doivent aller vers une culture fondée sur la connaissance du monde de l'entreprise, connaissance acquise grâce à ce qu'ils enseigneront. Ils doivent faciliter le développement de l'entreprise, et ceci est encore plus important. En d'autres termes, ils doivent façonner un environnement entreprenant qui puisse permettre une approche centrée client dans une optique de développement de l'individu et de l'entreprise et non une optique académique[48].

Les caractéristiques principales des nouvelles universités d'entreprise peuvent être résumées en dix points. Elles doivent :

1. Apprendre à apprendre et désapprendre.
2. Promouvoir et apprendre le partenariat avec les clients.
3. Considérer les managers comme les facilitateurs du développement.
4. Avoir un portefeuille complet de ressources de développement.
5. Proposer des diagnostics et un conseil.

6. Se focaliser sur le travail en réseau et mettre en œuvre le bench-marking.
7. Avoir une perspective globale et pluriculturelle.
8. Utiliser largement les technologies éducatives.
9. Développer un marketing relationnel et un management du client.
10. Collaborer avec d'autres prestataires.

Michæl Osbaldeston, qui bénéficie d'une expérience double, voit quatre raisons qui pourraient causer la chute d'une Business School ou d'une université privée. Dans une interview récente au magazine EFMD Forum, il dit :

> « Ce qui suit est fondé principalement sur les concepts de Hamel et Prahalad et concerne le comportement antirisque résultant de la satisfaction béate vis-à-vis des performances d'hier et d'aujourd'hui. Combiné avec l'optique selon laquelle les ressources courantes suffiront pour se sortir de toute ornière, le résultat final est une incapacité à s'extraire du passé. Une incapacité à créer l'avenir peut aussi venir d'une recherche trop pointue et de recettes pédagogiques dépassées ou alors d'un manque d'imagination pour "réinventer" l'art d'être leader. »

D'une manière générale, nous sommes témoins d'une uniformisation croissante de nos économies comme de nos sociétés, tandis que « dans le même temps » chaque individu, communauté et entreprise, requiert un traitement de plus en plus adapté et spécifique[49]. On ressent le besoin de beaucoup plus d'enseignement individualisé et d'autodéveloppement, mais aussi de beaucoup plus d'enseignement et de partage collectifs.

Le besoin d'agilité, d'innovation, de changement constant et de réinvention requiert un nouvel état d'esprit. Pourquoi pas une entreprise velcro ? Comment pouvons-nous évoluer vers une telle entreprise ? Bertrand Moingeon, de HEC, explique la distinction entre « apprendre comment » et « apprendre pourquoi »[50]. Certaines situations demandant une mobilisation effective pour atteindre des critères clairs, tels qu'être meilleurs, plus rapides ou plus complets. Alors les avantages compétitifs prennent corps parce qu'on a appris comment. Dans d'autres situations, un diagnostic du système ou une évaluation des opportunités de changer le contexte, sont les occasions de faire la différence et de réussir, parce que l'on aura appris pourquoi. Apprendre pourquoi, cela peut s'appliquer à la compréhension du besoin d'un nouveau client, au concept d'une stratégie innovante (Figure 5.4).

Apprendre comment	Apprendre pourquoi
• Comprend les processus destinés à transférer et améliorer les compétences et les routines ayant une utilité claire au sein du marché actuel de l'entreprise • Étudier en vue d'acquérir la compétence pour exécuter précisément une routine	• Regarder comment les choses se passent en utilisant la compétence de diagnostic pour identifier et tester les inférences • Permet de tester des approches alternatives dans des situations complexes

5.4 Apprendre comment et apprendre pourquoi

Puis il y a la question controversée du e-learning. Les sites qui proposent un enseignement sur Internet sont très utilisés pour la formation des managers, surtout lorsqu'il s'agit de programmes courts et bien ciblés ou dans le contexte d'une université d'entreprise. Les managers veulent des interventions courtes, pointues et efficaces, à l'exacte mesure de leurs besoins.

Cependant l'aspect présentiel du travail réalisé en équipe — surtout à un niveau plus élevé du point de vue stratégique — est crucial, si bien que les technologies de l'enseignement sont plutôt utilisées en complément pour apprendre le « traditionnel ». Carlos Cavallé, doyen de l'IESE à Barcelone, s'exprime ainsi : « Nous utilisons les NTIC pour compléter mais non pas pour se substituer à l'enseignement face-à-face. Les NTIC auront un grand impact sur la transmission du savoir, mais elles ne peuvent remplacer l'échange d'expériences. » Dans un contexte plus large, il y a visionnaire et visionnaire. John Chambers, directeur général de Cisco, a souligné dans une interview accordée à *Business Week* à quel point la technologie est devenue un fer de lance fondamental de progrès et de changement. Quant à Andy Grove, directeur général d'Intel, il est un peu plus sceptique. Toute cette histoire concernant la vitesse de transaction a ses limites. Le cerveau ne va pas plus vite, pense-il.

SOUTENIR LE DÉVELOPPEMENT : COMMENT LE DIRIGEANT APPREND

Helen Handfield-Jones, consultante chez McKinsey à Toronto, a étudié 6 000 dirigeants seniors dans cinquante grandes entreprises américaines cotées[51]. Cinq expériences spécifiques de travail ont été citées comme étant les opportunités les plus passionnantes de développement :

entreprendre un nouveau travail embrassant un secteur étendu ;

redresser une affaire en difficulté ;

démarrer une nouvelle affaire ;

manager un grand projet ;

travailler à l'étranger.

Il y a seize ans de cela, une étude conduite par le Center for Creative Leadership (qui a posé ses questions à 400 dirigeants des États-Unis dans sept entreprises faisant partie du classement des 500 premières entreprises de Fortune) est arrivée à peu près au même résultat. Les expériences critiques qui avaient alors été citées étaient : manager un projet majeur, passer de la production au siège, démarrer une affaire, redresser une affaire en difficulté, faire un bond significatif — augmentation massive du nombre des employés ou du chiffre d'affaires. La cohérence des résultats sur une période de seize années est frappante — on remarque aussi qu'aucune des deux études n'a désigné les programmes de formation du management comme étant des occasions majeures de développement.

En fait, les entreprises sont de plus en plus impliquées dans des expériences de développement liées à l'environnement du travail. Le modèle de l'action learning est à la fois un levier puissant pour investir dans la formation et un cadre pour établir des méthodes de calcul de retour sur investissement. Plusieurs universités d'entreprise européennes — dont il est question plus loin — ont des projets d'enseignement par l'action figurant en bonne place dans leur programme pédagogique. Apprendre par le moyen d'un projet bien réel comporte plusieurs avantages. Les participants réalisent vraiment un travail pour l'entreprise, l'attention des managers de haut niveau est attirée vers les nouveaux talents et il se forme une construction de réseaux sociaux. De plus, les solutions internes sont souvent les moins coûteuses, elles sont plus pratiques et plus faciles à mettre en œuvre que les solutions externes de consultants. Mais il y a un danger : que les processus de développement ne soient limités. Si le point de vue sur la résolution d'un problème est trop étroit, cela peut avoir un impact négatif sur le cycle réel de développement.

DES « BILANS DE SANTÉ » INDIVIDUELS

Un thème émergent dans le contexte du développement en profondeur est celui de « bilans de santé ». L'approche, bien sûr, est médicale et met en pratique l'idée que tous les managers dotés d'un potentiel fort ou moyen n'ont pas les mêmes besoins en développement. La question soulevée lors d'une récente session d'ouverture du programme EFMD LINK a été documentée plus avant dans un récent article de la *Harvard Business Review*[52]. L'auteur a appris par l'expérience comment une approche individualisée de la formation des managers fonctionne plus efficacement. Son entreprise met maintenant au point sa conception du développement de quatre sortes de participants, selon les observations pratiquées au cours de programmes de développement du management : les leaders hésitants, les leaders arrogants, les leaders qui s'ignorent et les drogués du travail.

Mais à quel point une entreprise devrait-elle se focaliser sur l'enseignement, sur le développement de nouvelles compétences, sur la recherche de nouvelles idées ? Une nouvelle étude de recherche[53] publiée dans le *Journal of Applied Psychology* indique qu'il y a un point optimal au-delà duquel insister sur la connaissance est contre-productif. Les auteurs suggèrent que le mieux est parfois l'ennemi du bien.

ÉVALUER LE RÉSULTAT :
UNE SCIENCE AUTANT QU'UN ART

Comment une entreprise peut-elle évaluer l'enseignement et les efforts de développement des dirigeants ? Finalement, une entreprise va vouloir évaluer les initiatives pour voir si elles vont dans le sens des objectifs stratégiques. Des questions fondamentales tournent autour de la différenciation des niveaux d'évaluation. Kirkpatrick le premier a décrit les quatre niveaux principaux d'évaluation :

  la réaction immédiate à la formation était-elle bonne ?

  qu'a-t-il été appris, quelles compétences ont été développées ?

  les nouvelles connaissances pourront-elles s'appliquer ?

  les choses apprises modifieront-elles les comportements dans l'entreprise ?

Mesurer le capital humain n'en est qu'à ses balbutiements. Les traditions d'évaluation qui étaient scientifiques et quantitatives sont devenues qualitatives et contextuelles. L'optique de l'évaluation aujourd'hui est de mesurer les compétences et les projets, en incorporant la dimension du temps pour une observation réfléchie et une construction théorique, une expérimentation active et une expérience concrète (c'est le cycle de Kolb).

On peut dire superficiellement que le retour sur investissement (ROI) est un système de mesure financière utilisable par les managers des RH et les directeurs pour justifier les budgets de formation et de développement[54]. Nigel Habersohn, qui était directeur de projet pour le groupe EFMD étudiant le ROI de la formation en entreprise, donne des éclaircissements supplémentaires en disant que la méthode employée pour calculer le ROI nécessite l'identification des objectifs de formation et de développement par rapport aux résultats et celle des résultats par rapport à l'impact désiré. Lorsque l'on essaie de faire des calculs de ROI, la nécessité d'introduire le concept d'alignement stratégique et la manière de l'introduire deviennent évidentes. L'implication du personnel financier, des décideurs stratégiques de l'entreprise, des managers en poste, de ceux qui sont chargés de la formation et du développement, et de ceux qui vont bénéficier de la formation ou du programme pédagogique, vont apparaître comme autant d'éléments critiques. De plus, essayer de réussir un alignement stratégique permet de définir aussi à quel endroit le bénéfice de la formation ou du programme doit être optimisé. De cette façon, accompagnement et développement vont peut-être faire étroitement partie de la pensée stratégique au plus haut niveau — alors le calcul du ROI pour « justifier » les dépenses de formation et de développement aux yeux des managers seniors devient moins nécessaire. On peut alors considérer les exercices de ROI, soit comme un prétexte à court terme pour prendre une décision, soit comme un mécanisme à long terme de changement du mode de pensée de l'entreprise.

C'est en 1999 que l'EFMD a organisé le groupe de travail sur le ROI et s'est attaché à mesurer ce retour sur investissement et à déterminer ses applications concernant la formation, l'enseignement et le développement. Les entreprises participantes comprenaient entre autres IBM, BSCH (Banco Santander Central Hispano), la Bank of Ireland, DSM, Repsol, DHL. Quels sont les bénéfices les plus importants et les plus consistants que ces entreprises ont pu retirer de ce projet[55] ? Voici ce qu'elles ont appris :

- elles changeraient la façon de concevoir et de mener les interventions pédagogiques ;
- elles seraient plus rigoureuses et disciplinées dans la définition de leurs buts, leurs objectifs et leurs attentes relativement aux programmes de formation et de développement ;
- elles feraient désormais attention à lier les objectifs pédagogiques et les objectifs de l'entreprise ;
- la méthodologie du ROI permettrait de comparer des projets de formation différents et faciliterait la comparaison avec des investissements de nature différente.

Mais toutes sont tombées d'accord, la mesure du ROI est un outil trop lourd à manier pour que chaque effort de formation soit mesuré systématiquement. Il devrait cependant être envisagé dans la phase de conception de tout investissement concernant un programme d'enseignement ou de développement significatif ou particulièrement important. Un système de mesure approprié doit alors être élaboré pour évaluer les résultats.

Dans le rapport[56] complet de ce groupe de travail EFMD, six cas d'étude ont été couverts. Le cas de la Bank of Ireland, par exemple, conclut qu'un chiffre précis de ROI n'aide pas forcément ; ce qui est surtout utile est le processus consistant à s'assurer que le ratio coût/bénéfice a été correctement mesuré, par ce qui est inévitablement une combinaison de techniques objectives et subjectives. DHL Worldwide Express souligne comment l'exercice du ROI a contribué à plus d'ouverture et de synergie et a amélioré le soutien, au travail, de tous les participants.

Cela va sans dire, une évaluation efficace se construit dès le départ de l'initiative pédagogique. Cependant plusieurs facteurs peuvent influencer le processus d'enseignement, comme Alan Mumford[57] l'a très justement illustré (Figure 5.5).

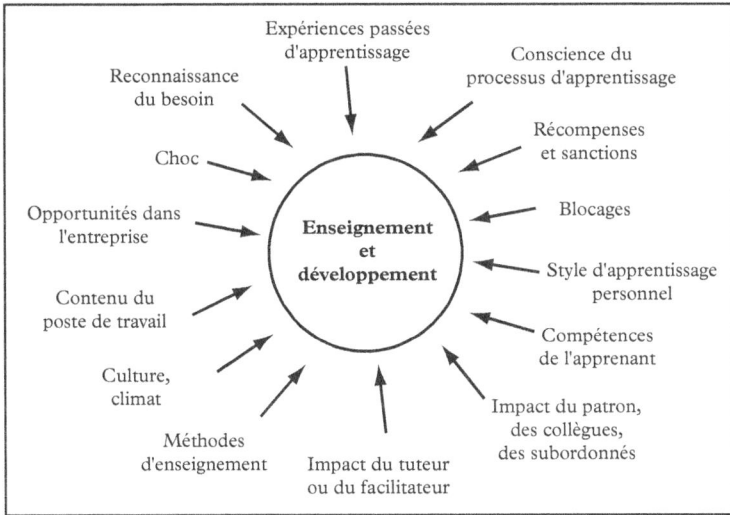

5.5 Facteurs influençant le processus d'enseignement

ÉVALUER LES PROCESSUS DE L'ENSEIGNEMENT STRATÉGIQUE EN ENTREPRISE

La capacité de se procurer un programme pédagogique rapide et approprié est devenue une compétence essentielle pour maintenir le niveau de compétitivité[58]. Cependant, pour que ceci soit réalisé complètement, les entreprises doivent tisser tous les multiples fils d'un processus qui déborde les frontières fonctionnelles et tradition-nelles des descriptions de tâche pour que cela devienne un système intégré de management. Il faut une approche intégrée qui comprenne non seulement le management des activités des centres de formation et des universités d'entreprise, mais aussi, dans une perspective beau-coup plus large, toutes les techniques de management qui permettent à une entreprise d'ajouter de la valeur à ses ressources humaines et d'augmenter sa productivité intellectuelle. Ce qui inclut le développement organisationnel, le développement du management, le développement personnel, le management des connaissances, l'enseignement organisationnel et la mise en œuvre réelle d'un changement stratégique. L'EFMD a lancé une initiative destinée à créer un outil d'évaluation qualitative et de développement — CLIP (Corporate Learning Improvement Process) (Figure 5.6) — pour que les entreprises puissent évaluer dans quelle mesure les universités d'entreprise ont leur place dans un tel contexte élargi et sont en phase avec la stratégie organisationnelle.

Les entreprises impliquées dans le CLIP Pilot Working Party ont été entre autres Allianz, British Telecom, DaimlerChrysler Services, Deutsche Bank, IBM, Lufthansa et Swiss Re. La conception de ce nouvel outil d'évaluation provient de trois sources principales :

- les leçons et l'expérience acquises au travers de l'enseignement du groupe dédié à l'université d'entreprise ;
- les besoins exprimés par l'ensemble des membres de l'EFMD originaires du milieu de l'entreprise ;
- l'expérience réussie du système d'amélioration de qualité EQUIS destiné aux institutions enseignant le management.

5.6 CLIP — processus EFMD d'amélioration de l'enseignement en entreprise

L'outil d'évaluation résultant rend possibles la mesure de l'efficacité des processus d'enseignement d'une organisation et la valeur des résultats. Les standards de qualité de CLIP (Figure 5.6) sont mesurés principalement dans les domaines suivants :

- gouvernance ;
- alignement avec la stratégie de l'entreprise ;
- qualité du management ;
- management des relations avec les clients internes ;
- processus pour sélectionner les prestataires ;

* interface avec le monde académique ;
* processus de conception de programmes ;
* révision et évaluation des programmes ;
* sélection des participants ;
* mesure de l'impact ;
* capacité d'innovation ;
* environnement pédagogique ;
* gestion administrative ;
* perspecti internationale.

L'outil d'évaluation CLIP continue d'être testé et affiné, essentiellement par la profession. Ses standards sont développés par des professionnels de l'enseignement dans de grandes entreprises européennes.

LE COACHING ET LE CONSEIL INDIVIDUEL (MENTORING)[59]

Il est maintenant communément accepté que le mentoring soit important à chaque stade d'une carrière et même au moment de la prise de retraite. D'une manière générale cependant, on peut dire que le coaching est l'outil le plus utile pour les nouveaux managers, tandis que les personnes d'expérience peuvent tirer plus de profit de mentors perspicaces bénéficiant d'un certain recul. Un mentor est une personne expérimentée à laquelle on accorde sa confiance. Un coach, pour sa part, est au sens propre un entraîneur, qui entraîne ou enseigne en visant une performance spécifique. Une étude récente menée par le Center for Creative Leadership[60] indique que les coachs sont surtout engagés pour aider les managers qui ne sont pas assez performants ou donner encore plus de vigueur à des managers très performants pour qu'ils puissent avoir de l'avancement.

Au niveau de l'entreprise, un mentoring réussi est généralement évalué en termes de rétention, partage de connaissances, apprendre et bien-être social. David Clutterbuck, une des plus hautes autorités en matière de coaching/mentoring et de ses applications, souligne dans un récent article[61] que l'approche développement du mentoring est surtout d'origine européenne. On peut le comparer à l'approche « formelle » de « parrainage » d'origine avant tout américaine. Le mentor de développement met l'accent sur son rôle de conseiller qui manage la relation et vise finalement la perspicacité personnelle, le défi intellectuel et une confiance en soi accrue. Dans les schémas formels, la relation est soutenue par l'entreprise pendant une période relativement courte — deux ans bien souvent — après quoi l'individu conseillé continue seul ou la relation devient moins intense et plus informelle. Des recherches suggèrent que les entreprises adoptent souvent un compromis entre ces deux modèles selon les cultures et les circonstances.

Le mentoring concernant les questions de diversité est une évolution relativement récente dans ce domaine. Voici quelques-uns des programmes pratiques dans lesquels Clutterbuck a été impliqué :

à An Post, la poste irlandaise, les managers femmes prennent part à une expérience dans laquelle leurs mentors proviennent des niveaux plus élevés, pas nécessairement du service postal, mais de grandes entreprises situées à un bout ou l'autre de la chaîne d'approvisionnement ;

chez SAS, la société aérienne scandinave, on encourage les employés à rechercher un mentor d'une culture ou d'une nationalité différente, un homme pour une femme ou vice versa, ou quelqu'un de plus jeune. La très grande majorité (95 %) des personnes engagées dans ces relations a trouvé que la diversité inhérente donne à cette relation un dynamisme supplémentaire et aide à soutenir l'intérêt des deux parties ;

à la World Bank, on a mis sur pied quelque 2 000 paires mentor/mentee, presque toutes à l'instigation de groupes de personnes des mêmes régions du globe. Les personnes engagées ont toutes reconnu la valeur à la fois de travailler en réseau et de créer des relations étroites de développement avec des gens en dehors de leur groupe naturel. Elisabeth Lopez, de la World Bank, souligne[62] aussi que, bien qu'il y ait des programmes de mentoring réussis tout simplement parce qu'il y a une demande, la formation du conseiller comme de son émule est essentielle. Une attention toute particulière est apportée au soutien des programmes de mentoring. Ce qui peut inclure des réunions de coordination, un accompagnement interne, des présentations sur un thème spécifique, des événements collectifs pour les conseillers individuels et les émules ;

chez Procter & Gamble, on a commencé par une approche « plafond de verre » traditionnelle (par référence au concept de glass-ceiling qui démontre qu'il existe pour les femmes un seuil de promotion non explicite infranchissable dans l'entreprise) et planifiée : des décideurs hommes seniors, expérimentés, étaient supposés aider des jeunes femmes managers, pour les « préparer » en vue de promotions futures. Le projet a été abandonné pour mettre en place un dispositif inversé où les dirigeants devenaient les coachés et les plus jeunes femmes les mentors ;

au cabinet du Premier ministre, au Royaume-Uni, un programme novateur de développement du leadership fournit des

conseillers individuels aux fonctionnaires présentant un handi-
cap, allant de la cécité à la schizophrénie, en passant par des han-
dicaps physiques ;

chez Charles Schwab, un programme formel de mentoring est
ouvert pour cinquante couples mentor/mentee, une fois tous les
six mois. Aussi bien les mentors que leurs protégés sont sélectionnés avec soin[63]. Un bénéfice que l'on n'avait pas prévu est res-
sorti du processus d'entretien lui-même car il a permis de
s'apercevoir des besoins des employés. En général, plus de 175
personnes posent leur candidature alors qu'il y a 50 places.
L'entreprise encourage aussi le mentoring informel, non sponsorisé par l'entreprise et initié individuellement. La question la plus
difficile est celle du nombre de mentors intéressés, qui a été en
partie résolue par Schwab en mettant sur pied des occasions de
formation de mentor en groupe.

La clé du succès d'une initiative de mentoring est le développement
d'un dialogue ouvert et réel. Dans sa présentation du programme
EFMD LINK, en mai 2004[64], David Clutterbuck a résumé les
points principaux d'une relation de conseil individuel réussie :

objectifs clairs ;

partage des valeurs ;

ouverture, confiance et confidentialité ;

engagement proactif du mentee ;

feed-back régulier sur la relation et ce qui a été appris ;

volonté d'apprendre des deux côtés ;

conclusion positive en fin de relation formelle.

Dans son livre récent *Coaching across cultures*[65] (Le coaching inter-
culturel), Philippe Rosinski ajoute le savoir-faire et la sensibilité
interculturels dans l'image du coaching. L'auteur souligne à quel
point la culture de l'entreprise joue un rôle dans la dynamique du
coaching et il groupe les dimensions culturelles en sept catégories :

le sens du pouvoir et de la responsabilité ;

l'approche au management du temps ;

l'identité et les buts recherchés ;

les dispositifs de l'entreprise ;

le territoire ;

les modèles de communication ;

les modes de pensée.

Le coaching des dirigeants peut être considéré comme une combinaison de conseil individuel, de développement professionnel et de
soutien par l'intermédiaire de relations de personne à personne, et le
programme ADP chez Hewlett Packard en est un bon exemple. Le

programme de développement accéléré (ADP pour Accelerated Development Programme) est le principal vecteur de Hewlett Packard pour développer la future génération de leaders de haut niveau[66]. De façon interne, un programme de mentoring permet à des leaders en place de développer des leaders émergents, tandis qu'une offre de coaching externe a été mise en place également. Le programme, lancé en 1992, a maintenant plus de 300 anciens participants. L'interactivité, la guidance et la gestion de carrière sont les principaux objectifs du programme de coaching ADP. Dans sa présentation à la Conférence de liaison, le directeur de programme a mis en relief les facteurs critiques de succès. Les principaux facteurs de la composante coaching du programme sont la qualité du coach lui-même, la compétence et la disponibilité du coach à travailler avec des gens du monde entier, un modèle de coaching souple et cohérent, et une mise en route immédiate du programme après la conférence de lancement. Le plus important pour le conseil individuel ADP, est le soutien du management, le soutien de la culture de l'entreprise, l'engagement du conseiller et un bon tandem mentor/mentee.

Dans un contexte légèrement différent, la mission d'un membre du corps professoral à la Cranfield School of Management est intéressante à noter. Essentiellement en tant que coach, elle reste dans l'entreprise pour aider à mettre en œuvre ce qui a été initié pendant le programme sur mesure de six mois dispensé par Cranfield à des managers de haut niveau.

LE PROFIL IDÉAL : LA CURIOSITÉ

Pour un « management humain », les défis sont principalement culturels : l'état d'esprit, les valeurs, le temps du cycle décision/action. Opérer au sein d'une économie en réseau aujourd'hui est devenu une compétence fondamentale pour tous les managers. Il faut savoir communiquer en temps réel et à une échelle globale. Gerard Van Schaik, directeur général chez Heineken et président de l'EFMD suggère de regarder au-delà de la « création de valeur immédiate »[67]. La boîte à outils habituelle du manager composée de formats et de techniques est le permis de conduire des affaires, réfléchit Van Schaik. Il fait remarquer que beaucoup trop de managers n'ont pas suffisamment de temps pour les personnes de leur service, ils sont trop occupés pour donner à leur personnel l'attention appropriée.

En général, un leader qui réussit harmonieusement en affaires a le profil d'un homme plein d'énergie, bien doté sur le plan intellectuel, efficace en milieu international et entreprenant dans sa façon de faire. Un leader vraiment global, si toutefois il existe, est attentif et curieux, il est sensible culturellement, il sait évaluer et aplanir les différences, il est capable de voir et de communiquer l'essentiel, il arrive à créer un cadre pour impliquer, intégrer, mettre en œuvre. Dans le manuel Handbook for Organisational Learning and Knowledge, Philip Sadler[68] passe en revue l'abondante littérature consacrée au profil du leader et révèle les limites de pratiquement tous les modèles. Il soutient qu'un leader doit être perpétuellement en train d'apprendre et que cela est nécessaire à tous les niveaux de l'entreprise. Sadler montre à quel point la responsabilité des managers de haut niveau est de créer des conditions propices à un partage du leadership d'une part, et un développement actif de la part de tous les employés d'autre part : le leadership organisationnel.

Voyons la pratique. Swiss Re dans son profil du leader, énumère les compétences suivantes[69] :

avoir une vision globale ;

savoir donner forme à une stratégie ;

manifester un sens aigu de la finance et des affaires ;

s'engager de façon entraînante et positive ;

attirer et développer les talents ;

susciter l'intégration et le travail d'équipe ;

se focaliser sur la valeur client ;

cultiver les relations essentielles ;

amener des innovations ;

obtenir des résultats.

Ericsson, pour sa part, résume ainsi le rôle du manager[70] :

manager des activités ;

innovateur ;

développeur de compétences ;

constructeur de relations.

Les caractéristiques principales du manager chez Ericsson sont :

la compétence intellectuelle ;

l'estime de soi ;

l'attention portée aux personnes de son service ;

la recherche de résultats.

Un autre exemple encore. Chez Standard Chartered au Royaume-Uni, les critères du manager sont entre autres : un planning stratégique, un management qui intègre le changement et le risque, une pensée pluriculturelle, un leadership d'équipe.

Voici une autre liste que nous pouvons utiliser pour illustrer notre propos, elle vient d'une institution qui joue un rôle majeur dans le domaine financier. Les compétences comportementales énoncées par ordre d'importance sont :

1. la communication ;
2. l'influence sur les autres ;
3. l'orientation client ;
4. le travail en équipe ;
5. la planification et l'organisation ;
6. l'acceptation de son rôle ;
7. l'adaptabilité et l'ouverture ;
8. le management des connaissances ;
9. la capacité de rebondir ;
10. le leadership ;
11. la prise de décision ;
12. le développement de soi et des autres ;
13. le point de vue global et stratégique ;
14. l'orientation résultats.

La présentation[71] de Mike Sweeney au groupe EFMD Advanced Corporate Learning Group en mai 2004 a fait savoir que l'USB travaille à redéfinir le leadership, selon la conviction que le leadership n'est pas simplement un comportement mais aussi une définition de priorités. Les critères de performance évaluée au niveau senior chez USB sont :

le leadership entreprenant ;

l'efficacité d'ambassadeur ;

l'impact sur l'alignement avec la stratégie du Groupe ;

l'exemplarité du role-model pour l'intégrité et le partenariat.

Chez BP, une étude de dix-huit mois, effectuée dans les années 1990, portant sur les cent vingt principaux leaders a conduit à identifier neuf compétences identifiant le leadership (Figure 5.7). Roy Williams explique de quelle façon elles distinguent les réalisations supérieures des réalisations moyennes en matière de leadership à l'intérieur de BP.

Modèle comportemental BP du leader exceptionnellement performant		
C'est un acteur respecté	Il agit sur une grande échelle et d'une façon décisive	Il conduit le changement
Il influence la stratégie	Il monte les meilleures équipes	Il donne forme à la performance
Il conçoit la stratégie	Il a une conscience aiguë et avisée de l'environnement	Il fait en sorte que tout soit aligné

5.7 Compétences du leader BP

Une consultation plus large des compétences identifiant le leader conduit à relever les caractéristiques suivantes, qui sont les plus communes (Figure 5.8) :

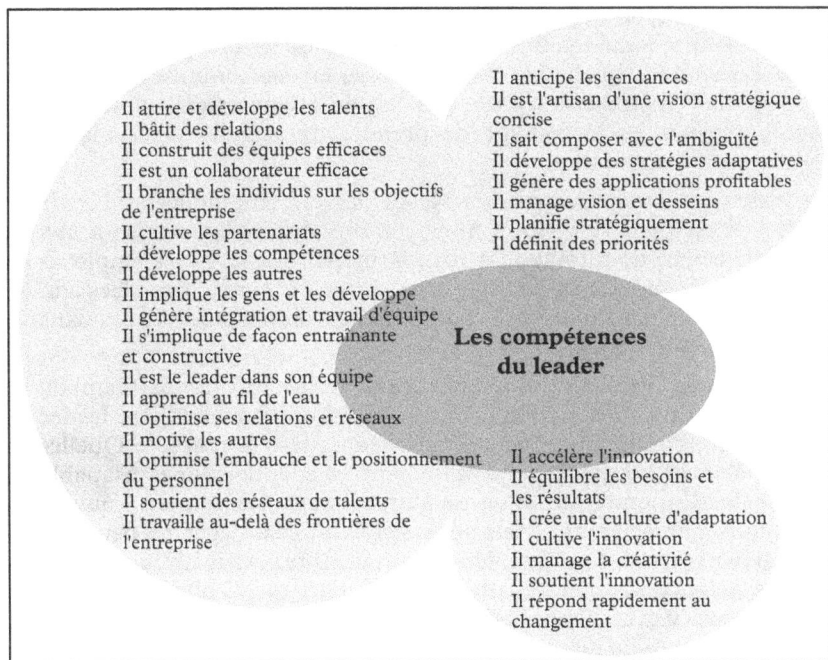

Il attire et développe les talents
Il bâtit des relations
Il construit des équipes efficaces
Il est un collaborateur efficace
Il branche les individus sur les objectifs de l'entreprise
Il cultive les partenariats
Il développe les compétences
Il développe les autres
Il implique les gens et les développe
Il génère intégration et travail d'équipe
Il s'implique de façon entraînante et constructive
Il est le leader dans son équipe
Il apprend au fil de l'eau
Il optimise ses relations et réseaux
Il motive les autres
Il optimise l'embauche et le positionnement du personnel
Il soutient des réseaux de talents
Il travaille au-delà des frontières de l'entreprise

Il anticipe les tendances
Il est l'artisan d'une vision stratégique concise
Il sait composer avec l'ambiguïté
Il développe des stratégies adaptatives
Il génère des applications profitables
Il manage vision et desseins
Il planifie stratégiquement
Il définit des priorités

Les compétences du leader

Il accélère l'innovation
Il équilibre les besoins et les résultats
Il crée une culture d'adaptation
Il cultive l'innovation
Il manage la créativité
Il soutient l'innovation
Il répond rapidement au changement

5.8 Les compétences du leader : caractéristiques les plus communes

Un autre exemple nous vient du groupe Nestlé, qui favorise le changement délibéré et bien orchestré. Cela se retrouve dans le genre de manager que le groupe choisit. Le directeur général Peter Brabeck considère que les managers sont les intendants de l'évolution continuelle de l'entreprise. Les qualités des managers de Nestlé sont renforcées par les actions de formation et le dispositif incitatif de rémunération. Leurs caractéristiques sont largement connues[72], elles sont les suivantes :

- une compétence aiguisée dans la communication et la motivation des collaborateurs ;
- un esprit ouvert ;
- la crédibilité ;
- une éthique de travail forte.

Deux ingrédients ne sont pas du tout courants. Les managers chez Nestlé doivent :

- avoir du courage, montrer des nerfs solides, savoir composer ;
- être capables de gérer leur stress.

À Davos en 2000[73], le directeur général Peter Brabeck a résumé cela comme suit : « chaque fois que je dois approuver une promotion, je me demande : "quelle est la plus grosse erreur commise par cette personne ?" parce que s'il n'a pas fait de grosse erreur, alors c'est qu'il n'a pas eu le courage de prendre de grandes décisions, ni l'occasion d'apprendre. »

Finalement, les dirigeants chez Nestlé doivent être modestes. Nestlé dit : « c'est pour servir que nous sommes ici ». L'entreprise a son propre centre de formation à Rive Reine en Suisse où les employés viennent du monde entier pour apprendre et échanger des idées afin de rapporter dans leur pays d'origine des solutions novatrices dans le domaine alimentaire.

Durk Jager, Président directeur général de Procter & Gamble, donne un aperçu des compétences qui lui ont permis d'être leader dans un monde pour lequel personne n'est préparé[74]. Quelles compétences ? Jager répond qu'il faut être doué d'une insatiable curiosité. Il montre que si on est suffisamment curieux, on trouvera toujours une occasion. Mais après avoir dit cela, Jager ne peut pas expliquer ce qui doit stimuler notre curiosité, car il n'y a pas une seule façon d'aborder l'inattendu. Qui plus est, il n'est pas facile d'être curieux. L'environnement externe peut favoriser la curiosité, mais la culture de nombreuses entreprises ne le fait pas.

Remise en question du concept de business school

En offrant des initiatives de développement pour managers, les business schools sont plus que jamais en compétition avec d'autres institutions produisant et transférant des connaissances. Les entreprises organisent leurs propres universités d'entreprise, les sociétés de consultants proposent une formation interagissant au plus près avec les clients, les organisateurs de conférences et les éditeurs présentent de nombreuses séquences ou interventions rapides qui ont l'avantage de faire gagner du temps.

Du point de vue d'une business school (et d'un prestataire généraliste) les programmes de préparation des dirigeants peuvent être classés de la manière suivante (Figure 6.1) :

	Programmes sur catalogue	Programmes sur mesure
À long terme ou élargissant la perspective	Programmes de management général	Culture commune Construction de cohésion
À court terme ou ciblés	Programmes centrés sur un problème spécifique Ateliers qualificatifs	Tournés vers l'action Centrés sur un projet Rôle de consultance interne
	Développement de l'individu	*Développement organisationnel*

6.1 Classification des initiatives de développement dirigeant

Les programmes « ouverts » courts — au cours desquels les managers se mêlent à leurs pairs de différentes industries et de différentes cultures — continueront d'exister, cela ne fait aucun doute. Les entreprises, de plus en plus, mettent en pool leurs ressources et forment des consortiums pour satisfaire les besoins de formation de leurs managers.

Mais les structures de management ont été « écrasées », ce qui pose un problème de définition du périmètre des participants quand on envisage un programme — à qui s'adresse-t-on ? Aujourd'hui, le rôle du manager est défini moins en termes hiérarchiques et plus en fonction de domaines d'activités et de compétences. L'accent est mis de plus en plus sur une pensée transdisciplinaire, ce qui fait que l'offre de programmes de base, sur le marketing ou la finance par exemple, va surtout concerner, non les business schools mais les prestataires offrant les prix les plus bas.

Pour renforcer cette approche globale, les écoles de management sont soumises à une demande croissante de prestation de services de management de carrière.

Vis-à-vis des managers seniors, on base alors les programmes sur des questions stratégiques. Étant donné l'accélération du changement, on propose en un temps réduit de courtes sessions comme les « master classes » qui sont une mise à jour intensive réalisée par des experts.

Les initiatives de formation innovantes pour dirigeant sont destinées à transformer en l'améliorant la culture d'une entreprise, en fournissant un forum pour le développement personnel et professionnel des managers. Le but du programme pour dirigeant est clairement la recherche de meilleures performances et l'obtention d'un avantage compétitif, mais cet enseignement de haut niveau doit apporter aussi une prestation de développement aux personnes et aux entreprises au sein d'un modèle plus large de valeurs pertinentes. L'unité apprenante fondamentale n'est pas l'individu mais bien toute l'équipe de managers qui ont besoin les uns des autres pour entreprendre et mettre en œuvre de nouveaux projets. Dans le monde de plus en plus fragmenté qui est le nôtre, aucune institution ne peut prétendre fournir une telle prestation. La coopération entre acteurs ne peut donc que se développer.

Une incitation croissante à fournir aux dirigeants des perspectives internationales plus vastes représente une autre étape sur cette échelle du développement. La globalisation pousse les entreprises opérant internationalement à demander aux écoles de management des différentes parties du monde à s'associer entre elles pour mieux les servir. Nous consacrons un chapitre spécial aux alliances et partenariats de développement organisationnel, d'autant plus que les écoles travaillent de plus en plus de concert avec les think tanks, qui mettent en commun leurs réflexions, et avec les cabinets de consultants.

Le contenu d'un programme est, et restera toujours capital. Néanmoins le processus par lequel on le réalise finit par avoir une importance croissante. Dans la quatrième partie, consacrée aux universités

d'entreprise, nous parlons du blended learning (assemblage pédagogique) utilisé par les plus grandes entreprises pour optimiser les programmes pour dirigeants. En parallèle avec les développements plus
pointus des universités d'entreprise, une tendance se fait clairement
jour favorisant l'analyse en profondeur des besoins et une sélection
soignée des prestataires dans toutes les entreprises européennes.
Pour résumer, nous avons noté ici quatre tendances majeures[75] :

- la prolifération du type de prestations et de programmes ;
- l'adoption de l'idée que le développement managérial est bel et
  bien une façon, pour l'entreprise, de motiver les dirigeants et de
  gagner des points dans la compétition ;
- un changement dans le rôle des prestataires externes : ils fournissent de moins en moins du « tout prêt, tout fait », et de plus en
  plus de programmes spécifiques « sur mesure », dans le cadre,
  bien souvent, de partenariats à long terme ;
- une modification dans l'attitude des « acheteurs » des prestations
  externes : ils s'attendent à être pleinement impliqués dans la
  détermination du concept, du contenu, de la qualité et du prix
  des programmes.

Du point de vue du prestataire, le concept et la fourniture de programmes sur mesure sont devenus extraordinairement complexes et
sophistiqués. Pour évaluer à fond les besoins, il faut des discussions
approfondies à l'échelle de l'entreprise pour identifier précisément
les principaux problèmes qu'elle rencontre ainsi que les opportunités. Le concepteur d'un programme doit identifier la base de connaissances et l'assortiment de compétences que les participants
doivent acquérir. La base de connaissances souhaitées et la panoplie
de compétences sont traduites en modules indépendants mais néanmoins intégrés. L'application des connaissances fraîchement obte-
nues est souvent réalisée au cours de projets d'action learning.

Dans son ouvrage *New Vision for Management Education : Leadership
Challenges*, Peter Lorange, Président de l'IMD en Suisse fournit une
description en profondeur, amenant à réfléchir, sur l'excellence des
business schools pour créer de la valeur. L'école de management
idéale et dynamique opère dans une optique favorisant l'action tout
en s'adaptant au besoin du client et en équilibrant, en mode va et
vient, l'esprit d'entreprise du corps professoral et le leadership des
dirigeants. Dans son livre, Peter Lorange passe aussi en revue cinq
questions fondamentales qui permettent à une école de management d'atteindre l'excellence :

- l'importance de la recherche ;
- la liberté de recruter des professeurs où bon leur semble ;
- la liberté de rétribuer correctement les performances académiques ;

- la qualité de l'enseignement ;
- une structure organisationnelle interne ajustée.

De plus, à une récente conférence générale à l'EFMD, des doyens et directeurs d'institutions, il a été souligné, une fois encore, que la qualité de l'interaction avec ses partenaires entreprises est le patrimoine fondamental d'une école. Dans le monde fragmenté qui est le nôtre, les business schools survivent à partir de trois principes surtout :

- la sélectivité ;
- le niveau d'interaction ;
- les modèles permettant de « désapprendre ».

De nombreuses entreprises reconnaissent qu'elles doivent mettre sur pied des initiatives qui bouleversent la façon de voir traditionnelle de l'entreprise et amènent de nouvelles idées. « Ces besoins à un plus haut niveau requièrent une perspective plus large et l'expertise d'une école spécialisée dans le management », disent les doyens des business schools.

Et pour citer Angel Cabrera, qui était doyen de l'Instituto de Empresa à Madrid[76], aujourd'hui doyen de Thunderbird en Arizona, le moyen d'avancer pour les business schools consiste à se focaliser sur l'internationalisation, l'intégration des disciplines, l'intégration des expériences d'enseignement ou de la pratique professionnelle avec les responsabilités sociétales.

© Groupe Eyrolles

7

Points clés

1. Le développement concerne avant tout le capital humain. L'essentiel est le management des hommes. Le meilleur développement découle d'un assemblage bien choisi d'initiatives.

2. Créer de nouvelles propositions de valeur à partir des actifs incorporels est prioritaire pour le directeur général. Construire des réseaux internes est une façon d'y arriver et les contributions stratégiques des ressources humaines comprennent : le management de la culture, les disciplines du changement, la prise de décision stratégique et le management des talents.

3. Le renouveau de l'entreprise est un art dans lequel une approche intégrée du développement de l'entreprise permet à la créativité de s'épanouir.

4. Cinq domaines majeurs de compétences se font jour en ce qui concerne les professionnels des RH : la contribution stratégique, la crédibilité personnelle, la performance des RH, la connaissance de l'activité de l'entreprise et la technologie RH utilisée.

5. La croissance d'une entreprise signifie, entre autres, un management efficace des idées. Il convient aussi de se concentrer sur le climat social interne et la culture. La mise en œuvre des changements culturels et structurels requiert un processus cohérent de développement. C'est une variété de voies de développement qui génèrent de la valeur ajoutée.

6. L'évaluation et le retour sur investissement du développement sont une question majeure que l'on doit prendre à bras-le-corps. Les études de cas révèlent qu'un chiffre précis de ROI n'est pas forcément utile. Il faut surtout s'assurer que le ratio coût/bénéfice a été correctement mesuré. Pour y arriver, il faut inévitablement combiner des approches objectives et subjectives.

7. Un outil est maintenant disponible pour évaluer à quel point une université d'entreprise est alignée avec la stratégie de l'organisation (CLIP).

8. Le conseil individuel et le coaching sont fondamentaux dans le processus du développement. Le mentoring de développement se focalise sur la perspicacité personnelle, le défi intellectuel et la confiance en soi.

9. Être curieux est sans doute la meilleure définition du profil du leader de demain.

10. Le concept de business school est remis en question sur la scène internationale des prestataires de formation. Est-ce que les universités d'entreprise sont la bonne recette pour demain ?

Deuxième partie

Tirer parti du pouvoir de la collaboration : S'associer pour le développement de l'entreprise

Intégrer, assembler, aligner ses approches pour favoriser le changement dans l'entreprise, la demande pour ce type d'action ne cesse de croître. Le partenariat, reconnaît-on d'une façon générale, est la méthode la plus efficace pour parvenir à des solutions intégrées. Les business schools, les universités d'entreprise et les autres acteurs travaillent de plus en plus en tant que partenaires pour répondre à une demande de développement continu. Partout on voit le phénomène des alliances prendre de l'importance car de plus en plus d'entreprises, dans notre économie globale qui avance d'un pas rapide, font confiance à des partenaires pour atteindre leur but. Une poussée majeure des partenariats pour la formation des dirigeants a eu lieu en 2000. Sans parler des alliances d'universités d'entreprises, de plus en plus de business schools s'engagent dans des partenariats pour offrir des solutions optimales aux entreprises. Par exemple, la London Business School et Columbia University, l'Insead et la Wharton Business School, l'alliance Sumaq de l'Instituto de Empresa et huit autres partenaires au Portugal et en Amérique latine, ou l'alliance globale pour la préparation des dirigeants entre IMD et MIT — pour n'en citer que quelques-unes.

Dans le même temps, les partenariats continuent d'échouer à un taux alarmant et de plus en plus on rapporte des résultats bien en dessous de ce que l'on espérait. Idéalement, au sein d'une relation d'alliance pédagogique on offre de nouveaux services pour une « solution client totale » — par exemple, cette solution comporte le soutien de la direction du programme, la recherche sur mesure, le conseil et la consultance. Mais la coopération internationale choisit aussi d'autres formules telles que les programmes d'échange, les approches via des consortiums, les institutions sur campus. Un exemple qui court déjà depuis 1995 est RNEMBA. C'est le programme de partenariat pour un MBA exécutif, fruit de l'alliance entre Rochester University dans l'État de New York et l'université Nyenrode aux Pays-Bas.

Mais qu'est-ce qu'une alliance ? Selon le dictionnaire : une action ou un état d'association ; une association formée pour un bénéfice mutuel.

8

Les meilleures pratiques de partenariats pédagogiques pour l'entreprise

À peu près 70 % des projets de partenariat échouent ou alors n'atteignent que les objectifs initiaux. D'une manière générale, les partenaires ont souvent des difficultés à travailler ensemble efficacement. Une recherche plus approfondie conclut qu'il serait sage de faire du management de la relation de partenariat la priorité des priorités. Les questions à trancher au premier chef sont la construction et le maintien d'une cohérence interne sur le projet, l'établissement de règles de base communes, le choix de managers ne s'occupant que du partenariat, capables de gérer de multiples relations avec le même partenaire.

L'EFMD a récemment réalisé une étude, au sein des plus grandes business schools en Europe, sur les meilleures pratiques concernant le management des partenariats avec l'entreprise. Ceux qui ont répondu disent, par exemple qu'il « devrait durer au moins trois ans », il « ne peut marcher si l'école ne donne pas accès à tout », il est décrit au mieux comme « un diamant à plusieurs facettes ». Effectivement la contribution de l'entreprise au partenariat peut prendre diverses formes : investissement dans des postes d'enseignant, réalisation d'un fonds de recherche dans des domaines appliqués spécifiques, sponsorisation de programmes de MBA ou nomination de représentants pour siéger au conseil d'administration ou dans d'autres comités. Le professeur de la chaire Shell sur le développement durable (sustainable business growth) à l'IMD est un exemple récent parmi beaucoup d'autres.

D'une manière générale, nous pouvons dire qu'un partenariat de formation et de développement réussi requiert un réel engagement dans une œuvre commune, une participation commune, un investissement commun pendant la conception, le planning, les sessions et le suivi du programme. En un mot, ce doit être une co-construction. Peter Lorange, Directeur de l'IMD en Suisse donne les éclaircissements suivants : le défi consiste à créer une entité réelle[77] de développement des dirigeants fondée sur le partenariat et composée de plusieurs éléments. Les business schools doivent garder un point de vue très ouvert. Les programmes ouverts permettent aux personnages clés d'une entreprise d'apprendre dans un contexte de benchmarking en se comparant aux autres entreprises et dirigeants leaders. Plusieurs exigences interviennent et la plus importante est l'implication forte de l'entreprise qui doit contribuer beaucoup au contenu de ce que l'on propose. Il est tout aussi important de désigner des participants susceptibles de contribuer par leurs apports dans les sessions de formation. Un programme sur mesure de développement des dirigeants est un autre élément clé comptant parmi les priorités de ce partenariat gagnant-gagnant. Cette approche permet un travail collectif en profondeur autour de la formulation et/ou de la mise en œuvre de la stratégie de l'entreprise. Les deux partenaires progressent dans un tel partenariat.

Pour chapeauter le tout, il doit exister un réseau relationnel, tout d'abord entre l'entreprise et la business school, mais aussi d'entreprise à entreprise, car cela conduit à un véritable réseau de développement. Toujours selon Peter Lorange, ces réseaux doivent soutenir plusieurs activités :

1. la recherche sur des questions sélectionnées de stratégie courante, pour proposer des généralisations fiables, pour documenter des pratiques efficaces afin de poser des repères de benchmarking et d'anticiper de futurs défis ;

2. un programme de développement des dirigeants sur mesure focalisé sur les priorités stratégiques ;

3. un processus de développement continu afin d'anticiper les défis stratégiques futurs.

9

Mieux comprendre le processus

Tous les participants d'un partenariat pour un programme de développement de dirigeants doivent comprendre le véritable sens et toutes les implications du processus de développement et travailler ensemble à faire de ce développement un processus continu. Ce qui signifie équilibrer les besoins en formation de l'individu et de l'entreprise. Gay Haskins de la London Business School[78] dit qu'il faut un mode de relation qui permette d'expérimenter, mais aussi d'échouer afin d'explorer de nouvelles façons d'enraciner les apprentissages. Il est très important d'évaluer ensemble comment doser le mélange de toutes les interventions d'enseignement.

Selon Michæl Osbaldeston[79], hier directeur du Global Learning chez Shell, et aujourd'hui à la Cranfield School of Management, les principaux domaines de partenariat école-entreprise sont : la génération d'idées, l'élargissement des perspectives, l'accélération du changement et le développement organisationnel.

ÉLÉMENTS CRITIQUES POUR LES PRESTATAIRES

Des activités de partenariat peuvent intervenir à différents niveaux :

- au niveau des participants : pour les sélectionner, les organiser ou leur procurer un coaching ;
- au niveau pédagogique : pour définir les besoins, mettre au point le concept du développement, élaborer l'intervention elle-même, sélectionner les intervenants en interne ou à l'extérieur ;
- au niveau de l'entreprise : pour porter une attention particulière à sa culture et à sa dynamique du changement ;

au niveau de la logistique : pour s'occuper du lieu de l'événement ou apporter tous les soutiens nécessaires.

Dans l'idéal, les prestataires de développement du management se retrouvent à travailler eux-mêmes avec les participants, au niveau des comportements, pour aider les entreprises à faire face au changement et à y répondre. Évidemment, il doit y avoir un processus de management bien défini énonçant des buts clairs, déterminant précisément les attentes et prévoyant une évaluation constante. Implicitement ou non, on trouve une implication complète du prestataire dans le partenariat, qui se combine avec une observation critique et des propositions nouvelles conduisant à faciliter le développement (Figure 9.1).

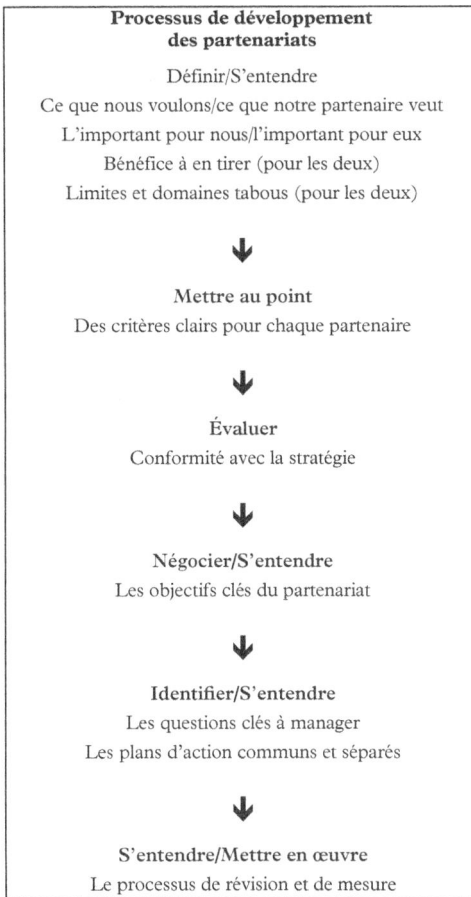

**Processus de développement
des partenariats**

Définir/S'entendre
Ce que nous voulons/ce que notre partenaire veut
L'important pour nous/l'important pour eux
Bénéfice à en tirer (pour les deux)
Limites et domaines tabous (pour les deux)

↓

Mettre au point
Des critères clairs pour chaque partenaire

↓

Évaluer
Conformité avec la stratégie

↓

Négocier/S'entendre
Les objectifs clés du partenariat

↓

Identifier/S'entendre
Les questions clés à manager
Les plans d'action communs et séparés

↓

S'entendre/Mettre en œuvre
Le processus de révision et de mesure

9.1 Processus de développement des partenariats

Un exemple pratique et instructif à cet égard est l'intervention de Mike Page à la réunion des doyens de l'EFMD[80]. Sa façon d'aborder le partenariat avec la Rotterdam School of Management indique bien sa philosophie. Pour lui, un programme doit être bien finalisé. Les programmes proposés pour étoffer le développement du management sont intégrés le plus possible par rapport aux plans stratégiques de l'entreprise du client.

Pour la RSM, le processus de conception et de réalisation se décompose en quatre phases :

1. tout d'abord vient la phase de découverte. Il faut découvrir les besoins de l'entreprise en réalisant une analyse avec les principaux intéressés, en travaillant de très près avec ceux qui, dans l'entreprise, parrainent le projet et en contactant ceux qui vont bénéficier du programme en y participant ;

2. puis viennent les caractéristiques spécifiques au projet, que l'on peut déterminer aussi en s'aidant de consultants. Les liaisons et la définition des besoins intermodulaires sont les constituants de base au cours de cette phase et, arrivés à ce point, on donne des directives au corps professoral ;

3. la troisième phase est celle de l'enseignement proprement dit, supervisée en permanence par l'un des directeurs du département Executive Education et par les coordinateurs du programme ;

4. enfin, quand le programme se termine, une évaluation complète est réalisée et on rédige le rapport final.

Si l'on devait faire une liste des cinq principaux éléments critiques d'un partenariat réussi (Figure 9.2), probablement pourrait-on écrire :

9.2 Les cinq éléments du succès d'un partenariat

1. la flexibilité, l'ouverture, la confiance ; la possibilité d'ajuster les objectifs au cours du processus ;

2. l'engagement de la direction au plus haut niveau ;
3. la complémentarité des partenaires, pour que la relation soit mutuellement bénéfique ;
4. une bonne alchimie entre les principaux acteurs ;
5. des liens à plusieurs niveaux entre les partenaires.

Effectivement, à la Cranfield School of Management au Royaume-Uni, une collaboration étroite avec la Lufthansa School of Business s'est révélée essentielle pour que soient menés à bien les programmes de management général. Dans chaque module, des intervenants des deux parties co-animent. « Lufthansa s'attend à ce que nous comprenions ses activités et les stratégies qu'elle met en place en produisant des études de cas appropriés », dit-on à la Cranfield School of Management.

Lorsque des business schools sont en situation de partenariat, s'intéresser au client signifie généralement apprendre sur l'entreprise partenaire, faire le point sur ses attentes, comprendre ses besoins et consacrer du temps et des efforts à réaliser un processus de conception commun, en prenant en compte le point de vue de tous les intéressés.

Cependant une telle compréhension doit s'étendre à l'environnement de l'entreprise tout entier. Quelqu'un d'une business school a répondu ainsi à l'enquête EFMD sur les partenariats à but pédagogique : « Nous vivons dans un environnement protégé ; comprendre le climat de compétition interentreprise qui est celui d'aujourd'hui, et comprendre la responsabilité très complexe et diversifiée des managers de haut niveau requiert une expérience en entreprise. » L'un des éléments majeurs qui a été identifié dans ce contexte est la relation qui s'étoffe au fil des années entre les principaux participants. Une atmosphère de confiance et d'ouverture d'esprit permet la souplesse nécessaire pendant tout le processus pour prendre en compte les résultats du contrôle et de l'évaluation continuels amenant à réaliser un processus permanent de développement commun.

Et les partenariats changent avec le temps. Par exemple, lorsque Konica est entré en partenariat avec la London Business School, c'est l'école qui jouait le rôle principal dans la mise en forme du programme de formation. Maintenant, le rôle du directeur de programme chez Konika devient de plus en plus prépondérant.

Cependant les alliances ne sont pas nécessairement le seul moyen de répondre à un besoin de formation ou de développement. Au tout début, il faut savoir faire la distinction entre un partenariat potentiel et une relation client-fournisseur, et cela requiert une certaine expérience. Expérience qui est également nécessaire pour terminer un partenariat et réaliser une séparation à l'amiable.

Un second élément principal pourrait s'appeler la compétence d'une école à répondre aux attentes du client. Un dilemme potentiel existe entre la demande d'un client pour une solution sur mesure et une intervention rapide. Ici, c'est la clarification des attentes qui permettra le succès. Pourquoi telle école veut-elle travailler avec ce client ? Les activités correspondent-elles aux dossiers stratégiques de la business school ? Des ressources rares sont-elles utilisées de façon efficace ?

Une troisième question est plus centrée sur l'interne et concerne le transfert des meilleures pratiques à l'intérieur de l'organisation : entre les membres du corps professoral, entre les directeurs de projet et entre les différents partenariats. Le développement commun continu d'un grand nombre de services requiert une communication souple à l'intérieur d'une école. Avec Capgemini, Henley Management Institute a travaillé en partenariat pour créer l'université d'entreprise virtuelle. Le changement radical dans le développement des sujets d'enseignement est une expérience d'étude positive pour l'école, dit Colin Carnall de chez Henley. Le plus grand défi est la relation continuelle qui doit s'établir afin que les sujets soient toujours d'actualité.

QU'AMÈNE CHACUN DES PARTENAIRES ?

Les partenariats à visée pédagogique entre business schools et entreprises peuvent prendre bien des formes et les activités dépendent largement du partenaire qui joue le rôle prépondérant. En général, les écoles amènent le contenu, l'expertise et le savoir-faire en matière d'enseignement, en quelque sorte les ingrédients et la recette. Les entreprises amènent des problèmes transfonctionnels, le besoin de solutions pour innover en situation de vie réelle, les besoins du client et des processus, principalement le « tour de main », le « savoir-faire » et l'adaptation. C'est ce qui devrait assurer la qualité du résultat.

10

Évoluer vers une business school simple et flexible

Le développement du management est souvent réalisé grâce à un savant assortiment qui utilise les technologies de l'enseignement, l'action learning, les ateliers, le coaching et le mentoring. Les écoles rapportent que les clients comptent de plus en plus sur du sur-mesure et des programmes d'une conception sophistiquée. Selon Douglas Ready, président d'ICEDR, les écoles doivent investir dans un processus d'excellence en établissant des contacts dans tous les sens. Cependant, penseront certains, le concept de base de l'enseignement n'a pas tellement changé. Olle Bovin décrit les défis auxquels doit faire face tout organisme prestataire de préparation des dirigeants[81] :

  porter son attention sur les questions fondamentales et les besoins de l'entreprise et de ses leaders (plutôt que sur les sujets devant être enseignés) ;

  respecter et utiliser efficacement le savoir et l'expérience dont dispose déjà l'entreprise (plutôt que d'en « rajouter ») ;

  apprécier la différence entre ce qui peut être enseigné et ce qui peut être appris (plutôt que d'essayer d'enseigner le « non enseignable ») ;

  développer un processus ou un modèle pour apprendre, avec le soutien de facilitateurs (plutôt que de « donner des programmes » de formation).

Surtout à cause de la croissance rapide des universités d'entreprise, les business schools ont repensé le rôle qu'elles peuvent jouer dans le développement des managers. L'Insead, par exemple, s'occupe d'une grande partie de la formation interne chez Cisco Systems. L'entreprise fait venir par avion les professeurs de l'Insead et utilise extensivement les vidéoconférences et les cours en ligne — approche largement motivée par le manque de temps. Le partenariat peut prendre encore d'autres formes, comme on le voit à l'EM Lyon dans son programme 2002-2003, parrainé par le groupe DaimlerChrysler. Les RH du groupe sont engagés à fond dans le programme et les participants ont l'occasion de faire plusieurs allers-retours d'étude chez DaimlerChrysler pendant l'année. La collaboration entre le campus européen de la Chicago Graduate School of Business et Ericsson est encore une autre formule. Une session d'une semaine destinée à quatre-vingts dirigeants étudiant pour le MBA s'est tenue au siège d'Ericsson à Stockholm en 2002. Une autre formule encore est le partenariat de l'Oréal avec 129 universités dans 46 pays, le but de l'entreprise étant d'attirer les meilleurs. Un autre exemple de partenariat est celui de Rolls-Royce. L'université d'entreprise est structurée en « facultés » et chacune a un partenaire académique[82]. Ainsi la Faculté de la Qualité travaille avec Leicester University et la Faculté de Leadership avec la London Business School.

Les programmes MBA d'une seule entreprise sont une voie parallèle. En 1988 déjà, la Lancaster University Management School a lancé le MBA British Airways. Le programme accepte 30 participants par an. Une centaine de personnes de chez IBM à travers toute l'Europe participent au programme MBA d'IBM au Henley Management College. Ce qui n'empêche pas l'éternel débat sur les avantages et les inconvénients du MBA d'entreprise.

Un partenariat qui va loin est celui entre l'Insead et Wharton. Ce rapprochement couvre tous les sujets, depuis la recherche jusqu'à la conception de programme. Le programme d'échange MBA est la plus grande réussite de la première année de cette alliance Insead/Wharton. Les projets de recherche réalisés en commun par les membres du corps professoral des deux écoles sont bien avancés et les deux écoles rapportent un intérêt accru, de la part des entreprises, pour les programmes destinés aux dirigeants.

Par ailleurs, les partenariats sont cruciaux pour le développement institutionnel d'une école. Les partenariats, rapporte-t-on de toutes parts, donnent un coup de fouet à une recherche utile, appellent le développement de nouveaux matériaux de cours et font naître de nouveaux projets de consultation. La participation d'une école dans un processus de formation à objectif de résultats entre dans le domaine de la consultation stratégique. Cette évolution n'est pas toujours considérée comme positive. On ne la voit pas non plus restant sans incidence sur la structure financière d'une institution.

11

Les programmes
en consortium

Les programmes en consortium représentent une autre voie d'accès
au développement. Ils combinent les meilleures caractéristiques des
programmes sur mesure et ouverts, en harmonisant le centrage sur
des sujets spécifiques avec l'opportunité d'apprendre d'autres cultures d'entreprise et d'autres industries, dit Leo Murray, précédem-
ment doyen de la Cranfield School of Management au Royaume-
Uni. Plusieurs entreprises qui offrent ensemble la formation au
management peuvent ainsi proposer une excellente occasion de
benchmarking. Pour que ces programmes en consortiums marchent,
Gay Haskins de la London Business School conseille[83] :

1. les consortiums marchent mieux lorsque les entreprises sélec-
    tionnent leurs partenaires. Plus l'engagement de l'entreprise est
    conséquent, plus les programmes sont adaptés. Les visites de
    benchmarking ou les projets de transformation des entreprises
    sont habituellement le principal élément de valeur ajoutée ;

2. le corps professoral doit être composé : de facilitateurs experts,
    capables de tirer les leçons et les acquis des visites d'entreprise,
    de l'apport des intervenants externes et de l'environnement cul-
    turel dans lequel ont lieu les modules ;

3. la qualité de la gestion et de la logistique est capitale, elle permet
    aux partenaires de se concentrer sur le programme. Michæl
    Heuser confirme que ceci est un élément essentiel lorsque l'on
    choisit ses partenaires parmi les business schools ;

4. les programmes en consortiums demandent beaucoup plus de
    temps de conception que les programmes traditionnels et
    requièrent un travail de développement en continu ;

5. les mécanismes de transfert des acquis sont fondamentaux : il faut permettre en même temps l'acquisition de nouvelles connaissances et l'utilisation de ce qui est appris. La focalisation sur le benchmarking amène des occasions de partager d'autres approches et de les transférer sur des situations spécifiques de l'entreprise.

Dans le paysage de la formation au management, l'interdépendance est de plus en plus présente, que ce soit du côté prestataire ou client. Ce sont souvent les universités d'entreprise qui assemblent les consortiums d'écoles pour créer des programmes adaptés à ce qu'ils veulent, quelquefois avec d'autres partenaires comme des consultants ou des fournisseurs de haute technologie. Lorsque c'est l'université de l'entreprise qui pilote, les facteurs de sélection sont l'image de marque du prestataire et sa compétence à satisfaire les besoins exprimés dans le temps et les délais impartis. Plusieurs exemples de pratiques d'excellence sont donnés en fin de chapitre 12.

De nombreuses écoles européennes leaders ont établi des partenariats d'enseignement ou des réseaux d'enseignement. L'IMD Learning Network comprend 150 entreprises participantes. Les entreprises, par exemple, prennent part à des événements « découverte », ou alors accèdent chaque semaine à la recherche IMD : chaque mercredi après-midi pendant une heure, 4 000 dirigeants se connectent sur le site Internet de l'IMD pour se tenir informés des nouveautés.

Le Henley Management College, au Royaume-Uni, a lui aussi établi le Henley Learning Partnership en 1994. Les entreprises telles qu'Orange témoignent du fait que rejoindre le réseau signifie pouvoir partager les expériences d'autres entreprises sur des questions telles que le succession planning ou le coaching et le conseil individuel. Les visites de benchmarking, les forums de développement ou les événements spéciaux organisés par les partenaires leur permettent de transposer des techniques dans leurs propres activités.

Alors que le partenariat continue d'être un choix stratégique classique, les compétences requises pour les construire et les manager sont critiques. Plus de trente exemples différents de partenariats européens pour le développement du management en entreprise sont décrits au chapitre 12 clôturant cette partie. Plusieurs cas de pratiques d'excellence sont aussi cités dans la quatrième partie consacrée aux universités d'entreprise. Ranger par catégories cette profusion d'initiatives va à l'encontre même de la réalité du management d'aujourd'hui.

12
Points clés et profils

1. Les partenariats sont la solution la plus efficace pour une approche intégrée, combinée et alignée vis-à-vis de la formation et du développement du management en entreprise.

2. Une grande majorité des partenariats n'atteignent pas leur but, soit totalement soit partiellement : le management de la relation est primordial.

3. Pour bâtir un partenariat il faut coopérer si l'on veut réussir, et ceci à tous les stades du processus. L'ouverture d'esprit manifestée par les partenaires permet l'expérimentation, la souplesse, et une honnête évaluation. En résumé, un engagement total dans le partenariat est de première importance.

4. Un partenariat ne peut être réussi que si un processus de management transparent développe des apports valables.

5. Les cinq constituants critiques d'un partenariat pédagogique sont la souplesse, l'engagement des managers de haut niveau, la complémentarité des partenaires, l'alchimie de la relation liant les principaux acteurs et l'intégration de relations à plusieurs niveaux.

6. La conception fondamentale d'un processus pédagogique reste toujours valable. L'attention portée aux problèmes et aux besoins, l'utilisation effective des connaissances existantes, un processus défini de développement forment la base de cette construction.

7. Les principaux champs du partenariat écoles-entreprises couvrent la production d'idées nouvelles, l'élargissement des points de vue, l'accélération du changement et le développement organisationnel.

AEA ALLIANCE

(ALLIANCE D'INSTITUTIONS D'ENSEIGNEMENT)

La mission clairement énoncée de l'alliance AEA est de contribuer à un développement du management de haute qualité, ainsi qu'à des solutions pédagogiques, grâce à une mise en commun des ressources professionnelles et technologiques des partenaires. Elle s'adresse :

- aux entreprises locales qui cherchent à internationaliser leurs activités et

- aux étudiants, managers et jeunes diplômés qui ont besoin de connaissances et de compétences transnationales pour développer leur carrière ou leurs projets.

Les membres fondateurs de l'alliance AEA sont, en Europe, la Warwick Business School et l'EM Lyon. L'ALENA est représentée par HEC Montréal. Le Mercosur est représenté par l'Universidad de Belgrano Argentina. En Asie, c'est Lignan University College qui est dans le partenariat.

L'alliance AEA n'a ni structure ni statut légal. C'est une organisation fondée sur un projet. En 2003, les huit projets principaux de AEA sont :

1. le Programme doctoral (PhD) AEA ;

2. le certificat AEA pour les étudiants ayant un MBA ;

3. la publication AEA International Management Journal ;

4. une plateforme technologique partagée ainsi que des cours sur Internet ;

5. des congés sabbatiques partagés pour les corps professoraux ;

6. le recrutement d'étudiants et des « parcours de formation » globaux ;

7. des réunions d'anciens élèves dans le monde ;

8. une coopération pour les programmes de formation des dirigeants.

BP PROJECTS ACADEMY

Projects Academy est une initiative menée de front par BP et le Massachusetts Institute of Technology — le MIT. Le programme est conçu pour faire progresser les managers de projet seniors chez BP — ceux d'aujourd'hui et ceux de demain. Le budget BP est aujourd'hui de 50 milliards de dollars et couvre 60 projets globaux. Plus de 150 leaders de projet chez BP développent une nouvelle façon de voir les choses, mettent en cause les pratiques existantes et s'efforcent d'améliorer la réalisation des projets majeurs de BP.

Le programme consiste en trois modules de deux semaines entre lesquels les participants travaillent sur leur projet.

Les buts sont :

- créer un changement améliorant la réalisation des projets majeurs, l'excellence dans les projets étant clairement visée ;
- mettre en valeur les compétences et les expertises de tous les managers de projet chez BP ;
- améliorer la communication entre les chefs de projet chez BP ;
- faciliter l'adoption par tous sans exception des principes d'excellence préconisés par BP dans le management de projet ;
- promouvoir une meilleure relation entre les leaders des projets principaux et les leaders de groupe chez BP.

CEDEP

Le CEDEP — Centre for Executive Development — a été fondé en 1971 par un groupe d'entreprises internationales en association avec l'Insead de Fontainebleau, pour proposer des programmes généraux de management.

Le Cedep compte vingt-sept entreprises partenaires :

- AFE, en France,
- Antalis, en France,
- Aventis, en France,
- Aviva plc,
- AXA, en France,
- AB Wilh. Becker, en Suède
- Bekaert, en Belgique
- Bristol-Myers Squibb, aux États-Unis
- Electrabel, en Belgique
- FLS Industries, au Danemark
- Fortis, en Belgique
- France Télécom, en France
- Gillette, aux États-Unis
- Heijmans, aux Pays-Bas
- HSBC, au Royaume-Uni
- Hempel, au Danemark
- Imperial Tobacco Group PLC, au Royaume-Uni

- ING Groep, aux Pays-Bas
- L'Oreal, en France
- Media Planning Group, en Espagne
- MT A/S, au Danemark
- NEC Computers International, aux Pays-Bas
- Renault, en France
- Royal & Sunalliance, au Royaume-Uni
- Tata Steel, en Inde
- Telecom Italia, en Italie
- Valeo, en France

Le Cedep fournit trois programmes essentiels de management général :

- le Programme de management opérationnel ;
- le Programme de management général ;
- le Programme pour hauts dirigeants ;

ainsi que des programmes sur mesure.

CEMS *(RÉSEAU D'INSTITUTIONS D'ENSEIGNEMENT)*

La Community of European Management Schools ou CEMS comprend à ce jour 21 institutions académiques et plus de 50 entreprises. Le CEMS a été fondé en 1988 par quatre universités : ESADE, HEC, Universität zu Köln et Bocconi.

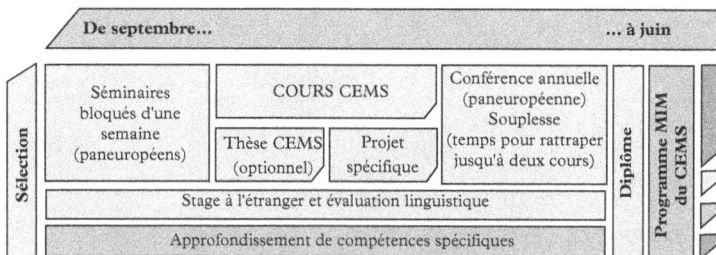

**12.1 Structure du programme des
Mastères en management international du CEMS**

Mastères CEMS en International Management

Le programme MIM (Masters in International Management) d'un an du CEMS n'est ouvert qu'aux étudiants poursuivant leurs études dans l'une des universités membres du CEMS. Le programme fait partie intégrante de la dernière année du programme qu'ils suivent dans l'université où ils sont inscrits. La structure du programme est illustrée ci-dessous (Figure 12.1).

CONSORTIUM FOR EXECUTIVE DEVELOPMENT, LONDON BUSINESS SCHOOL

À l'initiative de Marks & Spencer, ce consortium comprenait, dans les années 1990, British Airways, British Telecom, Lloyds Bank, Marks & Spencer et Vauxhall Motors. Il s'adresse aux managers moyens seniors et vise l'élargissement des points de vue stratégiques. Ce programme est conçu par LBS. Il prend la forme de cinq modules de trois jours sur une période de neuf mois.

Ce sont les besoins des entreprises qui mobilisent le consortium. Les entreprises participantes sont engagées à haut niveau. Une étroite collaboration aplanit les difficultés entre les partenaires. Les visites d'entreprise fournissent une occasion unique de benchmarking.

CRANFIELD & BRITISH AEROSPACE : UN DIAMANT À MULTIPLES FACETTES

Dans une étude EFMD sur les partenariats stratégiques, Leo Murray, ex-doyen de Cranfield, a décrit l'alliance entre son institution et British Aerospace comme une relation comportant plusieurs aspects. Six éléments la composent :

un programme Executive MBA ;

des cours de management de projet senior ;

des ateliers de team-building au sommet ;

des programmes de management senior ;

un lien avec les écoles d'ingénieurs ;

un soutien de l'entreprise pour la recherche à Cranfield.

Sur le campus de Cranfield, un bureau de liaison British Aerospace/Cranfield a vu le jour. Ses principaux objectifs sont : « établir et gérer une vaste zone de contact entre les partenaires, faire avancer les échanges entre personnels à tous les niveaux et, à travers ces contacts, développer activement un partenariat à long terme, stratégique et mutuellement bénéfique, fondé sur la création et le transfert d'expertises et de connaissances de classe mondiale. »

EMBA-GLOBAL *(PARTENARIAT D'INSTITUTIONS)*

L'EMBA-Global est un programme de MBA double mené de façon conjointe par la London Business School et la Columbia Business School.

L'EMBA-Global est un programme de cinq trimestres sur vingt mois.

La première année, l'emploi du temps comporte des cours d'un mois qui se passent alternativement à Londres et à New York. La seconde année, soit les trimestres 4 et 5, consiste en un projet d'entreprise et en cours électifs qui ont lieu dans l'une ou l'autre ville, ou dans les deux.

Les étudiants de l'EMBA-Global choisissent leurs cours d'option parmi la grande variété des cours donnés dans l'une ou l'autre école, et on facilite le choix par des supports adaptés et le travail virtuel. La seconde année comporte aussi un séminaire international d'une semaine en Asie pendant lequel les groupes de participants examinent en profondeur les entreprises locales.

EUROMBA *(PARTENARIAT D'INSTITUTIONS)*

L'EuroMBA est un programme de MBA international pour dirigeants, il dure deux ans à temps partiel. Il combine les cours sur Internet avec six programmes d'une semaine sur sites localisés de façon multiple dans toute l'Europe. Le programme est proposé par un consortium de cinq écoles : l'Institut d'Administration des Entreprises d'Aix-en-Provence, l'Université de Marseille, l'Open University des Pays-Bas, Audencia à Nantes, l'Ecole de management, EADA à Barcelone et l'Akademie für Weiterbildung Delmenhorst.

Le programme qui a commencé en 1996 couvre dix cours : management stratégique, intégration européenne, comptabilité et contrôle, finance internationale, management de ressources humaines internationales, management de la technologie et de l'innovation, marketing international, jeu de simulation, droit européen. De plus, les participants doivent réaliser des missions de consultance et rédiger une thèse professionnelle.

THE EUROPEAN MBA (PARTENARIAT D'INSTITUTIONS)

Ce programme est proposé par trois business schools européennes :

  la School of Business Administration à l'Université de Mannheim, en Allemagne ;

  l'École Supérieure des Sciences Économiques et Commerciales (ESSEC) Paris, en France et

  la Warwick Business School à Warwick, au Royaume-Uni.

C'est un programme d'un an en langue anglaise, les principaux cours étant donnés à l'ESSEC et à Warwick, tandis que les modules européens sont donnés à Mannheim. Le programme a démarré en septembre 2002 et intègre un travail de projet international.

INTERNATIONAL CONSORTIUM MBA, HENLEY MANAGEMENT COLLEGE

Ce programme est destiné aux managers seniors occupant des responsabilités internationales dans leur entreprise. Chaque groupe d'entreprises élabore un programme adapté aux objectifs communs, décide d'un emploi du temps, d'un cadre et choisit des lieux pour des modules sur site. Les entreprises sont, entre autres, Continental AG, IBM, Ford, Vodafone, Intercontinental Hotels. Les entreprises sont directement associées au programme, en suivent le développement régulier, les progrès et l'évaluation. Une approche pédagogique combinée se fait sur la base de l'expérience acquise. Les entreprises envoient quatre à six personnes à la fois. L'une des principales caractéristiques est que les diverses entreprises, dont les managers seniors participent, accueillent les ateliers et les visites sur site, jugeant que cela fait partie intégrante de l'enseignement.

INTERNATIONAL MANAGEMENT PROGRAMME

Ce programme de management international est conçu de manière conjointe par les entreprises qui y participent et par IFL, l'Institut du management suédois, pour leurs managers en phase de développement. Les entreprises qui participent au consortium sont : ABB, Alfa Laval, Atlas Copco, Sandvik, Scania, Stora et Tetra Pack.

Ce programme dure trois semaines et il est en deux parties, les participants devant accomplir un projet entre-temps. La première partie du programme est un programme intégré de management général.

La seconde partie traite de deux dimensions critiques :
- développer sa compréhension de la réflexion stratégique actuelle ;
- créer et mettre en œuvre de nouvelles manières de travailler et d'organiser son travail.

IMD LEARNING NETWORK

L'IMD Learning Network comprend cent cinquante entreprises globales qui ont en commun la passion de l'apprendre, ainsi qu'un engagement à attirer, faire progresser et retenir les personnes.

C'est un réseau actif, engagé dans un dialogue perpétuel à de multiples niveaux de l'entreprise et à travers tout un éventail d'activités pédagogiques.

Les entreprises s'inscrivent à l'IMD Learning Network en tant que partenaire — il en coûte une somme fixe annuelle — ou en tant que membre associé (Business Associate Member) — auquel cas la cotisation est moindre.

Les activités essentielles d'enseignement sont :
- Les Mercredis du Net (Wednesday Webcasts). Chaque mercredi à 16 heures Central Eastern Time, les dirigeants des entreprises membres peuvent se connecter pour participer à des diffusions en direct et interactives d'enseignement sur des sujets concernant le management. Ces trente minutes de diffusion organisées par le corps enseignant de l'IMD et quelques directeurs généraux sélectionnés, font que les dernières recherches et approches de l'IMD atteignent les participants de ce réseau.
- Read & Chat (lecture et dialogue). Activité riche en enseignements sur le Net, interactive, destinée aux dirigeants qui partagent leur passion pour la lecture et les nouvelles connaissances.
- Dix événements d'un jour, à peu près, ont lieu chaque année. Parmi eux :
  - événement découverte : diffusion des dernières recherches ;
  - événement leadership : examens des défis que rencontrent les décideurs.
- Trente à quarante forums globaux sont organisés à travers le monde et rassemblent les anciens élèves de l'IMD, les décideurs et les managers des compagnies membres. Le forum d'un jour traite de questions concernant le leadership, le management et l'entreprise, et fournit une bonne occasion de travailler en réseau.
- Chaque année, environ quatre-vingt-dix programmes de partenariat sont organisés pour répondre à des besoins d'enseignement spécifiques.

INTERNATIONAL MASTERS PROGRAM IN PRACTISING MANAGEMENT (IMPM) (PARTENARIAT D'INSTITUTIONS)

L'IMPM est conçu pour être la « future génération » de programmes type MBA, c'est un réseau pédagogique sous la direction d'Henry Mintzberg[84]. Le consortium comprend, du côté entreprises, entre autres : Bombardier Inc., British Telecom, Electricité/Gaz de France, Fujitsu Ltd, International Federation of Red Cross and Red Crescent, Lufthansa German Airlines, Matsushita Electric Industrial Co., Motorola, Royal Bank of Canada, Zeneca.

L'IMPM tourne avec un nombre limité d'entreprises, chacune d'entre elles envoyant plusieurs participants afin de permettre un enseignement orienté processus, intersectoriel et interentreprises. C'est un programme diplômant dans un contexte international qui s'adresse directement au développement des managers dans leur propre contexte et au transfert de savoir-faire entre entreprises.

Le programme s'étale sur une année et demie, et comprend onze semaines de cours répartis dans quatre modules sur site et une semaine d'échange entre participants.

Le contenu est conçu en termes de « mindset » (approche) managériale, une par module :

   pratique du management — l'approche réflexive ;

   manager les organisations — l'approche analytique ;

   manager l'environnement — l'approche mondialiste ;

   manager les relations — l'approche collaborative ;

   manager le changement — l'approche active.

Sur la base des diverses approches, l'IMPM, un programme de trois semaines destiné aux dirigeants seniors est disponible : l'ALP (Advanced Leadership Programme).

La vision guidant IMPM

1. Notre mission est le développement du management en vue de stimuler le développement de l'entreprise pour soutenir le progrès social.

2. Nous croyons qu'une application pratique fait partie intégrante d'une scolarité bien pensée.

3. Nous cherchons à combiner la compréhension des concepts avec le renforcement des compétences, adaptée au contexte spécifique des participants.

4. L'expérience pédagogique doit être aussi authentique que possible pour assurer une réflexion enrichissante sur l'expérience vécue naturellement.

5. Les connaissances acquises doivent être aussi efficaces que possible pour être utilisées au travail, et chaque fois que cela est possible, utiliser le travail déjà réalisé plutôt que faire travailler.

6. Nous préférons l'éclectisme et la diversité au sein des participants, d'une culture à l'autre, selon les contextes, selon les caractéristiques individuelles, pour mettre en valeur le partage des points de vue et promouvoir une approche comparée systématique des expériences.

Les écoles du partenariat IMPM sont : Hitotsubashi University (Tokyo, Japon), Indian Institute of Management (Bangalore, Inde), Insead (Fontainebleau, France), Lancaster University (Lancaster, Royaume-Uni), McGill University (Montréal, Canada), Kobe University (Kobe, Japon), KDI School of Public Policy Management et JAIST.

INTERNATIONAL ENTREPRENEURSHIP CENTRE (ICEVED) (RÉSEAU D'INSTITUTIONS)

L'ICEVED, ou Centre international du développement de l'entrepreneuriat et du risque, International Centre for Entrepreneurship and Venture Development, est à l'initiative de vingt-cinq business schools qui proposent un lien global entre les écoles de management, les entrepreneurs, les investisseurs et l'information.

Son but est de promouvoir le progrès économique et de générer richesses et emplois en favorisant l'esprit entrepreneurial global et en utilisant les ressources technologiques globales.

Ses services comprennent :

    des bases de données, des sources d'information ;

    la formation à distance, des cours en ligne, des forums de discussion et des listes de distribution.

Ce partenariat est sponsorisé par IBM.

Les business schools partenaires comprennent la Cranfield University, UCLA, l'Universidad Adolfo Ibanez, la SMU Cox School of Business, l'Universidad de los Andes, l'Universiteit Nyenrode, la Stockholm School of Economics, SDA Bocconi, l'Edinburgh Business School, l'IESA, l'Instituto de Empresa, la Rotterdam School of Management, l'ESSEC, la Brigham Young University, la Tec de Monterrey, la London Business School, la Queens School of Business, l'Helsinki School of Management, l'University of Miami, l'Universidad del Pacifico, ITAM, Unitec, Idea, la Fundacao Getulio Vargas, l'Universidad ICESI.

IMM (INTERNATIONAL MASTERS IN MANAGEMENT) (RÉSEAU D'INSTITUTIONS)

Le programme IMM est dirigé par la Kranner School of Management à Purdue University aux États-Unis, avec la TIAS Business School à Tilburg, aux Pays-Bas, la Central European University à Budapest en Hongrie et l'ESCP-EAP en France. Le programme dure vingt-deux mois et comporte six sessions tenues dans les six écoles participantes. Les participants qui réussissent obtiennent un diplôme double.

ONEMBA (RÉSEAU D'INSTITUTIONS)

OneMBA est un programme global pour MBA exécutif proposé par cinq business schools. Le programme de vingt et un mois a débuté en septembre 2002 avec cent dirigeants. Les écoles partenaires sont : la Chinese University of Hong Kong, Escola de Administração de Empresas de São Paulo de la Fundação Getulio Vargas (FGV-EAESP), la Monterrey Tech Graduate School of Business Administration and Leadership (EGADE-ITESM), l'Erasmus University Rotterdam, la Rotterdam School of Management (RSM), la Kenan-Flagler Business School de l'University of North Carolina.

Son programme couvre un tiers de cours coordonnés de façon globale, un tiers de cours résidants globaux, et un tiers de cours régionaux. Les cours coordonnés globalement portent sur :

- leadership et management des organisations globales ;
- management d'opérations globales ;
- marketing management global ;
- finance d'entreprise dans un environnement global ;
- stratégie dans un monde global.

Les quatre séminaires communs de base en résidentiel sont :

- semaine d'ouverture : perspectives globales et environnement des affaires aux États-Unis ;
- Europe : logistique et développement durable ;
- Asie : adaptation à un environnement dynamique global ;
- Amérique latine : finance globale et marketing culturel.

PROGRAMME FOR INTERNATIONAL MANAGERS IN EUROPE — PRIME *(RÉSEAU D'INSTITUTIONS)*

PRIME est un concept de développement exécutif qui s'adresse aux entreprises internationales européennes et dont le but est la préparation des managers à fort potentiel. Il existe déjà depuis 1997. Le programme est une initiative commune entreprise par six business schools européennes :

- Copenhagen Business School à Copenhague (Danemark) ;
- Erasmus University à Rotterdam (Pays-Bas) ;
- ESADE Business School à Barcelone (Espagne) ;
- HEC School of Management, Groupe HEC, à Paris (France) ;
- SDA Bocconi, Bocconi University School of Management à Milan (Italie) ;
- WU-Wien, Vienna Economics and Business University (Autriche).

Le programme consiste en cinq modules pédagogiques organisés par les écoles partenaires dans cinq pays différents. Les modules schématisent les points de vue, politique, stratégique, fonctionnel et de mise en œuvre des affaires, par les entreprises européennes.

THE STRATEGIC TRANSNATIONAL EXECUTIVE PROGRAMME (STEP)

Le programme STEP a débuté en 1983 et d'une manière générale s'est déroulé en Suisse. Le besoin perçu était une initiative de développement qui permettait à la fois de se situer par rapport aux autres entreprises et d'apprendre sur une base pratique et participative ce qui concernait l'entreprise elle-même. Organisé en tant que joint-venture, STEP a cinq ou six membres à la fois, membres qui ne sont pas en concurrence les uns avec les autres. Les entreprises qui ont déjà participé sont : ABB, Alcatel, Hewlett-Packard, Lufthansa, Metra Corporation, Midland Bank, Norsk-Hydro, Renault, Shell, Tetra Laval et Volvo.

Le programme STEP s'adresse aux managers seniors. Il dure neuf mois. Le programme de trois modules porte l'attention sur le changement stratégique. Une caractéristique différenciante est son module de « projets de changement », qui parle des ruptures induites par le changement et de la conduite du changement à très haut niveau.

SUMAQ ALLIANCE (RÉSEAU D'INSTITUTIONS)

En septembre 2001, huit business schools ont signé l'alliance SUMAQ. Celle-ci a un corps enseignant de plus de cinq cents professeurs sur onze campus situés dans les plus grandes villes du monde hispanophone ou lusophone. Elle est composée des écoles de management suivantes :

EASP — Fundaçao Getulio Vargas Sao Paulo (Brésil) ;

EGADE — Instituto de Estudios Superiores de Monterrey (Mexique) ;

ESA (Venezuela) ;

Instituto de Empresa (Espagne) ;

INCAE (Amérique centrale) ;

Pontificia Universidad Católica de Chile (Chili) ;

Universidad de Los Andes (Colombie) ;

Universidad de San Andrés (Argentine).

La mission de l'alliance SUMAQ est de fournir des programmes de développement pour dirigeants pourvoyant aux besoins en formation à la fois des individus et de leurs entreprises transnationales. Les écoles de l'alliance SUMAQ peuvent entreprendre toutes sortes d'activités dans le domaine de la préparation des dirigeants afin de combler les besoins spécifiques des grandes entreprises opérant à une échelle internationale.

TOMORROW'S LEADERS RESEARCH GROUP (TLRG)

Au printemps 2002, la London Business School a lancé le Tomorrow's Leaders Research Group ou TLRG. C'est un consortium informel de vingt organisations qui s'intéressent à l'identification et au développement des managers ayant un fort potentiel. Le groupe se réunit un mois sur deux pour explorer différents thèmes associés à l'identification et au développement des managers à potentiel, se concentrant sur la pratique courante, la pratique future, l'obtention de résultats conformes aux désirs et le réseau lui-même. Les membres du groupe comprennent entre autres : Allianz, BT Group, GlaxoSmithKline, Marks & Spencer, Microsoft, Oracle, Rabobank, Sainsbury, UBS Warburg.

TRIUM PROGRAMME (RÉSEAU D'INSTITUTIONS)

Le programme TRIUM est un partenariat entre la New York University Stern School of Business, la London Business School of Economics et HEC Management à Paris. Ses diplômés reçoivent un seul diplôme de MBA, délivré à la fois par NYU Stern, LSE et HEC Paris.

Les dirigeants participent à six modules sur une période de seize mois. Les sessions commencent en septembre et se déroulent comme suit :

- deux semaines à LSE à Londres ;
- deux semaines à NYU Stern à New York ;
- une semaine en Asie ;
- deux semaines à HEC, School of Management, à Paris ;
- une semaine en Amérique latine ;
- et pour finir deux semaines dans l'une des écoles du partenariat TRIUM.

Les modules couvrent :

- économie politique ;
- stratégies globales et finance ;
- gouvernance et relation de propriété ;
- marketing ;
- mise en œuvre et contrôle de la stratégie ;
- management de la diversité ;
- management du risque ;
- compétition dans une ère nouvelle.

Trois cents heures de cours à distance, environ, sont intégrées pour faciliter la préparation, le suivi et le travail sur les projets entre les modules. Les étudiants doivent démontrer ce qu'ils ont appris en développant en équipe une stratégie écrite pour une entreprise de leur choix. Cet exercice stratégique, qui s'étend sur plusieurs des derniers modules, incorpore les concepts, les points de vue et les compétences analytiques qu'ils ont acquises pendant l'ensemble des programmes. Trente-cinq dirigeants ont participé à la promotion 2002, ayant en moyenne dix ans d'expérience et représentant vingt nationalités.

WORLD BANK EXECUTIVE DEVELOPMENT PROGRAMME

Le programme de développement pour les dirigeants de la Banque mondiale a commencé en octobre 1996 et a été développé à la fois par l'Insead, l'IESE, Stanford, Harvard Business School et J. F. Kennedy School of Government. « Nous avions besoin d'un consortium global d'institutions de classe internationale, pour créer un programme sur mesure qui serait aussi diversifié que l'est notre personnel », a expliqué Tariq Husain, conseiller senior pour l'élaboration de compétences mondiales.

Trois modules de deux semaines ont été organisés, chacun d'entre eux développant un thème majeur. Sur une période de six mois, les participants pratiquent leurs outils et les idées nouvellement acquis, à travers des projets d'action pendant le deuxième et le troisième modules :

- Module 1. Formulation et mise en œuvre de la stratégie.
- Module 2. Processus d'entreprise — comment redéfinir et reconstruire.
- Module 3. Leadership et management du changement.

Jusqu'à aujourd'hui, plus de quatre cents managers de haut niveau ont suivi le programme et afin de continuer à faire progresser le management du changement à la banque, des programmes supplémentaires sont organisés. De plus, les leaders de la banque soutiennent activement des communautés de pratique. Plus de cent communautés de pratique partagent leur expertise et étayent les processus de changement. Près de la moitié des employés appartiennent à au moins une de ces communautés.

Troisième partie

LES UNIVERSITÉS D'ENTREPRISE : ACCÉLÉRER LE CHANGEMENT STRATÉGIQUE

13

Évolutions du développement de l'entreprise : ce que CLIP nous a appris[85]

Au cours des dix dernières années, les RH et la formation ont représenté une force tout à fait stable et bien organisée, même dans les entreprises au rythme de changement rapide. Il semble aujourd'hui que ces fonctions sont affectées du même syndrome de bouleversements et de transformations intégrales — ce qui n'est pas étonnant, si l'on se rend compte qu'elles managent les vraies ressources rares de leurs entreprises.

Des observations montrent que les entreprises, en ce moment, innovent beaucoup dans le domaine de la formation et dans celui du management et du développement des talents. Le Conference Board vient de publier un document intéressant sur le management des talents relatif à ces évolutions.

On pourrait dire que les entreprises sont même plus novatrices dans leurs modes d'action et dans leurs processus que les business schools. En effet, elles doivent trouver rapidement des solutions efficaces peu coûteuses en temps et en argent pour des problèmes nouveaux et difficiles. Pourquoi sont-elles plus novatrices ? Pour de nombreuses raisons que nous allons maintenant explorer.

Les business schools travaillent en mode convergent, elles creusent toujours plus profond dans les différents domaines académiques, et ajoutent ainsi domaine après domaine, à leur connaissance du management. Les entreprises, elles, travaillent par essence en mode transfonctionnel pour s'assurer que toutes les parties de l'entreprise travaillent ensemble — à construire des ponts et non des murs. Les deux approches sont créatives, chacune à sa manière. Mais connaître et appliquer demande deux sortes de compétences qu'il faut recombiner en permanence.

En lisant cette partie de l'ouvrage, vous allez vous sentir à la fois frustré et intéressé. Intéressé par le benchmarking qu'il vous fournit en abondance — sur le développement de beaucoup d'entreprises européennes et de quelques entreprises des États-Unis. Frustré à cause du mouvement rapide de ces organisations qui rend peut-être obsolète ce que vous êtes en train de lire aujourd'hui — les entreprises sont soumises à des processus de changement intensifs, elles doivent surveiller la qualité des principaux facteurs économiques, tenir leurs délais, globaliser, restructurer. Les universités d'entreprise étant un soutien important de ces transformations doivent, elles aussi, s'adapter en permanence.

Nous cherchons simplement à repérer les bonnes pratiques et les idées pertinentes dans tel ou tel contexte. Il n'y a pas de panacée. Nos observations récentes font ressortir quelques tendances importantes — qui peuvent varier dans un futur proche...

BLENDED LEARNING, UNE APPROCHE D'ASSEMBLAGE DES PRATIQUES ET DES OUTILS

Les universités d'entreprise proposaient, jusqu'à présent, surtout des programmes. C'est beaucoup moins le cas aujourd'hui. De nombreux pionniers de l'UE ont reconverti leur « corps professoral à plein-temps » en consultants internes assistant le management de projets, l'action learning, et d'autres activités pour lesquelles il faut adopter une approche transfonctionnelle. C'est le cas, par exemple, pour Isvor-Fiat et Shell.

Le contenu d'un programme est aujourd'hui beaucoup moins important que les performances et les résultats qu'on attend de lui. On demande aux prestataires externes de se préoccuper plus des problèmes et processus internes de l'entreprise que des contenus à proprement parler Ce qu'ils fournissent est dès lors et plus que jamais adapté sur mesure et à la dernière minute.

De plus, on mélange maintenant tous les outils. Les processus d'évaluation, le coaching, le conseil interne, le management de projet, la préparation à l'action et à une mission, le e-learning, font tous partie d'un menu qui permet aux clients internes de choisir pour satisfaire leurs besoins spécifiques. Faut-il rapidement combler les besoins d'un grand nombre de personnes ? On choisira peut-être de l'e-learning assorti d'une équipe de tuteurs en ligne. Faut-il accélérer le processus de partage ? On choisira à la fois des coachs et des mentors sélectionnés à haut niveau parmi les membres du comité de direction.

De nouveaux enjeux peuvent requérir d'organiser une mission de recherche d'information, les solutions identifiées étant proposées de façon interne pour qu'elles soient facilement acceptées et mises en œuvre.

De telles activités multifacettes comportent leur part de risque, d'autant plus que la façon de voir et de ressentir du client prend plus d'importance que jamais. C'est là une manière de négocier la difficile question du retour sur investissement de la formation et des activités pédagogiques. Si la solution est adaptée et contractualisée, dans le cas d'une coopération intense avec le client interne, ceci diminue le risque de controverses relatives au coût de l'investissement. Les résultats peuvent aussi être observés plus directement.

LA QUALIFICATION DU CLIENT OU DU PRESTATAIRE

La question de la qualification crée de nombreuses tensions au sein des business schools car l'intervenant va devoir s'investir dans la connaissance des activités du client. Tous les enseignants ne peuvent pas devenir consultants à la fois en contenu et en processus. Il faut donc que les responsables de la formation des dirigeants dans l'entreprise qui traite avec les business schools, démontrent à leur tour des qualifications qui les rendent aptes à négocier et à coopérer avec cette dernière. On obtiendra alors un service de qualité.

L'impact de ces changements sur le choix du personnel et sur la qualification des membres de l'université d'entreprise est évident. Il ne s'agit plus du même type de travail que la formation. Il faut dès lors organiser un service de consultants internes chargé d'approvisionnement et de développement des talents, mettre en place des processus apportant des solutions sur des problèmes de l'entreprise, et penser à l'amélioration du fonctionnement individuel, collectif et organisationnel. Le management et le marketing de cette activité sont différents de celui de la formation. Savoir contracter en interne tout en acceptant la compétition avec des prestataires externes en répondant à des appels d'offres ouverts, fait partie des nouvelles compétences requises.

PRESTATAIRES DE LOGISTIQUE INTÉGRÉE

Comme cela arrive pour d'autres activités, les clients demandent aux prestataires des services de plus en plus intégrés, ce qui signifie que les entreprises externalisent des processus qui étaient jadis faits en interne.

Par exemple, les clients peuvent demander, non seulement de fournir des services classiques, comme une documentation et un hébergement, mais aussi de sélectionner les participants, d'organiser la logistique associée (comme un voyage), d'adapter un site Web ou des forums de travail virtuels, de mettre sur pied des sites de formation en local, de négocier avec les systèmes d'information une évolution du logiciel et des plates-formes de cours en ligne, d'intégrer un suivi des logiciels des ressources humaines, de composer programmes et processus de façon entièrement cohérente, etc. Tous les prestataires ne peuvent pas négocier les rôles simultanés d'architecte, de concepteur, de producteur, de déployeur. Mais le « tout sous le même toit » arrive, notamment en Allemagne, et certaines entreprises comme Chateau'form offrent une gamme de locaux adaptés aux séminaires et acceptent de compléter leur offre de service.

Comme les business schools proposent aussi des services de recrutement, les entreprises peuvent être intéressées par un partenariat plus approfondi, afin de réduire les coûts sur la découverte et le développement des talents.

LA CHAÎNE D'APPROVISIONNEMENT DES TALENTS (TALENT SUPPLY CHAIN)

Dans ce même état d'esprit, les entreprises essaient de réduire les coûts internes de transaction entre services. C'est la querelle classique opposant les responsables des plannings de succession et du développement de carrière, et les responsables de développement des dirigeants. Ces derniers, par exemple, peuvent avoir le plus grand mal à obtenir les noms de participants à désigner pour un séminaire destiné aux personnes à potentiel. On se bat pour la propriété des talents dans l'entreprise (RH, opérations, siège ?) lors de telle ou telle opération ou dans les services de relations humaines, ce qui transforme le processus d'identification et de nomination en un véritable exercice politique.

Une solution existe. Il faut organiser un management de la chaîne d'approvisionnement de talents, cela diminue les coûts de transaction en interne. Ceci implique de définir ce que couvrent les talents concernés ainsi que le niveau (en qualité et quantité) dont on a besoin pour chaque réservoir de talents.

Le défi suivant est d'améliorer le flux entre les différents réservoirs de talents, en s'assurant qu'il est bien aligné avec la stratégie de l'entreprise et d'autres processus internes tels que le recrutement, le développement, les systèmes de gratification, la rétention, la mobilité, les postes et le planning de succession. Il faut vérifier qu'il s'harmonise bien avec les profils de managers et de leaders, et qu'il correspond aux valeurs de l'entreprise. Si tout cela concorde, alors le flux d'un réservoir de talent vers l'autre est envisageable.

RÉDUIRE LES COÛTS, RÉAGIR, ANTICIPER

Inutile de préciser que dans une période d'économie en redressement mais encore instable, où les entreprises, de surcroît, sont plus fragiles que jamais, des tensions persistent au sujet de la réduction des coûts. Surtout chez les dirigeants, nous percevons une recherche extrême de performance et d'utilisation optimale du temps. Nous sommes témoins d'une situation où les managers n'ont plus le temps de participer à des activités extérieures, que ce soit une formation ou un séminaire, ou même des réseaux professionnels.

Ce qui a conduit les UE à revoir leurs projets en ce qui concerne leurs installations et leurs dispositions concrètes. En une époque de récession, il n'est pas rare — surtout si le directeur général change — de voir une UE remodelée, voire même supprimée. Les économies sont immédiates, certes, mais qui peut calculer l'effet à long terme ? Certains châteaux qui servaient pour les séminaires sont en vente en Europe tout simplement parce qu'ils sont insuffisamment occupés, ou parce qu'ils coûtent trop cher en entretien. Les séminaires sont moins nombreux, plus courts, sont précédés de lectures préparatoires obligatoires, de travail virtuel, de conférences virtuelles ou de réunions sur le web, afin de gagner en coûts, en transport, en temps.

Le SRAS, les guerres au Moyen-Orient et le terrorisme exigent plus de sécurité et réduisent les voyages. Les voyages ne sont plus une marque de statut aujourd'hui. Et puis les managers hommes ou femmes regardent à la qualité de leur vie personnelle, essayant d'équilibrer temps de travail et temps personnel.

LES RESSOURCES HUMAINES,
ENSEMBLE DE PROCESSUS STRATÉGIQUES

Dans les quinze dernières années, nous avons vu les ressources humaines se transformer, devenant lentement mais sûrement un partenaire associé à la définition et à la mise en œuvre de la stratégie.

Nous observons maintenant que les ressources humaines définissent aussi leurs propres processus de sorte qu'ils soient adaptés aux autres processus de l'entreprise. Ils ne peuvent plus « faire bande à part », en prétextant qu'ils ne s'occupent que des personnes, ce motif n'a plus cours, on les presse au contraire de s'aligner eux aussi et d'être plus en harmonie avec les autres processus, et la pression dans ce sens s'accentue.

Ce changement est cependant sujet à controverse, puisque la tendance générale porte à rechercher de plus en plus du sens et de la cohérence au niveau de l'entreprise elle-même et à laisser dans le même temps les managers s'organiser localement pour mieux servir leurs clients. C'est un véritable mouvement pendulaire, la centralisation avance et la localisation recule, puis c'est l'inverse, et certains prétendent que finalement, si on veut aller de l'avant il faut beaucoup plus se préoccuper de partager et beaucoup moins d'organiser.

Le partage est en soi un processus à mettre en œuvre, par exemple en utilisant le coaching et le mentoring, Internet, l'action learning, etc.

Tout ceci crée un espace d'innovation et de créativité pour le management, ce qui est sûrement une voie à explorer dans le futur proche, pour soulager les frêles épaules des managers bien surchargés de travail et par trop stressés.

La première question pourrait être : « quel est le bon modèle d'université d'entreprise ? » — la réponse se trouve dans les pages suivantes, qui exposent différentes dispositions. La deuxième question est celle-ci : « quelle est leur cible ? » (Figure 13.1).

Performance	Développement professionnel Développement du leaderships individuel Action learning ou développement de l'action (Court terme) Commando	Chaîne d'approvisionnement de talents stratégiques Développement: évaluation, projet, coaching, conseil interne Attention spéciale portée aux talents supérieurs (1 %), mobilisation pour une rotation et un changement de culture rapides
	Centres de formation traditionnelle Grands nombres	Comprendre l'entreprise, savoir répercuter en cascade la stratégie et mobiliser Travailler en réseau, partager les pratiques Attention portée au management de deuxième ou troisième ligne (5 %)

Enteprise/Culture

13.1 Les objectifs des universités d'entreprise

Le temps compte certainement de nos jours, mais la performance, l'organisation et la culture sont également importantes.

L'université d'entreprise traditionnelle forme un grand nombre de personnes, traite de vastes sujets, accomplit de grandes missions et couvre plusieurs niveaux à l'intérieur d'une même organisation. Union Fenosa, dans les exemples que nous fournissons plus loin, est un exemple de ce genre.

Certains centres conduisent principalement des programmes tactiques consacrés à de petites équipes de dirigeants dont il faut concentrer l'attention sur des solutions rapides avec un bon rapport qualité/prix, sur la base d'une opération commando. Ce genre de programme nécessite une organisation de type action learning. L'organisation Bosno, aux Pays-Bas, en est un bon exemple. Cinq entreprises se sont associées pendant une longue période pour partager leurs ressources et manager ensemble un processus d'action learning. Elles envoient chaque année cinq dirigeants munis d'une mission. À la fin du processus, les dirigeants en question devront présenter le résultat de cette mission à leur conseil d'administration et l'assortir de propositions.

Dans certaines entreprises industrielles, l'université d'entreprise porte son attention exclusivement sur la transmission en cascade de la stratégie et du plan, il mobilise les employés pour atteindre les objectifs de l'entreprise, il organise des réseaux, il fait connaître les meilleures méthodes, il ouvre les silos internes et leur permet de communiquer. Les cibles habituelles sont des managers de deuxième ou troisième catégorie pour les aider dans leur processus consistant à progresser dans l'échelle (promotion sociale du travail chez Renault). Le côté culturel des cours est important, les résultats ne sont pas toujours l'objectif principal.

Enfin certaines universités d'entreprise sont conçues pour s'occuper de très peu de personnes (1 % environ du personnel de l'entreprise, les dirigeants seniors et supérieurs et même les hi-pots, les fameux hauts potentiels). L'attention de ces centres se porte à la fois sur la stratégie et les résultats d'une part, et sur les valeurs et le profil leader d'autre part. L'assessment, le 360° feed-back, le management du changement, le coaching, les projets de redressement, le management des connaissances et du talent, tout ceci conduit à soutenir une transformation rapide de l'entreprise dans les deux dimensions.

Naturellement, le modèle pur à 100 % n'existe pas. De nombreux centres sont un composé de ces quelques modèles. Différentes cibles peuvent être combinées en différentes solutions pour atteindre l'objectif approprié. L'EFMD agit en tant que consultant pour aider les universités d'entreprise à concevoir, auditer, réorganiser, qualifier le personnel, développer les partenariats et effectuer le suivi.

Il ne faut pas avoir peur des mélanges. Les ingrédients sont communs, mais les recettes sont locales, comme en cuisine.

Alors que les tensions et la compétition s'intensifient, les entreprises sont amenées de plus en plus à manager de façon stratégique leur développement interne et le processus d'évolution des gens qui les composent. Attirer et retenir les meilleurs managers, promouvoir les leaders de demain, améliorer les résultats, cultiver les compétences opérationnelles et disséminer la connaissance et l'expertise à travers l'organisation tout entière sont des objectifs critiques. Pour y arriver, ce qui est un véritable défi, la fonction formation de nombreuses entreprises a été revue et corrigée, on l'a destinée à un plus haut niveau, de sorte qu'elle ait un rôle central et stratégique, et on lui a donné la forme d'une université privée[86].

14

Les principaux défis
de l'université d'entreprise

Au cours de ce chapitre, nous examinerons la myriade de réalités regroupées sous le terme générique d'« université d'entreprise ». Nous portons notre attention tout spécialement sur les exemples européens appropriés. Le terme université d'entreprise recouvre en effet une grande variété d'initiatives de la part d'entreprises qui veulent satisfaire leurs besoins internes évolutifs. Mais essentiellement, une université d'entreprise est fondée sur le besoin d'accompagnement du changement de l'entreprise qui l'a créée. Le terme lui-même d'« université d'entreprise » ou UE suscite tout un débat. Il comporte des connotations positives et négatives. Nous l'utilisons ici comme une étiquette générale. Par exemple, ABB et ABN-Amro ont chacune une « académie », tandis que la Deutsche Bank et British Aerospace parlent de leur « université » et que d'autres organisations se réfèrent à leur centre de formation, leur institut du management ou leur business school.

Peut-être pourrait-on définir l'université d'entreprise comme le système interne qui encadre, aligne et coordonne la formation dispensée à tous les employés dans le but d'atteindre les objectifs de l'entreprise. Le groupe de travail EFMD Learning Group on Corporate Universities rapporte que plusieurs entreprises européennes sont bien avancées dans leur approche, tandis que d'autres n'en sont qu'à leurs débuts. Deux tiers environ de toutes les entreprises sont engagées dans des activités pédagogiques que l'on peut regrouper sous le terme générique d'UE. Le message qui est la plupart du temps véhiculé, de façon interne comme externe, est qu'une entreprise attache de l'importance aux individus qui la composent et leur fournit des occasions de se développer de façon continue. Chez

Dell, le nom d'« université d'entreprise » a été abandonné en 1998, on lui a préféré « Dell Learning », « Apprendre avec et pour Dell », et ceci illustre tout à fait le nouveau concept élargi (nous explicitons plus loin).

Années 1970	Années 1980	Années 1990	Années 2000
Isvor-Fiat	Carrefour University	Sun University	Allianz Management Institute
GE Crotonville	Ericsson Management Institute	ST Microsystems University	
Capgemini University		Dell Learning	BT Academy
	Motorola University	Trilogy University	Alstom Learning Institute
		Volkswagen Coaching	Union Fenosa University
		ABN AMRO Academy	Swiss Re Rüschlikon Centre
		Shell Learning Centre	
		LVMH House	
		Anglian Water University	
		General Motors University	
		DaimlerChrysler University	
		Deutsche Bank University	
		Heineken University	
		Lufthansa School of Business	
		ABB Academy	
		Boeing Leadership Centre	
		University for Lloyds TSB	

14.1 Dates de lancement des UE

Souvent les entreprises considèrent que l'UE est un processus visant une intégration totale du développement. Donner une ampleur maximale à l'enseignement et l'accompagnement du développement est devenu le but principal de nombreuses entreprises. Le concept d'apprentissage a subi lui aussi une cure de jouvence (Figures 14.1 et 14.2).

En général, le concept d'université d'entreprise recouvre un processus (l'UE n'est pas forcément un lieu), processus par lequel les employés de tout niveau participent à l'expérience de développement. Il est intéressant de noter que les activités de l'université d'entreprise sont en train de changer, elles incluent les clients et les prestataires, elles pourvoient aux activités pédagogiques, à la préparation des dirigeants et au développement des ressources humaines. Ses interventions sont taillées à la mesure des besoins spécifiques de l'entreprise.

Tensions économiques	✓ Optimiser l'enseignement interne
	✓ Maximaliser les processus de développement des individus
	✓ Aligner les processus individuels
	✓ Attirer les meilleurs talents
	✓ Retenir les meilleurs managers
	✓ Faire grandir les leaders de demain
	✓ Renforcer la culture de l'entreprise
	✓ Améliorer les performances
Compétition accrue	✓ Provoquer un changement culturel
	✓ Faire croître les compétences opérationnelles
	✓ Intégrer l'approche du management avec les connaissances
	✓ Optimiser l'expertise
	✓ Étendre l'enseignement au-delà des limites organisationnelles

14.2 Moteurs de création de l'université d'entreprise

Peter Brabeck chez Nestlé, Christopher Galvin chez Motorola et Jack Welch, ancien président de General Electric, considèrent tous les trois l'université de leur entreprise comme un vecteur extraordinaire pour déployer et mettre en œuvre leur stratégie, grâce au développement d'une culture d'entreprise forte. Chez DaimlerChrysler, l'université joue un rôle capital pour assurer les échanges de savoir-faire d'un service à l'autre et d'une entreprise à l'autre, en soutenant les communautés de pratique et en créant une culture du savoir.

La mise en œuvre de solutions pour améliorer la performance au travail représente une véritable révolution. Les fonctions de formation, d'accompagnement et de développement sont organisées, managées et réalisées de façon inédite. Bill Maybeck, vice-président des services pédagogiques chez Siemens, confirme[87] : il y a cinq ans, environ, il est devenu impératif pour Siemens d'établir sa propre université d'entreprise. Le groupe subissait alors de profondes transformations et il fallait accompagner ce changement à grande échelle. Et il ajoute : les UE sont vitales pour manager les connaissances et pour étoffer le capital intellectuel de l'entreprise. Les managers de haut niveau s'impliquent de plus en plus dans leur UE, développant grâce à cela de nouvelles approches pour résoudre les problèmes et abordant de nouveaux concepts de management. Il devient de plus en plus nécessaire de mettre en évidence le lien bénéfique entre l'investissement dans le développement intellectuel et l'amélioration des performances de l'entreprise. Ceci implique une approche systématique consistant à évaluer globalement les interventions d'enseignement, mais il est très difficile d'identifier les bienfaits résultant des programmes de l'université d'entreprise. Il est également très difficile de se faire une image d'ensemble du rapport coût/bénéfice de l'enseignement reçu. Dans son ouvrage *The Knowledge Enabled Organization*[88], Daniel Tobin écrit : « La toute première mesure d'évaluation concernant un programme de formation doit être : est-ce que ce programme va être un facteur d'amélioration des performances au travail et des résultats financiers de l'entreprise ? » Après tout, peut-être que l'enseignement dispensé en entreprise n'est en très grande partie qu'une question de foi ?

Lord John Browne également, directeur général de groupe chez BP Amoco, confirme : « La formation est au cœur de la compétence d'une entreprise à s'adapter à un environnement qui change rapidement. C'est capital pour, d'une part percevoir des opportunités que les autres ne verront pas, et d'autre part pour exploiter ces opportunités rapidement et complètement »[89]. Apprendre plus vite que ses concurrents devient un enjeu stratégique.

ACCÉLÉRER LE CHANGEMENT
DE CULTURE STRATÉGIQUE

En décrivant l'approche Lufthansa vis-à-vis du développement du management et de l'entreprise, Thomas Sattelberger[90] parle de la compétition qui se fait de plus en plus intense, et à une allure de plus en plus rapide. Et il explique que malheureusement, face à cela on a de plus en plus l'impression que la compétence des managers à formuler et mettre en œuvre des stratégies compétitives ne suit pas. Devant cette situation, les consultants et les intervenants traditionnels en sont venus à proposer un attirail sans cesse changeant et souvent contradictoire de modèles et de méthodes. C'est aux professionnels des ressources humaines, dit-il, de sélectionner ce qui conviendra à l'entreprise, de débattre du coût de la transformation de la culture d'entreprise, de construire un esprit de leadership fort dans toute l'entreprise et de créer de la valeur humaine à l'ère du capital intellectuel.

Thomas Moore, qui a mené des études complètes sur ce sujet aux États-Unis, suggère que beaucoup d'universités d'entreprise ne sont en fait que des « services de formation atteints de la folie des grandeurs ». D'autres cependant, meilleures, constituent un défi pour les business schools traditionnelles. En général, une université d'entreprise doit être considérée — par toutes les parties prenantes — comme un pas positif en direction d'une culture de management plus sophistiqué[91].

QUELLES SONT LES LIMITES DE L'UNIVERSITÉ D'ENTREPRISE ?

Les universités d'entreprise peuvent être classées selon un certain nombre de critères. Les critères les plus courants sont entre autres : les objectifs, les personnes cibles, la forme des interventions pédagogiques, les partenaires, l'approche de l'entreprise elle-même, le modèle et l'évaluation de la profession.

Dominique Cufi, qui dirigeait le développement de CAMPUS au groupe Arcelor, a donné un aperçu pénétrant et enrichissant des différentes structures des universités d'entreprise[92]. Elle dit : « Plusieurs types de "modèles de transition" coexistent, mais les deux modèles extrêmes d'universités d'entreprise sont les suivants (Figure 14.3) » :

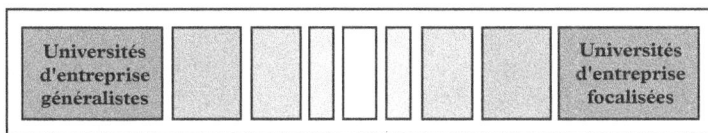

14.3 Les différents modèles d'UE, d'après Dominique Cufi, « Corporate University Challenge »

Les universités d'entreprise généralistes couvrent un champ vaste. Ces institutions sont caractérisées par le large champ de leurs activités. Elles assurent la préparation des managers mais aussi la formation technique. Leur cible est vaste, depuis les agents de maîtrise jusqu'aux dirigeants de haut niveau. Obligatoirement, ces universités proposent un très grand nombre de programmes répondant aux diverses catégories embrassées. Le but de l'enseignement dispensé est d'accompagner la formation de la stratégie et son développement, certes, mais aussi de soutenir l'image de l'entreprise en la présentant comme un « employeur de référence ». (Parmi ces universités, on compte la Lufthansa Business School et Union Fenosa Corporate University).

Les universités à champ focalisé sont caractérisées par une offre ciblée. Elles servent par exemple à des partenaires égaux qui s'unissent en un groupe plus large pour construire des ponts d'une équipe de managers de haut niveau à l'autre (L'Allianz Management Institute en est un exemple).

Pour conclure, Dominique Cufi insiste sur l'importance de la cohérence. Être le partenaire stratégique du développement d'une entreprise requiert une compréhension saine des mouvements stratégiques de l'entreprise ainsi que le sens de l'anticipation, afin que ce qui est appris soit aligné avec le futur de l'entreprise.

Bertrand Moingeon, d'HEC, donne un aperçu de l'histoire des universités d'entreprise[93]. Dans les années 1980, les universités d'entreprise étaient surtout des centres de formation professionnelle. À cette époque, on cherchait surtout à gagner sur les coûts. La tendance était d'internaliser le marché et d'organiser une série de programmes de formation à l'intérieur de l'entreprise. Dans les années 1990, les universités d'entreprise (UE) sont devenues des centres de formation et de développement dans l'entreprise. L'une des prérogatives principales était la possibilité de développer des programmes d'enseignement vraiment sur mesure. À cette époque, ces programmes étaient conçus pour produire un savoir à mettre en action et on les considérait comme un levier essentiel de la mise en œuvre de la stratégie et du management du changement. Les activités pédagogiques avaient lieu avant que les gens ne s'assemblent, pendant et après l'événement. À l'heure actuelle, on pense plutôt que dans le futur, un nouveau concept fera son apparition et remplacera cette entité dans l'entreprise — la plaque tournante des connaissances offertes par le réseau Internet. On s'en aperçoit au fil des cas développés dans la quatrième partie.

Les activités d'enseignement sont de plus en plus facilitées par la technologie qui permet d'apprendre à distance. C'est l'intégration dont on parle tant, celle du petit « e » de l'électronique. Parallèlement à l'organisation de programmes d'enseignement, cette UE nouveau modèle fournit une arène neutre de partage des connaissances et une mise en réseau. Elle abrite diverses sortes de réunions et de forums sur le Net pour l'entreprise, ses clients et ses prestataires. C'est un foyer pour une communauté de pratiques et s'y rattache la question de la recherche appliquée.

À QUOI RESSEMBLENT LES MEILLEURES UNIVERSITÉS D'ENTREPRISE ?

L'université d'entreprise est un dispositif de première importance pour disséminer la culture de l'entreprise et ses valeurs essentielles, pour accroître les qualifications relatives aux diverses tâches et les compétences principales nécessaires pour un poste donné, mais aussi pour développer des réseaux efficaces. Une bonne UE doit contribuer à l'amélioration des résultats de l'entreprise. Les conclusions d'une étude majeure de l'APQC montrent quelles sont les caractéristiques des « meilleures de la classe »[94] :

L'influence de l'entreprise

1. La meilleure pratique de formation et de développement va au-delà du concept d'une « université traditionnelle appliquée à l'entreprise » pour correspondre à la mission, aux valeurs et à la culture de l'entreprise.

2. L'une des clés du succès est une implication forte de la part des managers de haut niveau.

3. Les UE ayant la meilleure pratique analysent correctement les besoins, certes, mais elles vont plus loin : elles font en sorte que les différents services participent à tous les aspects du processus d'enseignement.

Les considérations culturelles

4. La stratégie de l'entreprise détermine la structure de l'UE.

5. L'expérience de formation est maintenue distincte des processus traditionnels dévolus aux ressources humaines.

6. Les UE ayant la meilleure pratique opèrent en tant que centres des coûts.

Le processus d'enseignement

7. Au sein des UE ayant la meilleure pratique, il n'existe pas de principe universel pour définir les processus qui déterminent à l'avance les interventions pédagogiques.

8. On ne commence à utiliser la technologie qu'après avoir examiné de près les façons de faire de l'entreprise, on ne se contente pas d'automatiser tout simplement les fonctions existantes.

9. Les UE ayant la meilleure pratique ne déterminent leurs objectifs pédagogiques qu'après avoir identifié les résultats attendus.

Le management de l'information

10. Le benchmarking est l'un des moteurs principaux de la création et de l'innovation d'une UE.

11. L'UE est un outil puissant pour créer et manager un capital de connaissances à l'intérieur de l'entreprise.

Les défis principaux auxquels doit faire face une université d'entreprise peuvent être schématisés selon trois axes principaux :

le développement accéléré des principaux talents clefs ;

des interventions pédagogiques exclusivement couronnées de succès ;

des interventions entièrement intégrées à la stratégie de l'entreprise.

Voici ce que nous apprend l'Advanced Corporate Learning Group de l'EFMD : l'alignement est fondamental, la cohérence doit être au rendez-vous, qu'il s'agisse du choix du moment, de la localisation, de la conception, de la dotation en effectifs et de l'action. Ceux qui sont à la tête d'UE et qui font partie de ce groupe mentionnent fréquemment les bienfaits fondamentaux résultant de la création de réseaux influents : ils aident les managers dans toute l'entreprise à résoudre les problèmes, à mettre en œuvre le changement, à reconcevoir les processus, à partager les pratiques efficaces ou à résoudre les conflits (Figure 14.4).

Alignement	S'assurer que les besoins de l'entreprise sont le moteur de tout développement Travailler en partenariat avec les managers en opération
Développement continuel	Développer les compétences des professionnels de l'UE Pourvoir au coaching
Management culturel	Améliorer les compétences en conseil du personnel des RH Mesurer la contribution de l'UE
Implication à un haut niveau	Mettre en œuvre des initiatives de développement pour les hauts dirigeants Établir un partenariat avec des prestataires académiques

14.4 Les défis principaux rencontrés par une UE

LES CYCLES DE VIE D'UNE UNIVERSITÉ D'ENTREPRISE

Les approches décrites plus haut peuvent suggérer à tort qu'une université d'entreprise est une entité statique. Michæl Heuser, qui a dirigé la Lufthansa School of Business décrit en long et en large les phases de l'évolution de l'université d'entreprise chez Lufthansa. Le schéma ci-dessous illustre ses propos (Figure 14.5).

Phase I	Phase II	Phase III
Fonction de formation traditionnelle	Acteur et partenaire stratégique	Initiateur et innovateur stratégique
• Gardien et ambassadeur des standards • Développeur et intermédiaire de partage des compétences	• Moteur et accélérateur des initiatives stratégiques • Plateforme culturelle utilisant des structures en réseaux fluides et virtuels	• Image de marque pour le personnel • Source de renouveau et de (re)vitalisation

14.5 Les cycles de vie d'une UE

15

Les partenaires de l'UE

L'efficacité des programmes pour dirigeants va de pair avec une parfaite combinatoire d'apports internes et externes. De nouvelles relations, internes comme externes, sont nécessaires pour faciliter ces processus. Cependant la pratique courante consistant à aller chercher à l'extérieur les activités à contenu pédagogique a considérablement changé ces quelques dernières années.

La démarche préférée pour amener à l'entreprise une expertise extérieure est souvent le partenariat. Cependant d'autres éléments de la chaîne de valeur de l'université d'entreprise proviennent aussi de sources diversifiées. Les experts externes sont quelquefois choisis au sein d'institutions académiques ou d'une société de consultants, ce sont parfois des enseignants ou des consultants individuels. Certaines universités d'entreprise font appel à des sources extérieures en partie seulement : pour l'analyse des besoins, la conception du programme, le développement des matières enseignées, le management et/ou la fourniture du programme, l'évaluation et le coaching et le conseil individuel. De plus en plus les universités d'entreprise ont une approche composite.

Selon un exercice de benchmarking[95] réalisé par ST University en 2002 dans soixante-deux universités d'entreprise européennes, le ratio entre les formateurs internes et externes est le suivant :

- 15 % sont issus d'un partenariat académique ;
- 40 % sont des consultants ;
- 45 % font partie de l'entreprise (25 % à temps partiel et 20 % à temps complet).

Une étude sur les universités d'entreprise, réalisée aux Pays-Bas[96], indique les critères les plus importants pour choisir un partenaire extérieur :

- sa vision de la formation et du développement des personnes ;
- sa volonté d'être un partenaire stratégique pour le développement de carrière ;
- ses outils et son matériel pédagogiques ;
- ses précédentes expériences positives ;
- la qualité de ses enseignants.

Les critères les moins importants, toujours selon cette étude néerlandaise, sont entre autres :

- la localisation ;
- l'expérience de formation en ligne ;
- la reconnaissance par le moyen d'un diplôme.

Une étude réalisée par Thomas Moore et couvrant plusieurs grandes entreprises confirme en effet[97] : l'« approche leadership », est le premier élément que recherchent les entreprises, et le second est l'« impact », c'est-à-dire l'effet que l'on attend des programmes sur les changements en interne ou par rapport au comportement des managers de l'entreprise.

La Ford Motor Company, par exemple, préfère avoir une fédération d'institutions. Le Leadership Development Centre de l'entreprise joue un rôle majeur pour modifier l'état d'esprit et la culture chez Ford. Un autre exemple est l'Electrolux University qui s'attache à quatre points :

- développement des personnes et de l'équipe ;
- management du changement ;
- soutien de l'activité de l'entreprise.

Son programme International Business Leadership fonctionne en étroite coopération avec Ashridge depuis déjà plusieurs années.

Mesurer l'impact
de l'enseignement

En termes d'évolution, les phases de développement d'une université d'entreprise peuvent être décrites ainsi : elle accompagne puis développe le leadership, puis elle communique et promeut les valeurs et la culture de l'entreprise, enfin elle devient partenaire d'innovation stratégique. Depuis février 1999, l'EFMD (European Foundation for Management Development) a animé un observatoire sur les universités d'entreprise. Ce groupe a pu remarquer qu'en général l'UE est considérée comme une plateforme de développement de la stratégie fournissant un cadre pour une formation intégrée. Pour être efficace, la formation des managers et dirigeants requiert différents équilibrages : entre la découverte pure et l'adaptation à un nouveau savoir, entre apprendre au sens strict et apprendre en comparant.

Mark Jones chez PricewaterhouseCoopers, l'un des facilitateurs du groupe, a mis au point un résumé pratique des politiques et des méthodes d'évaluation possibles. Il suggère les questions primordiales suivantes :

- qu'est-ce qui vous pousse à mettre en route une politique d'évaluation pour votre entreprise ?
- quels résultats pouvez-vous espérer d'une politique d'évaluation ?
- de quels outils ou de quelles méthodes d'évaluation disposez-vous ?
- à quoi ressemble une politique d'évaluation de classe mondiale ?
- comment y arrive-t-on ?

L'American Productivity & Quality Centre a réalisé une étude de benchmarking des meilleures pratiques dans le domaine de la mesure et de l'évaluation de la formation. L'étude se centre sur plusieurs points : ce qu'apprennent les collaborateurs est-il aligné avec la stratégie de l'entreprise ? Quel est l'impact des mesures de l'enseignement ? L'attention se porte-t-elle maintenant sur les conseils de performance ? Treize résultats principaux ressortent de cette étude[98] :

1. l'évaluation des besoins éclaire sur le but de la mesure. Elle est critique pour la mise au point d'un programme complet ;

2. l'alignement avec l'entreprise tout entière et la construction d'un système de soutien approprié produira un programme d'évaluation efficace ;

3. les entreprises ayant les meilleures pratiques ont automatisé le processus pour présenter différents types de données d'évaluation à des auditoires variés ;

4. les entreprises reconnaissent que, bien que l'évaluation soit une activité située à un microniveau, il y a fort besoin de combiner les données d'évaluation pour obtenir une vision de l'impact de l'UE à un niveau supérieur ;

5. les entreprises ayant les meilleures pratiques s'efforcent d'identifier les impacts au plus haut niveau afin d'utiliser une approche de centre de profit pour l'UE et en mesurer la contribution ;

6. la plupart des entreprises s'efforcent de trouver un processus de routine pertinent ;

7. les entreprises ayant les meilleures pratiques font en permanence des benchmarkings, internes et externes ;

8. les universités d'entreprise à succès utilisent les données d'évaluation de différentes façons ;

9. les entreprises souhaitent utiliser le retour sur investissement (ROI) mais ont des difficultés à le calculer et ne savent pas trop que faire du résultat ;

10. les entreprises ayant les meilleures pratiques affectent des ressources significatives aux programmes d'évaluation ;

11. les programmes d'évaluation doivent s'adapter aux besoins changeants de l'entreprise ;

12. les entreprises ayant les meilleures pratiques communiquent en permanence les activités et résultats d'évaluation aux personnes concernées ;

13. les entreprises ayant les meilleures pratiques consultent les résultats pour identifier les lacunes et trouver des solutions pour combler ces lacunes, en recourant à des modèles de formation qui ne sont pas traditionnels.

L'expertise du CCL — Center for Creative Leadership — en matière de développement du leadership a été résumée en cinq points relatifs à l'évaluation du développement du leadership[99] :

- identifier les principales parties prenantes ;
- réaliser une évaluation des besoins ;
- concevoir l'évaluation en tandem avec les responsables du projet de développement du leadership ;
- réaliser l'évaluation ;
- communiquer l'évaluation.

Les éléments ci-dessus illustrent vraiment à quel point il est difficile de séparer la contribution spécifique de l'enseignement et du développement, des autres facteurs influençant la productivité et le niveau d'aspiration et de motivation des employés.

MÉCANISMES DE BENCHMARKING

C'est dans ce contexte que l'EFMD a lancé récemment le CLIP[100] (Corporate Learning Improvement Process). Ce processus d'amélioration des UE couvre l'ensemble des dimensions essentielles du déploiement de l'UE à l'intérieur de l'entreprise : l'alignement de sa mission et de ses objectifs opérationnels avec la stratégie de l'entreprise, l'efficacité de ses systèmes de gouvernance et de management interne, sa compétence pour identifier les questions principales posant problème aux différentes parties de l'entreprise, le processus de conception de programme, la cohérence générale de l'ensemble des programmes, la qualité de l'enseignement et l'impact des activités de l'UE sur le développement individuel et organisationnel. L'approche CLIP est décrite plus en détail au chapitre 13, il en est question également de l'introduction à la troisième partie.

17

Développer une UE

Nul ne peut ignorer la révolution technologique d'aujourd'hui et son impact sur les processus d'enseignement, bien que cela ne soit pas le propos de cet ouvrage. Aujourd'hui les organisations considèrent le e-learning, comme un élément parmi d'autres et on ne s'attend plus à des miracles de la part d'Internet comme c'était le cas au début. On peut se servir de simples forums par e-mail mais aussi de feedback 360°, de vidéoconférences, et même d'universités 100 % virtuelles. D'une façon générale, on semble hésiter en Europe entre l'UE localisée dans un vieux château classé ou abritée par des constructions modernes ou encore réalisée entièrement sur le Net.

Les responsables de la formation en entreprise commencent à entrevoir une question majeure : il est nécessaire de redéfinir les critères de succès dans un environnement Internet. Les auteurs d'un récent rapport[101] documentent les expériences de 4 200 étudiants en ligne sur une période de six mois ont identifié eux aussi cette question épineuse. Par exemple : est-ce que le taux d'abandon des cours a la même importance pour le e-learning que pour les séminaires traditionnels en présentiel ? Parmi les nouveaux éléments à mesurer on peut citer : le nombre de consultations du site, le nombre de pages visionnées, le nombre de sessions utilisateurs, la durée moyenne de consultation des personnes se branchant sur le site.

Mais comment peut-on améliorer les performances humaines par l'intermédiaire d'un e-learning ? Sur Internet on trouve des modules pédagogiques de management des connaissances et de soutien des performances. Ce qui marche très bien pour transférer des informations. Cependant, pour développer le management, on trouve moins d'exemples probants.

© Groupe Eyrolles

LES RÈGLES D'OR POUR DÉVELOPPER UNE UE

Définir clairement son objectif est de première importance quand on monte une université d'entreprise. Certaines étapes sont essentielles. En réfléchissant sur les expériences d'entreprises telles que celles de GM Europe, Honda Europe, Raychem ou Shell International, les règles d'or suivantes sont apparues[102] :

1. commencez par aligner clairement et ostensiblement votre UE avec la vision de l'entreprise, sa stratégie et sa culture organisationnelle ;

2. l'adhésion des principaux dirigeants est cruciale — sans leur soutien financier, leur parrainage et leur pilotage, sans leur présence physique au moment de la conception de l'UE, il y a peu de chances que vous réussissiez ;

3. soyez clairs à propos du périmètre de clientèle de votre UE. La destinez-vous seulement aux managers seniors et aux opérationnels, ou pensez-vous y inclure également une partie de vos prestataires ou de vos clients ? Attention à l'hétérogénéité ;

4. soutenez clairement l'innovation dans votre organisation — que ce soit des projets pour changer les processus et les systèmes de votre entreprise, ou des mécanismes pour partager le savoir ayant un impact direct sur les résultats ;

5. les ressources nécessaires pour avoir un impact sur vos clients sont un assemblage de personnes maîtrisant la stratégie de l'entreprise et des enseignants professionnels. Votre souplesse augmente lorsque les experts viennent de l'extérieur. Attention à rester toujours maître du jeu !

6. commencez à donner à ceux qui sont au sommet de votre organisation des opportunités de prestations d'ordre stratégique — que ce soit eux qui dirigent le développement au sein de l'entreprise ;

7. que chacun soit responsable de son propre développement — créez des systèmes aidant chaque individu à évaluer ses propres besoins, à réaliser ses propres objectifs personnels et professionnels et à mettre en pratique ce qu'il a appris ;

8. aidez les individus à comprendre le lien entre leur propre développement et celui de l'entreprise où ils travaillent. Formez des équipes qui aient à faire face à un projet au travail, de sorte que ce projet cristallise leur énergie et qu'elles se développent par là même et construisent leur jeu de compétences ;

9. mesurez vos progrès en termes financiers mais aussi non financiers. Cela va aider à clarifier les attentes d'un grand nombre de parties prenantes internes comme externes ;

10. soyez toujours capable de fournir des exemples montrant de quelle manière l'UE ajoute de la valeur à votre organisation. Souvenez-vous que l'alignement avec la vision et les buts stratégiques doit être démontrable et que cela fait la différence !

• Implication du management au sommet	• Conception du programme
• Vision et stratégie	• Développement des matériaux de cours
• Identification des compétences requises	• Identification des enseignants
• Analyse des besoins	• Management et réalisation du programme
• Définition des groupes cibles	• Prévision de schémas de coaching et de conseil individuel
• Intégration de l'approche des RH	• Évaluation

17.1 La chaîne des valeurs de l'UE[103]

Une nouvelle recherche réalisée par Accenture Learning[104] indique que les deux plus grands défis sur la route des professionnels du développement sont de mesurer l'efficacité de ce qui est appris et de communiquer l'impact de ce qui a été appris, sur le résultat de l'entreprise. De plus, le développement du leadership est la priorité des priorités si on veut se développer ; si bien que le champ d'une université d'entreprise s'étend, il inclut maintenant des fonctions comme le management des connaissances et le soutien à la performance.

Pendant les quinze dernières années, les concepts de l'université d'entreprise ont évolué. Ils continueront à se redéfinir. L'impact de la technologie à venir, du management des connaissances et des innovations dans le processus de développement, contribue à ce que l'« UE » soit une cible mouvante. Par ailleurs, quelques-unes des plus connues et des plus ambitieuses universités d'entreprise ont été fondées par des sociétés qui sont maintenant en difficulté. La tendance des universités d'entreprise à devenir des centres de profit générant des revenus, ou du moins couvrant leurs coûts par l'extension de leur base de clientèle, n'est pas vraiment confirmée.

Dans le même temps, les activités de formation en entreprise connaissent une défragmentation : on regroupe en grandes organisations[105]. Les programmes de formation sont rationalisés tandis que les approches de développement du management font une plus grande part à l'intégration et deviennent plus globales et centralisées.

Le Leadership Institute de l'UBS (Union Bank of Switzerland) a été fondé récemment ; son cas est décrit intégralement plus loin. Mike Sweeney, président-directeur général du Leadership Institute à Zurich a partagé avec les participants de l'Advanced Corporate Learning Group de l'EFMD les enseignements qu'il a tirés de sa propre expérience[106]. En résumé, voici ce qu'il a appris :

l'implication des hauts dirigeants est essentielle au succès... mais il vaut encore mieux qu'ils s'en sentent propriétaires ;

lorsqu'une fenêtre d'opportunités s'ouvre... dépêchez-vous d'entrer (ou de sortir) ;

assurez-vous que chaque proposition est liée à la stratégie par des résultats mesurables ;

prenez des risques... visez l'idéal ;

engagez des ressources externes ayant une expérience pratique de la conception des programmes et des idées nouvelles ;

engagez tous les membres de l'équipe dans tous les aspects de la conception... cela donne profondeur et développement ;

envoyez de courts rapports sur les progrès en cours à l'équipe de direction, aux RH, en fait à toutes les parties prenantes ;

préparez-vous à des changements après les réunions de définition d'objectifs avec la direction ;

utilisez toutes sortes de moyens de communication lorsque vous lancez une initiative ;

occupez-vous rapidement de trouver une « marque » ;

soyez prêts à manager toutes sortes de détails quel que soit le niveau ;

prenez le temps de remercier votre équipe.

Plus d'une vingtaine de cas d'universités d'entreprise bien documentés sont exposés en quatrième partie. Ils fournissent un aperçu significatif sur la construction de capital humain de niveau exceptionnel. De nombreux dirigeants d'universités d'entreprise se réunissent deux fois par an au moment où l'Advanced Corporate Learning Group de l'EFMD présente les cas des meilleures pratiques. De nombreuses informations et multiples trouvailles proviennent de ces réunions.

18

Points clés

1. Clarifier les termes à employer, université d'entreprise, académie d'entreprise, centre d'études ou de formation n'est pas une condition sine qua non de fonctionnement. Une seule chose compte : la notion d'école dédiée aux préoccupations de l'entreprise.

2. Les universités d'entreprise connaissent des cycles et vivent une évolution par générations. En phase 1, l'UE assure la fonction traditionnelle de formation. En phase 2, elle passe dans la zone de l'action et du partenariat stratégique. En phase 3, elle devient un innovateur et un partenaire stratégique.

3. Il n'y a pas de modèle « unique » pour les universités d'entreprise et les approches de l'UE « grand angle » et de l'UE « zoom » sont différentes. Elles représentent les deux bouts du même continuum.

4. Les défis principaux d'une UE s'articulent autour des questions suivantes : le développement accéléré des principaux talents, des interventions permettant un développement réussi et le complet alignement avec la stratégie des affaires de l'entreprise.

5. Jusqu'à présent, il a été difficile d'apprécier la qualité et la pertinence des universités d'entreprise. Les nouvelles règles et les processus de CLIP vont résoudre ce problème parce qu'ils définissent des niveaux de pratiques et se focalisent sur ce qui constitue la qualité dans ce domaine en Europe.

6. Pour mettre en route une université d'entreprise, il faut prendre certaines mesures essentielles. La chaîne de valeur de l'UE est un bon guide.

7. L'efficacité des interventions de développement ne va pas sans un assemblage optimal d'éléments internes et externes.

Quatrième partie

ÉTUDES DE CAS

19

ABB University Suisse

L'université ABB Suisse (UCH) est l'organisation qui chapeaute et unifie toutes les activités de formation menées par quinze centres de formation ABB en Suisse. UCH est une organisation décentralisée.

OBJECTIFS

Grâce à ses concepts de formation, UCH s'assure que les conditions requises suivantes sont présentes :

   dans tous les cas, la formation est focalisée sur une population cible. Cette formation doit être structurée pour le groupe en question, elle doit utiliser les bonnes méthodes didactiques et prendre en compte l'expérience préalable et le savoir des participants ;

   le contenu de la formation est centré sur la résolution de problèmes. Chaque problème doit être défini et expliqué. Puis on démontre comment il peut être résolu et enfin on présente les solutions optimales ;

   la formation prend en compte tous les domaines de compétence de la vie professionnelle. La préparation et la formation doivent couvrir, non seulement les compétences méthodologiques et techniques, mais aussi celles qui sont de nature comportementale.

Les groupes cibles sont les diverses catégories de clients et de collaborateurs d'ABB du monde entier.

ORGANISATION

L'organisation virtuelle ABB Université Suisse a la configuration suivante :

1. une équipe de management permanente, l'UCH Core Team (équipe centrale d'UCH comprenant le coordinateur UCH et quelques-uns des managers de l'université d'entreprise), et le secrétariat UCH ;

2. le deuxième cercle comprend tous les centres de formation de l'université d'entreprise (les LC pour learning centre) avec leurs managers et le personnel de formation, collaborateurs de façon permanente. Chaque LC opère en tant qu'équipe indépendante dans son propre domaine de formation. Chaque LC est responsable de la satisfaction du client et de la profitabilité de ses stages. Les équipes de formation UCH (composées de tous les managers de LC) et les groupes de projet ;

3. le troisième cercle comprend les spécialistes et les partenaires que l'on utilise lorsque c'est nécessaire. Au moyen d'accords de coopération, les spécialistes, les conférenciers invités, les instituts de formation privés, les consultants, le personnel interne à ABB issus des services du développement, du management des produits, de l'ingénierie, etc. sont engagés pour une tâche spécifique. Tous les conférenciers UCH sont membres d'un pool.

Spécialistes et partenaires

Managers   ABB Academy, grandes écoles
Équipe centrale   techniques, universités,
& secrétariat   **des**   conférenciers invités, clients,
d'UCH   pool des conférenciers ABB,
LC   les LC d'ABB, collaborateurs à
la retraite, consultants,
partenaires…

19.1 Organisation virtuelle d'ABB University Suisse

UCH comprend entre autres les LC suivants :

 le développement des ressources humaines ;

 les processus de l'entreprise ;

© Groupe Eyrolles

- les communications dans les systèmes énergétiques ;
- les moteurs et machines ;
- les matériaux et minéraux de construction ;
- l'automation industrielle ;
- les systèmes d'impression ;
- la robotique ;
- la technologie des systèmes de commutation ;
- la technologie de transformation et de distribution d'énergie ;
- les applications des systèmes d'information.

COMPÉTENCES

Dans le domaine des compétences techniques, le programme de formation UCH couvre tout ce qui concerne la fourniture d'énergie et son utilisation industrielle.

Les compétences méthodologiques sont définies comme la capacité à maîtriser les connaissances, processus et problèmes techniques.

La compétence en leadership recouvre la capacité à diriger les autres, à les motiver, les développer et les évaluer, mais aussi la capacité de définir des processus. La capacité de s'« automanager », qui fait partie du domaine de compétences « personnalité » ainsi que la compétence sociale, sont mises en étroite relation avec la compétence leadership.

La compétence sociale est l'aptitude à traiter avec les autres. Essentiellement, elle signifie la capacité et la volonté de s'impliquer avec autrui de façon aussi ouverte et libre de préjugés que possible, et d'interagir avec eux de façon lucide et responsable.

La compétence personnelle est au centre de toutes les autres compétences. Elle reflète la façon dont l'individu se relie à sa propre personne, aussi bien en ce qui concerne le présent que le futur. D'un côté, on trouve le sujet fondamental de la maîtrise et du management de soi au présent. Ce qui inclut des aspects tels que le sang-froid, l'assurance, la motivation, la gestion du temps et le sens des responsabilités. D'un autre côté, cette zone de compétence inclut aussi la manière dont la personne se comporte en relation avec son propre avenir, par exemple en ce qui concerne sa disposition et sa volonté de croître en tant que personne.

SERVICES DE FORMATION

UCH offre deux sortes de formations :

- tout d'abord, des cours complets faisant partie du programme de formation officiel ;

ensuite des cours pouvant être personnalisés selon les besoins spécifiques d'un groupe cible particulier.

Les cours complets sont divisés en quatre catégories :

1. la technologie et les solutions ;
2. les processus et les outils professionnels ;
3. le management et le leadership ;
4. les compétences et les capacités personnelles.

L'évaluation des performances humaines, la pratique du développement des compétences et les voies de développement font partie intégrante du concept de développement d'UCH.

Management et leadership

Ce programme couvre l'ensemble des cours visant le développement des compétences de leadership des managers juniors, ce qui inclut le Leadership Development Programme (LDP) et le General Management Programme (GMP). Il existe également des séminaires individuels sur des sujets spécifiques qui sont prévus pour préparer les collaborateurs et managers juniors dotés d'un fort potentiel.

Compétences et capacités personnelles

Ce programme couvre le développement personnel de compétences sociales telles qu'un comportement constructif au sein d'une équipe, la communication réussie, la formation de formateur, l'empathie et la compréhension d'autrui, la communication interculturelle, les techniques de réunion, les méthodologies de résolution de problèmes…

20

ABN AMRO Academy

L'académie ABN AMRO, basée à Amsterdam, aux Pays-Bas, est opérationnelle depuis 1995. Cette université d'entreprise a été montée au sein de la fonction ressources humaines de l'entreprise, dont elle fait partie. La Wholesale Clients Academy fournit une formation technique, des programmes de développement du management et de leadership pour les activités bancaires de l'ensemble, banque d'investissement et banque d'affaires. Les formateurs sont issus de l'entreprise et restent à l'académie pour deux ou trois ans. L'académie utilise des facilitateurs et des conférenciers externes selon le besoin.

Les diplômés à fort potentiel qui sont recrutés chaque année suivent un programme initial de six semaines dans les locaux d'Amsterdam. De plus, les initiatives de perfectionnement destinées aux cadres supérieurs sont aussi réalisées depuis Amsterdam. Dès le départ, l'académie s'est occupée de demandes de formation et de développement émanant de clients, dans des domaines pour lesquels ABN AMRO est connu en tant que leader mondial, comme par exemple les marchés financiers, les emprunts, l'ingénierie financière de haut de bilan et les transactions globales.

LE DÉVELOPPEMENT DU LEADERSHIP CHEZ *ABN AMRO*

Le leadership, pour ABN AMRO, consiste à développer les compétences, le savoir et les caractéristiques personnelles d'un individu à chaque niveau de l'entreprise, afin de mettre en œuvre la stratégie de la banque. En parallèle à ce modèle, le leader doit se focaliser sur divers aspects de son organisation : sa culture, ses valeurs et ses principes, ses systèmes, ses processus, et les gens qui la composent. Managing for value, « manager pour créer de la valeur », est un modèle appliqué par ABN AMRO qui vise la création de valeur pour la satisfaction de ses actionnaires.

LES ACTIVITÉS DE L'ACADÉMIE

Le programme de développement des diplômés

Le Young Talent Development Programme est en quelque sorte une présentation rapide des activités d'ABN AMRO. Il passe en revue les produits, les services clients, la structure et la stratégie. Il débute par six semaines de formation formelle en salle de classe et combine la formation technique spécialisée, le développement des compétences personnelles, le travail concret sur des cas pratiques, véritable miroir de la vie des affaires, et un usage extensif des jeux de rôle et des simulations par ordinateur.

Les affectations

Le management des affectations constitue, chez ABN AMRO, une partie importante de la stratégie de développement des jeunes diplômés qui intègrent la banque. La nature exacte de ces affectations ou rotations varie. Les programmes de mobilité pour diplômés donnent à de nombreuses personnes l'occasion d'essayer différents domaines à l'intérieur de celui qu'elles ont choisi. Ceci leur permet de découvrir ce qui leur convient le mieux en fonction de leurs compétences et d'acquérir une grande connaissance des affaires — avant de pouvoir choisir.

Le développement continu

L'académie encourage activement le perfectionnement des collaborateurs en facilitant l'accès à des qualifications professionnelles proposées par des sociétés externes reconnues. Elle continue de pourvoir aux besoins des collaborateurs en information technique sur les produits et en développement personnel. Elle pratique un feedback régulier, s'informant de la performance et des évaluations réalisées pendant les cours et les différents postes occupés. Ceci est une composante clé du développement continu.

Le soutien personnel

Des structures de soutien par mentor interposé sont en place afin d'aider et de guider les collaborateurs pendant toute leur carrière. Dans certains endroits, on utilise une méthode de type compagnonnage.

21

Alcatel University
(certifiée CLIP)

Développer les compétences des hommes, qu'ils soient des collaborateurs ou des clients, telle a été la « raison d'être » d'Alcatel University
depuis sa création formelle au début de l'année 1999. Cette université
regroupe les principaux organismes de formation d'Alcatel.

MISSION

La mission d'Alcatel University est de profiter de ses ressources globales pour fournir une formation de grande qualité, dans toutes les
règles de l'art, à ses clients et ses collaborateurs, de façon virtuelle
ou directe. Parce qu'elle est adepte de la formation « à point
nommé » et non pas « au cas où » (Just in time et non pas Just in
case) répondant aux besoins courants des affaires, Alcatel University
contribue à promouvoir une culture d'acquisition continue, et elle
est considérée par ses clients comme un partenaire qui ajoute de la
valeur.

STRUCTURE

La philosophie d'Alcatel est d'utiliser la meilleure combinatoire de
cours, celle qui réussira le mieux dans le cas considéré. Plus de quatre cent quarante professionnels de formation répartis dans les
quinze centres de formation à travers le monde la rendent possible.

Alcatel University comprend quinze centres de formation répartis
dans le monde entier (neuf en Europe, quatre en Amérique et deux

en Asie du Sud-Est). En 2003, Alcatel University a comptabilisé un total de deux cent quarante mille jours-stagiaires de formation. Les deux tiers ou presque (65 %) ont été consacrés à former des clients, tandis que le restant se divisait de façon égale en formation sur les produits, la technologie et le management pour les collaborateurs d'Alcatel.

En 2002 a été inauguré l'Alcatel Virtual Campus. Au départ Alcatel ne s'intéressait dans ce cadre qu'au e-learning. Maintenant l'AVC utilise toutes les modalités de formation et les inscrit toutes au même catalogue. Peu à peu, cette université intègre en un seul ensemble les quinze systèmes précédents. Son programme de formation en ligne propose plus de 2 100 modules e-learning et 1 700 modules traditionnels. Plus de 11 % de la formation des collaborateurs est effectuée par l'intermédiaire de ces nouvelles technologies, et ce ratio devrait atteindre 25 % en 2005.

Inauguré en l'an 2000, le programme dénommé Alcatel Technical Academy récompense les ingénieurs qui ont contribué de façon remarquable dans les domaines scientifique et technique.

SERVICES

Dans son catalogue de services de formation, l'université Alcatel propose aussi des services d'évaluation. Les évaluations servent à mesurer les connaissances du personnel, identifier les besoins de formation des collaborateurs et organiser des programmes de formation sur mesure. Les services de formation et les programmes sont décrits comme des moyens destinés à acquérir complètement les connaissances et techniques correspondant à un profil de compétences pour un travail donné. De plus en plus cette acquisition est validée par un examen de certification formel. La formation utilise différentes méthodes selon trois modes de base, la Formation-C, la Formation-I et la Formation-V.

   La Formation-C se passe en salle de classe. C'est le moyen le plus traditionnel de formation. Il est fondé sur l'expertise du formateur, ainsi que sur un programme de cours qui a fait ses preuves. Tout un environnement pédagogique est nécessaire pour ce mode de formation : salles, labos, équipement... Alcatel a largement proposé et déployé cette activité dans le monde entier. Lorsque des exercices pratiques sont nécessaires pour un travail donné, c'est le mode de formation favori.

   La Formation-I ou individuelle est innovante, interactive et modulaire dans son mode de formation. Une formation en ligne qui s'adapte au rythme de l'individu est destinée à combler des

besoins individuels dans le domaine d'acquisition de compétences ou de connaissances. On l'appelle aussi WBT pour Web Based
Training ou CBT pour Computer Based Training puisque ce
mode de formation utilise Internet.

La Formation-V ou virtuelle offre le même niveau de services que
la méthode en salle de classe. La seule différence est la réalité virtuelle de ce mode de formation, car instructeur et étudiant se
« rencontrent » à distance dans l'espace virtuel de l'Internet ou de
l'intranet.

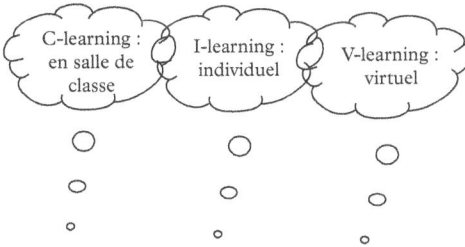

21.1 Les trois modes de formation Alcatel

GESTION DE CARRIÈRE

Alcatel a mis en œuvre une politique de gestion de carrière pour
aider ses collaborateurs à progresser à l'intérieur de l'entreprise. Elle
est fondée sur l'analyse des performances annuelles qui évalue les
objectifs, les résultats et les besoins en développement de chaque
collaborateur. Alcatel prévoit d'étendre cette pratique à tous ses
ingénieurs et tous ses professionnels d'ici fin 2005.

La gestion de carrière doit aussi servir à identifier les futurs managers à tous les niveaux et les aider à se développer, surtout dans les
domaines clés correspondant aux valeurs Alcatel : satisfaction client,
innovation, travail en équipe et sens des responsabilités. Dans ce
contexte, trois mille collaborateurs environ, qui sont identifiés « à
fort potentiel », bénéficient d'un programme de développement de
carrière personnalisé.

22

Allianz Management Institute (certifié CLIP)

L'AMI ou Allianz Management Institute a été fondé en 1998 pour rassembler toutes les activités de développement de management des entreprises du groupe. À cette époque, l'AMI concernait seulement le monde germanophone. L'organisation parallèle en langue anglaise, l'AMI Group, a suivi en 2000. AMI Group propose en anglais une formation au management pour les dirigeants de haut niveau ainsi qu'aux recrues à fort potentiel, et ceci pour le groupe Allianz dans son entier. Au moment de la création d'AMI, une résidence a été achetée, près d'un lac à proximité de Munich mais aussi non loin du siège social, ce qui la rend pratique. La plupart des programmes d'AMI Group se déroulent à cet endroit.

OBJECTIFS

AMI Group a trois objectifs :

- le dialogue avec les managers de haut niveau. Il faut que les leaders du monde entier se comprennent et soient en phase avec la stratégie du groupe Allianz et ses principales politiques internationales ;
- le développement du leadership. Il faut fournir une formation de la meilleure qualité possible afin de faire progresser les leaders présents et à venir d'Allianz ;
- le changement culturel. Il faut développer une culture et un point de vue vraiment international au sein des leaders d'Allianz.

STRUCTURE

Un conseil AMI supervise le développement du contenu et s'assure de sa qualité. Il est constitué des DRH des neuf plus grandes filiales étrangères et se réunit trois fois par an.

AMI a des partenariats avec des business schools, des instituts et d'autres établissements pédagogiques. Le but est d'incorporer les réflexions et les recherches les plus récentes sur divers sujets. Les partenaires actuels sont, entre autres, l'IMD, la London Business School, l'Insead et Wharton.

PROGRAMMES

AMI prévoit vingt-huit séminaires par an, qui s'adressent à mille dirigeants environ, actuels ou futurs, du groupe. En moyenne, plus de six cents managers en provenance de plus de quarante pays assistent à un séminaire chaque année.

Trois sortes de programmes sont proposées. Chacun d'eux est ciblé pour un auditoire bien particulier et vise un but bien précis :

1. Les programmes de management général sont une préparation ciblée dirigeants, qui s'adressent aux cinq cents top managers situés juste en dessous du conseil d'administration, et aussi à des managers à fort potentiel susceptibles d'accéder au niveau conseil d'administration. Pour le management général, AMI achète et personnalise des programmes auprès des business schools les plus réputées.

2. Les programmes de développement du leadership s'adressent à cinq cents personnes environ, susceptibles d'occuper des postes plus importants à un niveau international. Les programmes sont conçus à l'aide d'experts internes et de business schools. Ils sont destinés à communiquer les valeurs de leadership d'Allianz et se focalisent sur leur mise en œuvre dans toutes les entreprises du groupe.

3. Les programmes campus constituent un dialogue entre le top management et les dirigeants seniors des entreprises nationales. On y discute des politiques spécifiques et fondamentales menées par Allianz. C'est un membre du conseil d'administration qui les développe et s'en occupe d'un bout à l'autre. On peut donner quelques exemples : « Construire une entreprise entrepreneuriale », « Les litiges », « Améliorez la valorisation de vos actifs ».

23

Alstom Learning Institute

L'Alstom Learning Institute (ALI) a été inauguré officiellement fin 2001.

MISSION

L'Alstom Learning Institute est considéré comme un instrument de première importance pour la formation et le changement. Sa mission est de développer et renforcer une culture d'entreprise commune et de créer des synergies dans le domaine de la formation et du développement en vue d'un coût optimal. Son action est transversale et internationale.

OBJECTIFS

Les objectifs de l'Alstom Learning Institute sont les suivants :

- identifier et partager les meilleures pratiques de développement et de formation ;
- initier et superviser à l'échelle mondiale une formation pour l'entreprise dans son ensemble ;
- développer et déployer de nouveaux programmes transversaux ;
- concevoir des voies de développement personnel spécifiques pour des groupes fonctionnels précis.

ORGANISATION

Une petite équipe centrale travaille au niveau de l'entreprise pour initier et coordonner les actions d'ALI. Un réseau de « relais » au niveau régional et national propose et soutient les initiatives. Les

« forces de formation » proprement dites sont consacrées à des domaines qui leur sont spécifiques, par exemple « Objectif qualité » ou « Documentation ». L'institut Alstom Learning est une organisation virtuelle et n'a pas de campus central.

ALI a un centre de formation sur Internet, ce qui procure aux collaborateurs un accès facile à une formation personnalisée en ligne. Ses cours sont certifiés.

ALSTOM LEADERSHIP PROGRAMME

Une série de douze éléments pédagogiques de qualité supérieure est destinée aux collaborateurs principaux d'Alstom. Des prestataires d'envergure internationale sont chargés de cette formation (Figure 23.1).

Voyage au pays du leadership	Centre of Creative Leadership (CCL)
Selection ciblée	Development Dimension International (DDI)
De bonnes présentations	Personnalité
Efficacité interculturellle	Transnational Management Associates (TMA)
Compétences d'animation	Interaction Associates
Gestion du temps et du stress	Development Dimension International (DDI)
Finance pour non-financiers	Strategic Management Group (SMG)
Fondements du management de projet	Strategic Management Group (SMG)
Management du changement	Linkage International
Leadership situationnel	Centre for Leadership Study (CLS)
Six Sigma	Consultant interne
Environnement, santé et sécurité	Consultant interne

23.1 Le programme de leadership d'Alstom

ADVANCED MANAGEMENT SEMINAR (AMS)

L'objectif premier de ce séminaire est d'encourager le positionnement stratégique d'Alstom en élargissant les compétences et les connaissances des managers de haut niveau sélectionnés ayant un fort potentiel. L'objectif suivant est de susciter une fertilisation croisée et des échanges d'un secteur d'activité à l'autre. Conduit en partenariat avec l'Insead, l'une des business schools les plus renommées dans le monde, il cible principalement les managers seniors et les leaders potentiels.

ALPS FORMATION DES PROCESSUS DES *RH*

ALPS (Alstom People System) est largement diffusé à Alstom. En ce moment, ces programmes de formation, donnés dans toute l'entreprise, portent leur attention, tout spécialement, sur l'optimisation des processus des RH par le biais d'une solution IT.

PROJETS PÉDAGOGIQUES EN LIGNE

L'utilisation du e-learning pour enseigner s'est révélé un moyen efficace d'accompagner un grand nombre de personnes tout en réduisant les coûts et en maintenant la qualité. Le management d'Alstom, comme ses collaborateurs, souhaite que le e-learning progresse. Jusqu'à présent, plusieurs programmes, dont ceux examinés ci-après, ont été inaugurés et testés.

  e-Performance Management. Ce cours de management de ses propres performances apprend à se fixer des objectifs et à définir pour soi-même un plan de développement. Il explique aussi comment conduire un entretien d'évaluation et prépare aux rôles et responsabilités d'évaluateur et d'évalué au sein du processus de management de la performance propre à Alstom.

  e-Rail Discovery. Ce programme emmène ses participants « en voyage virtuel » pour découvrir l'histoire du rail, son activité et ses applications techniques, en passant par l'implantation de tout un circuit dans une ville imaginaire. Ce programme est idéal pour tous ceux qui abordent professionnellement les transports, tous ceux déjà chez Alstom qui veulent mieux comprendre leur travail, et ceux qui veulent juste rafraîchir leurs connaissances.

L'Alstom Learning Institute a aussi été inauguré. Il propose :

  e-english — prestataire : Gobal English ;

  e-french — prestataire : Telelangue ;

  e-computer skills — prestataire : Skillsoft.

En ce moment, deux programmes pilotes sont lancés :

  e-spanish — prestataire : Telelangue ;

  tuteur téléphonique de soutien pour e-english — prestataire : GoFluent.

24

Barclays University

Le concept BU a été initié en novembre 2000 et Barclays University ou BU est la véritable force de proposition concernant la formation à Barclays.

La création de BU reflète deux réalités. Tout d'abord, le rythme du changement qui s'accélère en permanence. Pour que les collaborateurs de Barclays s'y adaptent, il leur faut la meilleure formation possible et des opportunités de développement optimales. Ensuite, un désir et un besoin croissants, professionnel autant que personnel, chez les gens du groupe, de mieux piloter ce qu'ils apprennent, leur carrière et leur existence.

Voici ce que propose BU aux collaborateurs de Barclays :

- des enseignements en rapport plus étroit avec le travail effectué ;
- une structure qui définit, oriente et guide la carrière de chacun ;
- des récompenses pour celui qui prend en charge de manière responsable ses propres apprentissages ;
- un soutien permettant d'élargir son horizon de développement dans tous les domaines ;
- une plus grande quantité d'options pour accéder à la formation.

Voici comment se compose BU :

- La bibliothèque BU. Le personnel de Barclays peut y commander gratuitement du matériel pédagogique en relation avec son travail ou non, par e-mail, Internet ou le téléphone. En outre, la bibliothèque BU contient plus de 9 000 livres, vidéos, CD ou DVD, permettant de se former personnellement sur des sujets comme le leadership, la confiance en soi, le management du temps, la motivation, la pratique du téléphone et l'écriture de rapports.
- Les métro centres BU. On désigne ainsi des installations de développement multimédia. Tous ceux qui dirigent une équipe peu-

vent, de leur propre initiative, y louer une salle en vue de formation ou de cours pour leur équipe. On peut y trouver aussi un service de conseil individuel. Il existe dans chaque métro centre de Barclays University des salles de formation, des salles de convivialité, des points d'e-learning pour étudier individuellement, du soutien et des avis auprès des conseillers de formation, et des aires d'étude, un café et un forum.

- BU direct. Un service téléphonique spécial propose de guider le choix des cours et des options de formation ;

- Le fonds financement de la formation. Des milliers de collaborateurs de Barclays utilisent ce fonds pour entreprendre des études dans des domaines tels que la psychologie, l'aérobic ou la confiance en soi. BU est en liaison avec des professeurs enseignant en direct et assure l'accès à plus de 500 000 cours délivrés par des centaines d'intervenants.

BARCLAYS UNIVERSITY BUSINESS SCHOOL — BU BS

L'université Barclays a une business school, BU BS, qui a été mise en place pour intégrer des solutions innovantes de développement du leadership pour des dirigeants de haut niveau. L'objectif est de soutenir les transformations de l'entreprise et fortifier les compétences qui, chez Barclays, sont vraiment primordiales et essentielles.

BU BS se focalise sur trois domaines afin de soutenir ses leaders :

- Leadership pour toute l'entreprise. Responsabilité de l'ensemble du groupe dans l'harmonisation des activités par rapport à la stratégie et l'exécution de cette stratégie.

- Leadership dans les activités. Responsabilité fonctionnelle de SBU, SSU et du groupe dans le management du changement. Arriver à communiquer une stratégie acceptée par tous et obtenir de bons résultats dans chaque unité, en manageant pour créer de la valeur.

- Leadership d'équipe. Responsabilité d'être leader sur la performance, en dirigeant par l'excellence et en se calquant sur la manière d'agir propre à Barclays.

PROGRAMMES

Les programmes se concentrent sur les défis du leadership à tous les niveaux de la banque. Un langage commun est créé, chaque défi est détaillé, ainsi que le développement de sa solution :

Soyez un leader ou «Take the lead» est un exemple de programme de développement composite destiné à quiconque veut être un leader. Il comprend des sessions de e-learning et des ateliers de formation directe.

En 2001, plus de sept mille leaders ont participé au programme de développement leadership Le grand bond en avant ou «Big Step», conçu pour améliorer les compétences de leadership dans l'ensemble du groupe Barclays.

Leader pour gagner ou «Lead to win» est un programme destiné aux futurs leaders de haut niveau. Il expérimente un processus de développement spécial conçu et mené en partenariat avec la London Business School. Son objectif est d'amener les futurs hauts dirigeants à une vision globale de Barclays. Ceux-ci peuvent analyser la situation de compétition et constater les efforts qu'il faut déployer pour réussir une stratégie de gagnant et une excellence opérationnelle.

Barclays University est aussi membre du partenariat Henley Learning qui organise, entre autres, des forums de développement, des séminaires pour hauts dirigeants, des groupes d'étude sur thème et des événements spéciaux.

Services BU	BU BS
• Bibliothèque BU • Métro-centres BU • BU direct • Fonds de formation • Apprendre en direct	Leadership dans l'entreprise Leadership dans le business Leadership d'équipe

24.1 Services de Barclays University

25

British Petroleum (BP PLC)

Chez BP, formation et développement continuent de se focaliser sur l'individu : l'autodéveloppement est encouragé. Une discussion annuelle de développement avec le manager ou le leader d'équipe permet aux collaborateurs d'analyser leurs aspirations et leurs choix. D'une façon générale, l'entreprise recommande à ses collaborateurs cinq jours de formation par an.

Les trois composantes du système de développement du management, fondé sur les compétences comprennent :

- un outil 360° feedback qui mesure les compétences de leadership à des fins de développement ;
- un centre d'évaluation niveau senior qui sert surtout à l'évaluation, dans l'optique du développement et de la stratégie ;
- un programme de groupe pour hauts potentiels destiné à une centaine d'individus, qui sont considérés comme ayant un potentiel suffisant pour occuper les cinquante postes les plus élevés dans l'entreprise.

PROGRAMMES

Développement professionnel

BP offre un processus d'introduction (induction) à ses nouvelles recrues pendant les premiers mois après leur embauche. Un conseiller personnel joue un rôle clé dans ce processus. Le programme d'« intégration au groupe BP » vise à faire construire une Business Unit, à faire acquérir de nouvelles compétences et à développer le travail d'équipe entre les différentes activités. Le programme

« Challenge » propose l'opportunité d'apprendre pendant une période de trois ans environ. En 2003, ce programme a été amélioré, de sorte qu'il est maintenant une expérience globale de formation.

Programmes concernant tout le groupe BP

Tous ceux qui sont embauchés par BP et ceux qui sont associés dans les programmes de développement sont aidés par un conseiller mentor et un correspondant ami.

Le programme Eurograduate. Ce programme offre chaque année à quinze diplômés des meilleures universités et business schools européennes l'opportunité de développer leur potentiel de leadership dans un environnement international. Les éléments clés de ce programme sont la diversité, la responsabilité, la mobilité, le risque, la confiance et la présentation. Ce programme est encouragé activement au plus haut niveau du management et supervisé par un comité de leaders BP seniors qui proviennent de toute l'Europe.

Global MBA. BP offre chaque année à un maximum de dix étudiants en MBA une expérience de travail chez BP. Le programme comprend deux mois de stage pendant les vacances d'été puis la possibilité de deux ans de bourse Helios. Les stagiaires de ce programme travaillent pendant une période de huit semaines dans l'un des bureaux de BP. Leur travail comporte en général une recherche détaillée, de l'analyse et une réflexion stratégique. Les stages commencent habituellement à la mi-juin.

Helios fellowship. Pour les stagiaires qui ont de bonnes performances, ce programme offre un stage de deux ans qui débute dès l'obtention du diplôme de MBA. Pendant ce stage, un programme spécifique de formation accélère la compréhension de BP et de son fonctionnement.

RESSOURCES DE FORMATION

Des ressources de formation sont disponibles sur tous les sites BP du monde. Elles couvrent un large éventail de sujets, allant de la santé et de la sécurité aux compétences techniques, en passant par les techniques de management et de leadership.

First Level Leaders — FLL

Ce programme s'adresse aux managers de premier niveau chez BP. Ces managers sont collectivement responsables de la majorité des collaborateurs. Le programme les familiarise avec le contexte des affaires chez BP et leur enseigne les compétences de leadership dont ils ont besoin, compte tenu des problèmes auxquels ils seront confrontés. FLL a commencé en 2002.

FLL est accueilli par des leaders seniors, sous forme d'événements de formation traditionnels en face-à-face, d'opportunités de e-learning et de schémas de coaching. Les quatre principaux éléments du programme sont :

- les essentiels pour savoir superviser ;
- comprendre le contexte et les réseaux ;
- les événements du leadership ;
- le programme de partenariat entre pairs.

Plus de 5 700 personnes ont assisté à 148 événements FLL en 2003, ce qui amène le nombre de collaborateurs ayant participé depuis le début du programme à 10 500. Jusqu'à la fin 2005, BP compte tenir entre cent et cent vingt événements par an.

Senior Level Leaders — SLL

SLL est le dernier-né des programmes destinés à assister les leaders de l'entreprise partout dans le monde. Il est maintenant associé au programme FLL pour former un cadre d'approfondissement des capacités de leadership à tous les niveaux et ce, dans le groupe tout entier. Il se compose de six modules individuels et il est ouvert à tout leader senior de BP. Pour l'instant, quatre des modules sont proposés :

- le leadership dans son contexte ;
- être leader pour soi-même ;
- être leader pour les autres ;
- le leadership du changement.

Deux autres modules sont en développement et devraient démarrer en 2006 :

- liens, réseaux et relations ;
- les performances du leader.

En 2004, 1 700 leaders seniors ont suivi le programme SLL dans le cadre d'événements face-à-face organisés par des leaders du groupe et des professionnels de la formation et du développement.

Programmes ciblés

En 2003, deux programmes de formation destinés à l'ensemble de l'entreprise ont débuté :

Project Academy. Ce programme est conduit en association avec le Massachusetts Institute of Technology (MIT) et son but est d'aider les professionnels du management de projet chez BP à développer leurs compétences.

Sales and Marketing Academy est un programme conçu pour environ mille professionnels de la vente et du marketing chaque année.

Les programmes d'Executive Education continuent à être dispensés aux managers de haut niveau pour les aider à s'armer de connaissances, de compréhensions et des outils nécessaires pour prendre à bras-le-corps l'environnement de plus en plus complexe dans lequel ils évoluent. En 2001, neuf programmes ont été menés en conjonction avec Stanford, la Harvard Business School et l'université de Cambridge.

Les programmes d'avancement de carrière (caps)

BP offre un grand nombre de programmes pour les hauts potentiels sous la dénomination de CAPS, Career Advancement Programmes. Ce sont des programmes destinés à développer les potentiels les plus élevés. Ils combinent un soutien professionnel actif au management de carrière et des interventions ciblées développement :

le programme Group Level comporte environ cent membres que l'on prépare en vue des quarante-cinq premiers postes de l'entreprise ;

une série de caps supplémentaires existe. Ils comptent quelque cinq cents membres destinés aux six cents premiers rôles de l'entreprise.

Les RH en ligne

BP a transformé le style de communication ressources humaines/ collaborateurs :

les collaborateurs ont accès à l'intranet myHR.net (eHR). Ce site fournit au management des données personnelles et fournit un accès immédiat aux politiques et informations ressources humaines dans tout BP. En moyenne, chaque mois en 2003, plus de 25 000 personnes se sont connectées sur myHR.net ;

en se connectant sur myProfile, les collaborateurs peuvent entrer leur curriculum vitae et un résumé de leurs compétences et de leur expérience. Ils peuvent alors être reliés à myJobMarket où l'on trouve plus de dix mille postes BP vacants chaque année. Au moment où le système reçoit les candidatures, il envoie aux postulants la liste des postes vacants leur correspondant. Les postulants peuvent alors faire directement acte de candidature. De plus, les managers qui ont besoin de quelqu'un dans un poste spécifique peuvent consulter le site et ses profils. À l'heure actuelle, plus de 22 000 candidats ayant postulé dans le monde entier ont pu trouver un poste qui leur correspondait.

Leadership Talent Pool

Le pool BP des talents leadership (BP Leadership Talent Pool[107]) est fondé sur trois pierres angulaires : évaluation et mesure, formation sur mesure, et des leaders enseignants (Figure 25.1).

Évaluation et mesure	Apports externes sur mesure	Ce sont les leaders qui enseignent

25.1 Le pool de talent leadership chez BP

Les pools de talents permettent un processus de succession souple. Cinq étapes le caractérisent :

1. l'identification des compétences stratégiques requises, par exemple les compétences clefs du leadership ;
2. l'identification des talents, avec un accent mis sur le potentiel de performance ;
3. une planification du développement personnel, avec un 360 feedback ;
4. une affectation de poste stratégique, avec pour centrage le développement du leadership ;
5. une évaluation.

26

DaimlerChrysler Services Academy (certifiée CLIP)

Mission annoncée : DaimlerChrysler Services veut fournir à ses commerciaux et à ses clients des services financiers de premier choix, en partenariat avec les diverses branches automobiles.

L'académie propose des mesures complètes de qualification et de développement pour ses collaborateurs et ses leaders. Elle utilise une combinatoire du développement/méthodes de formation visant la satisfaction des besoins identifiés. Dans le monde entier elle constitue une plateforme parfaite de promotion pour le transfert du savoir et la création de réseau (Figure 26.1).

Développer nos leaders	Fournir un cadre de construction des compétences	Consulter les leaders et les équipes
Faciliter la performance du processus de management	Fournir un cadre global de construction des compétences	Aider à formuler et mettre en œuvre la stratégie
Évaluer les compétences de leadership	Mettre en route des initiatives d'apprentissage alignées avec les objectifs stratégiques courants	Soutenir les équipes et les leaders dans leur mise en œuvre du changement
Concevoir et donner des programmes appropriés	Fournir une infrastructure pour toutes les activités pédagogiques	Fournir une infrastructure pour le management du savoir
Mettre en œuvre un processus prévoyant les plans de succession de façon globale		

26.1 DaimlerChrysler Services Academy, ou la transformation de la stratégie en compétences humaines, ainsi que l'a présentée S. Ben Hur à la réunion ACLG de l'EFMD en avril 2004

LEADERSHIP DEVELOPMENT

Ce programme propose une formation sur mesure pour les leaders du groupe fondée sur le plan stratégique de l'entreprise, une analyse des besoins internationaux et le LEAD (Leadership Evalutation and Development).

Ce programme de niveau exécutif comporte des cours obligatoires et une formation ouverte. Il est conçu pour soutenir les dirigeants au moment où ils s'engagent dans de nouvelles responsabilités à différents niveaux.

FORMATION ET QUALIFICATION

Les programmes de formation qualifiants s'adressent aux dirigeants comme aux autres collaborateurs. Leur but est de fournir un soutien optimal au développement des uns et des autres. Une formation diversifiée est proposée, elle concerne :

les compétences générales nécessaires aux activités traitées, avec pour optique les compétences de base en communication et leadership, les domaines interculturels, et divers domaines d'informatique ;

les compétences spécifiques à certains groupes cibles à l'intérieur de l'entreprise. Il faut en effet, par l'intermédiaire de ces programmes sur mesure, améliorer et mettre à jour les compétences techniques nécessaires dans les divers domaines des services financiers et donner les dernières informations concernant les affaires au quotidien.

CONSEIL ORGANIZATIONAL DEVELOPMENT

Le conseil OD fournit des services de coaching, des services de conseil et de facilitation pour DaimlerChrysler Services Leadership. Au travers d'activités de conseil sur les processus, de formation personnalisée, d'ateliers et de facilitation, les consultants fournissent aux dirigeants des outils pour améliorer leurs performances personnelles et celles de leur unité.

L'équipe OD contribue aussi au management des connaissances générales propres aux services DaimlerChrysler en concevant et organisant des réunions de leadership, des unités ou des communautés de pratique, selon ce qui est nécessaire à DaimlerChrysler Services Leadership.

DAIMLERCHRYSLER SERVICES ACADEMY ONLINE

Ces services en ligne forment une architecture de développement productif personnalisée selon les besoins. Le e-learning permet une démarche personnelle souple, mais aussi des solutions mixtes combinées à une formation classique en salle sous forme de séminaires qui approfondissent le processus de développement et assurent la mise en pratique quotidienne au travail (Figure 26.2).

Academy Online	
Permet aux collaborateurs de s'automanager quant au processus global du développement de leurs compétences	• Offre une vue générale de toute la formation DCS, qu'elle soit en ligne, classique ou mixte
Soutient le développement des talents, la construction des compétences et le management des connaissances	• Donne accès aux séminaires en ligne et mixtes
	• Soutient le partage des connaissances des communautés de pratique
	• Fournit un savoir modulaire et standard au travers de bibliothèques
DaimlerChrysler Services Academy	

26.2 DaimlerChrysler Services Academy Online, ainsi que l'a présentée S. Ben Hur au meeting ACLG de l'EFMD en avril 2004

27

Deutsche Bank Learning and Development (certifiée CLIP)

En 2001, la Deutsche Bank avait une fonction de formation et de développement très décentralisée. Pendant la période de croissance des années 1990, chaque unité régionale, chaque ligne d'activité, a construit ses propres pratiques. Ceci a permis une personnalisation élevée. Cependant cette décentralisation à outrance a dû faire face à deux écueils, le manque de standardisation du développement à l'échelle de l'entreprise et le coût important des systèmes concurrents en place :

- pour pallier ces inconvénients, on a tout d'abord, en mars 2001, rapproché toutes les pratiques Enseignement & Développement qui existaient dans plusieurs services pour former la Deutsche Bank University (DBU) ;

- puis, faisant suite au projet de transformation des ressources Humaines, Learning & Development a vu le jour en janvier 2003. Tous les professionnels affectés aux solutions Enseignement & Développement, ainsi que les équipes s'occupant des partenariats, ont été intégrés à DBU pour créer une architecture de formation. Cette architecture englobe toute la formation, le développement des ressources humaines, le management des talents et les pratiques de leadership et de développement organisationnel de la Deutsche Bank.

Lors de la création du Global Practice Team for Learning and Development, équipe unique en charge de l'enseignement et du développement, fin 2002, voici ce que l'on trouvait à la Deutsche Bank :

- 3 500 cours répartis en 16 catalogues ;
- 128 cours de leadership ;
- 8 systèmes informatiques pour soutenir le management de la formation ;
- 4 500 prestataires ;
- des douzaines d'outils feedback 360° et de diagnostic ;
- plusieurs modèles de compétences selon les divisions ;
- une myriade de processus de talents et de développement leadership ;
- aucune marque globale pour la formation et le développement du groupe.

MODÈLE D'ACTIVITÉS

Ainsi que le décrit Martin Möhrle[108], le modèle Learning & Development peut être résumé ainsi :

- Notre métier, c'est l'amélioration des performances. Ceci concerne les résultats des individus comme des équipes, des services, de l'entreprise et de la chaîne des valeurs. L'amélioration des résultats est obtenue grâce aux interventions de formation et de développement.
- Notre cible est multiple. Nous visons les managers et les collaborateurs de la Deutsche Bank, mais aussi ses partenaires en amont et en aval dans la chaîne de valeur.
- Nous développons et faisons fonctionner une plateforme. Cette plateforme opérationnelle est globale, renouvelable, efficace, économe et intégrée.
- Nous avons une équipe L & D par division. Elle vise :
  a) le management des talents (pour le développement, la succession, la rétention) ;
  b) l'alignement des compétences pour se conformer à la stratégie ;
  c) l'efficacité des équipes et de l'entreprise.
- Nous partageons une plateforme opérationnelle. Ceci pour :
  a) favoriser et diffuser les meilleures pratiques, harmoniser les cadres de développement et standardiser les processus d'ingénierie pédagogique ;
  b) aligner et déployer les préoccupations stratégiques de l'entreprise.

Voici comment on peut résumer la chaîne de valeur de la L & D de la Deutsche Bank (Figure 27.1) :

- toute l'attention est portée sur la stratégie (ou le diagnostic selon le niveau de hiérarchisation), la conception et la surveillance ;
- la partie exécution est délocalisée, sauf dans des cas bien précis ;
- les compétences essentielles sont développées ;
- des ressources minimales sont allouées cas par cas.

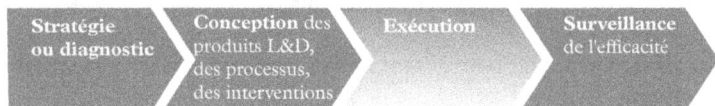

Stratégie ou diagnostic	Conception des produits L&D, des processus, des interventions	Exécution	Surveillance de l'efficacité

27.1 La Deutsche Bank : chaîne des valeurs L & D

MODÈLE DE MANAGEMENT MATRICIEL

Martin Moehrle explique encore comment manager le dilemme centralisation-décentralisation dans une organisation globale. La centralisation permet l'efficacité, le développement de standards ; la décentralisation assure la personnalisation au niveau des besoins du client et un alignement fort avec la stratégie de l'entreprise. La Deutsche Bank a développé un modèle matriciel hybride pour tirer profit des deux facettes de la question. Les facteurs de succès du management matriciel sont :

- un mandat pour un business model intégré et aligné ;
- des rôles clairs mais interdépendants pour chacune des parties ;
- une surveillance des tensions internes à l'entreprise ;
- des réunions régulières de mise au point pour tous les acteurs ;
- un mélange intelligent de standardisation, d'intégration, d'alignement, de coordination et de partage ;
- une liberté suffisante en permanence pour répondre efficacement et à propos aux besoins divers rencontrés.

L'intégration L & D a amené de substantielles améliorations sur la voie de l'excellence opérationnelle :

- seize systèmes commerciaux et huit systèmes internes ont été refondus en une seule solution de management pédagogique global pleinement intégrée ;
- deux cent quatre-vingt-dix-sept processus locaux ou divisionnaires ont été harmonisés en neuf processus globaux qui permettent une spécialisation régionale.

LES COURS FONDAMENTAUX

Un ensemble de cours simples et auto pédagogiques est disponible pour couvrir les besoins fondamentaux. Le catalogue global L & D comprend un programme fondamental global combiné avec des modules e-learning, une formation par division et une formation régionale. Sept catégories ont été définies :

- efficacité personnelle et en équipe ;
- les affaires et la finance ;
- leadership et management ;
- réglementation et conformité ;
- qualifications professionnelles ;
- orientation ;
- technologie de l'information.

Le cours intégré de leadership de la Deutsche Bank est fondé principalement sur :

- une analyse des cycles de vie essentiels d'un leader à la Deutsche Bank ;
- le développement d'un programme de cours de leadership visant la construction de compétences et de connaissances renforçant culture et valeurs ;
- une attention toute particulière sur le développement du rôle du manager au moment des transitions de carrière majeures (manager les autres, manager les managers, manager un service ou une fonction) et sur la responsabilité des parties prenantes (le vice-président, le directeur, le manager) ;
- un nouveau parcours simplifié consistant en quatorze programmes fondamentaux (au lieu de cent vingt-huit) ;
- des standards de leadership en leitmotiv ;
- des options de mise en œuvre souples et peu onéreuses.

CADRE ET STANDARDS DU LEADERSHIP DE LA DEUTSCHE BANK

Les standards de leadership ou LS sont les standards de performance des leaders de la Deutsche Bank. Ils représentent un modèle intégré et équilibré de leadership : ils définissent les responsabilités du leader, et les résultats par rapport aux standards de leadership sont mesurés. Les LS s'appliquent dans toute l'entreprise jusqu'à chaque collaborateur, puisque les leaders managent la performance et la répercutent aux membres de leur équipe. En alignant les processus de base des collaborateurs, un cadre de leadership intégré prend forme. Une telle approche intégrée au développement du leadership est fondamentale pour réussir à créer une culture unique pour toute la banque : One Bank.

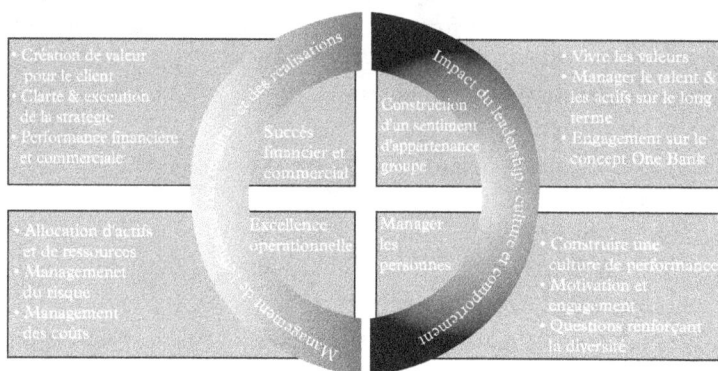

27.2 Les standards de leadership de la Deutsche Bank

EMPLOYABILITÉ

À une époque où l'économie pousse à la réduction des effectifs, DB attache beaucoup d'importance à l'employabilité des gens qui y travaillent. Plus de 80 % des personnes ayant quitté DB ont trouvé de nouveaux emplois dans des entreprises nouvelles. Les initiatives de la Deutsche Bank sur ce point comprennent :

  les offres internes à DB ;

  le poids de la banque ;

  la puissance de la banque ;

  le soutien du management DB ;

  une agence de placement interne ;

  un coaching spécifique ;

  des réseaux globaux de collaborateurs.

28

EADS Corporate Business Academy[109]

MISSION

La mission de CBA (Corporate Business Academy) est de s'occuper du développement des hauts dirigeants d'EADS et de la nouvelle génération de dirigeants en coopération avec divers services. CBA joue un rôle d'aide à la création de l'identité du groupe très important, en renforçant le sentiment d'appartenance. À l'heure actuelle, CBA utilise les locaux du centre éducatif EADS près de Bordeaux (en France).

EADS Corporate Business Academy propose un large éventail de programmes de développement, tous dans le domaine du management avancé et du développement du leadership.

PROGRAMMES

Les forums sont destinés exclusivement aux cent cinquante vice-présidents seniors et les rencontres TET rassemblent les vice-présidents seniors, les membres du comité exécutif et les cinquante vice-présidents de l'entreprise. Les Executive Forums et les meetings TET donnent aux leaders EADS l'occasion de travailler sur leurs compétences stratégiques en élaborant les visions et les perspectives du groupe EADS. Leur but est de générer une énergie collective, mais aussi de faire participer chaque dirigeant à la croissance de l'entreprise et de bâtir un esprit d'équipe dans tout le groupe. Nous sommes très loin de la formation au sens strict. Par leur approche systématique, les forums et les assemblées TET ont un impact réel sur la stratégie effective du groupe.

Assemblées annuelles TET Forums dirigeants TET	200 vice-présidents
Hot Topics	800 cadres dirigeants
EXPAND	3 000 managers seniors
FAST	18 000 managers
108 000 collaborateurs EADS	

28.1 Programmes d'EADS Business Academy

HOT TOPICS

Une série de séminaires de courte durée (un à trois jours) ou d'événements destinés à l'échange de points de vue, ciblés dirigeants EADS, encouragent les dirigeants dans leurs activités quotidiennes en traitant les problèmes du quotidien et les défis stratégiques. Le catalogue des séminaires ou ateliers Hot Topics s'adresse à huit cents dirigeants.

Les objectifs des Hot Topics sont :

  étendre les compétences personnelles principales pour surmonter précisément les défis rencontrés par les dirigeants à EADS ;

  se familiariser avec les concepts du management moderne et ses meilleures pratiques, et trouver des solutions applicables ;

  acquérir une vision plus globale d'EADS et mieux comprendre ses activités et ses spécificités ;

  construire un réseau valable et nouer divers contacts entre les dirigeants qui proviennent de services différents avec une histoire et des expériences différentes.

EXPAND

EXPAND amène les dirigeants actuels et pressentis à développer et affiner leurs compétences stratégiques de leadership nécessaires pour diriger EADS sur le marché global, adopter une perspective mondiale, modifier complètement leur état d'esprit pour le tourner résolument vers l'entrepreneuriat et encourager le transfert des connaissances au bénéfice du groupe tout entier.

Le programme comprend trois modules répartis sur une année et il est destiné aux managers seniors qui vont bientôt être nommés à des postes de responsabilité exécutive, ou ceux qui viennent juste d'être nommés. Il commence par des évaluations de leadership assistées par informatique, et continue avec des sessions consacrées au leadership stratégique et à la stratégie globale. Le troisième module consiste en un voyage de découverte pour faire affaire dans un pays clé pour EADS visant, entre autres, le benchmarking des entreprises leaders. Quatre-vingts personnes par an sont concernées par ce programme.

FAST

FAST est un programme intensif de seize jours de formation mixte. Il est réparti sur une année, mêlé avec des modules e-learning et un jeu de simulation d'activités à distance. Son but est d'améliorer les compétences et de développer le leadership des managers à fort potentiel. L'objectif est de préparer les assistants à assumer à moyen terme des postes d'exécutif local ou global.

Ce programme annuel de quatre promotions s'adresse à cent cinquante ou deux cents participants. Il combine des sessions plénières, des séminaires de groupe et des ateliers qui améliorent individuellement les compétences de management.

L'objectif de ce programme est de créer un climat de changement et de promouvoir un état d'esprit entrepreneurial à l'intérieur d'EADS, d'assurer une relève ininterrompue de leaders qui puissent être promus de façon interne par le service de recrutement du groupe, d'améliorer la stabilité de la population exécutive d'EADS et de donner un coup de fouet aux carrières individuelles.

29

General Electric

Le Centre GE de Crotonville est situé dans l'État de New York (aux États-Unis). Sa mission est de développer les leaders, faire connaître les changements culturels et répandre dans tout GE les principales initiatives de l'entreprise. Dans ce centre, les gens de GE viennent ensemble pour travailler, apprendre et partager au-delà des frontières, et c'est là aussi que les clients de GE font connaissance avec sa culture et son modèle de partenariat.

Ce centre a plusieurs fonctions :

- il forme les collaborateurs, en se centrant sur le leadership, le changement, l'approche Six Sigma, le e-business et d'autres initiatives clés de l'entreprise ;
- il communique et renforce l'engagement des collaborateurs pour GE et ses valeurs ;
- il construit des ponts par-dessus les frontières en fournissant un cadre permettant à chacun d'interagir d'un domaine à l'autre, d'une fonction à l'autre, d'une hiérarchie à l'autre ;
- il renforce l'approche client, il construit des relations avec les clients stratégiques et d'autres partenaires stratégiques.

Le campus de 53 ha comprend un bâtiment imposant destiné à l'enseignement, un centre de formation, une résidence et un centre de mise en forme.

Développement historique de l'une des plus anciennes universités d'entreprise

Années 1970 : « Une école pour les managers »

- Approche large
- Formation du management
- Corps professoral interne
- Inscription ouverte
- Les futurs leaders étaient absents

Années 1980 : « On communique le message »

- Appel à l'action
- Discussion des valeurs de l'entreprise
- Objectif du programme s'affine
- Plus d'enseignants viennent de l'extérieur
- Plus de soin dans le choix des participants

1987-1992 : « Mutation culturelle »

- Objectif Leadership
- Plateforme de lancement de la mutation culturelle et de sa réussite
- Initiatives meilleures pratiques et amélioration des processus
- Programmes exécutifs — « Global action learning »

Depuis 1992 : « Campus sans frontières »

- Accélération du changement
- Initiatives d'entreprise (qualité, etc.)
- Formation d'équipes d'activités
- Leviers clients/fournisseurs
- Audience globale/couverture

PROGRAMMES GE CAPITAL LEADERSHIP DEVELOPMENT

Programmes des nouveaux entrants

- Edison Engineering Development Programme — EEDP. Ce programme de deux ans fournit deux ou trois missions d'ingénierie, ou plus, avec rotation de postes. Il développe les compétences nécessaires pour résoudre les problèmes, en utilisant un stage sur un travail d'ingénierie de pointe, des rapports formels et des présentations aux leaders expérimentés. Les compétences dans les affaires des participants sont développées par les cours de leadership d'entreprise.

- Financial Management Programme — FMP. Ce programme de deux ans englobe quatre missions avec rotation de poste. Les expériences de première main peuvent comprendre le planning financier, la comptabilité, l'analyse des opérations industrielles, l'audit, la prévision, le management trésorerie/cash, la finance commerciale et la qualité Six Sigma. Il combine les stages de travail, les missions sur des tâches spécifiques et des séminaires interactifs. Ce sont des professionnels expérimentés et des conseillers individuels GE qui conduisent le FMP.

- Information Management Leadership Programme — IMLP. Ce programme de deux ans est une formation sur le tas inculquant la dynamique des affaires, les stratégies de carrière, les compétences en communication, la résolution de problèmes, la prise de décision et la conduite de projet.

- Operations Management Leadership Programme — OMLP. Ce programme de deux ans pour nouveaux arrivants inclut au moins trois missions avec rotation de poste. Par exemple : Opération en atelier de production, Ingénierie des processus, Qualité Six Sigma, Management des matériaux, Management de la chaîne d'approvisionnement, Sécurité & Santé environnementales.

- Toute une gamme de programmes spécifiques est aussi fournie.

Programmes d'entreprise Niveau Mastère

- Commercial Leadership Programme — CLP. Ce programme consiste en quatre rotations de poste de six mois d'un service à l'autre. Ses membres tournent sur deux ou trois postes différents de GE sur un segment donné. Deux des rotations s'attachent au marketing, et deux autres aux ventes. Les participants renforcent leurs compétences commerciales, en gestion des affaires et en leadership en suivant un programme intensif en présentiel, une formation en ligne, des symposiums en séminaire résidentiel au John Welch Learning Center.

Human Resources Leadership Programme — HRLP. Ce programme de deux ans consiste en trois missions de huit mois. Les participants développent largement leurs compétences en affaires par des expériences pratiques lors de deux missions ressources humaines, complémentées par une troisième mission dans un domaine tel que la finance, la qualité ou le développement des activités. Les participants reçoivent en salle de classe des cours sur le leadership ressources humaines, les compétences et les concepts d'activités, et en même temps ils bénéficient d'un étroit contact avec leurs pairs et les hauts dirigeants du monde entier.

Risk Management Leadership Programme — RMLP. Ce programme combine une formation par niveaux et des missions avec rotation de poste dans l'un des services financiers de GE. Les matières couvrent les garanties, le management et l'analyse de portefeuille, la structuration de contrat, les modèles statistiques et la maîtrise de divers processus et outils de gestion du risque.

General Motors University

OBJECTIF

En 1997, General Motors a créé General Motors University ou
GMU. Cette université d'entreprise a mis en place un organisme de
développement et de renforcement de la culture d'entreprise pour
ses collaborateurs et ceci pour l'entreprise tout entière. Elle a été
conçue pour aider en permanence les dirigeants et les collaborateurs
selon leurs caractéristiques individuelles et professionnelles, afin
d'améliorer en permanence leurs performances distinctives. Ces
activités sont d'une façon générale couronnées de succès, elles ali-
gnent l'investissement en formation avec les besoins propres à General Motors, elles font connaître dans toute l'entreprise les meilleures
pratiques et les valeurs fondamentales.

Le campus principal de GMU est situé au quartier général de General Motors à Detroit (aux États-Unis). Mais il existe aussi un campus européen.

PRINCIPES DE BASE

- La formation est un bon outil de facilitation pour réussir la mise
  en œuvre du changement[110].
- Chaque expérience de formation doit être assortie d'un objectif
  clairement défini et être liée directement à la vision de GM, à ses
  valeurs et ses compétences spécifiques.
- Les dirigeants de l'entreprise sont directement responsables de
  l'environnement du développement chez General Motors, et doivent intégrer les besoins et compétences de l'ensemble de l'entreprise, de ses secteurs et de ses unités.

Une formation réussie se traduit par des résultats meilleurs, tant au niveau personnel que collectif.

La formation est stimulée dans un environnement créatif, amusant et passionnant.

L'entreprise se développe à partir du moment où un nombre significatif des individus qui la composent s'est formé et a changé.

Il existe différents moyens de se former et de retenir ce que l'on a appris.

Chacun veut être apprécié et reconnu pour ses compétences et ses contributions.

Lorsque les dirigeants enseignent, ils montrent par là leur engagement et ils apprennent eux-mêmes à travers le dialogue qu'ils engendrent.

LES COLLÈGES GMU

L'architecture GMU est composée d'une série de collèges ayant chacun son doyen (Figure 30.1). Pour l'instant, GMU a 14 collèges fonctionnels liés aux processus globaux de GM. Ils sont chargés de développer des cours adaptés étroitement aux besoins professionnels et aux défis que rencontrent les collaborateurs de GM dans chaque secteur d'activités, selon une perspective propre à la division ou la région. Les cours sont donnés en salle de classe, ou par Internet, ou à distance par satellite, ou dans des laboratoires de formation.

Les 14 collèges GMU	
Communication	Ingénierie
Finance	Santé & sécurité
Ressources humaines et relations au travail	Systèmes & services d'information
Leadership	Fabrication
Droit	Qualité
Politique publique	Achats et approvisionnements globaux
Ventes, services & marketing	Management de planning et de programme

30.1 General Motors University : quatorze collèges

ORGANISATION

GMU est dirigée par les quatre entités qui constituent son infrastructure :

- le Conseil des clients détermine la vision de chaque secteur individuellement, identifie secteur par secteur les besoins de développement et leur affecte des priorités. Il établit le lien entre la formation et le développement et les objectifs de l'entreprise ;
- le Conseil des doyens détermine la perspective propre à chaque fonction et à chaque collège, il est propriétaire des cours et les intègre aux initiatives GMU ;
- le Conseil de soutien est constitué de personnes qui vont fournir un soutien tactique direct aux doyens et aux centres d'expertise. Ce conseil est composé de professionnels ou de consultants, de directeurs de la formation et d'autres personnels de fonctions supports de GMU ;
- le Conseil des priorités de la formation globale comprend des représentants de la formation régionaux, locaux et fonctionnels. Ils identifient les nécessités éducatives spécifiques, fondamentales dans les domaines global et régional. Ils développent des stratégies communes pour le levier global que constitue la formation.

PROGRAMMES

GMU propose plus de 2 200 cours à ses collaborateurs managers, encadrants, professionnels et techniciens.

Les programmes de formation formels ont cinq composantes, les trois premières sont fournies au travers de GMU. Ces cinq composantes sont les suivantes :

- formation relative aux compétences de base (par exemple logiciels, histoire de GM, orientation des activités) ;
- techniques et compétences fonctionnelles spécifiques ;
- développement du leadership et développement professionnel ;
- formation au poste, dans chaque service ;
- pédagogie de pointe et certification soutenues par GM, par l'intermédiaire d'aide aux frais de scolarité, du programme en ligne Ellis College de NYIT et de programmes de formation technique.

New York Institute of Technology (NYIT) — Ellis College online

Ce programme disponible sur le web est développé en relation avec la Columbia Business School, Stanford University, University of Chicago Graduate School of Business, Carnegie Mellon et la London School of Economics and Political Science. Les cours en ligne portent sur les compétences et l'expertise du management. Ils sont structurés autour des problèmes réellement rencontrés dans la vie des affaires.

GO FAST !

Ce programme a été conçu pour développer une nouvelle culture de la vitesse et de l'urgence à GM en éliminant le travail qui n'apporte pas de valeur ajoutée. C'est une initiative de type action learning, visant à construire une force de travail possédant la compétence à agir vite, aller droit au but et hardiment. En atelier, les équipes travaillent à faire ressortir la meilleure solution pour un problème donné. Cela permet de construire une compétence interne de leadership, de manager le changement et de partager globalement les meilleures pratiques. En 2004, 4 600 ateliers Go Fast ! ont été menés pour une assistance d'environ 46 000 collaborateurs.

LEADING CHANGE

Cette initiative soutient la mise en œuvre de solutions complexes de changement à l'intérieur de GM. C'est un cadre de consultation qui s'appuie sur les collaborateurs de GM formés à utiliser les processus et les outils de conduite du changement. Les coachs soutiennent les leaders et les équipes qui travaillent sur des projets de changement et de résolution de problèmes et qui sont amenés à prendre des décisions, de sorte à créer l'engagement nécessaire de la part des collaborateurs et des parties prenantes. L'efficacité et le succès des initiatives de changement en sont améliorés.

E-LEARNING

GMU propose à ses collaborateurs divers modules en ligne, concernant les compétences de développement professionnel et celles nécessaires pour les activités, par exemple le leadership, le souci des clients, la finance, la formation informatique. Les cours sont disponibles en permanence sur la grille de formation en ligne de GM. La plupart sont gratuits. GMU propose aussi, et ceci de plus en plus, une formation mixte, en partie par informatique et en partie en salle de classe.

GM GLOBAL MANUFACTURING SYSTEM (GM/GMS)

Ce système est un système de fabrication compétitif, unique et commun, consistant avec les principes d'un réseau de qualité, utilisant les meilleurs processus, pratiques et technologies, ayant pour but de soutenir la vision de General Motors sur le leadership mondial et l'enthousiasme global des clients. GMU soutient les usines GM en mettant en œuvre GM/GMS, ce qui amène à la base les connaissances GMS fondamentales. Un processus de formation et un soutien sur le contenu sont apportés.

31

Heineken University

OBJECTIF

Heineken University a été fondée le 1er janvier 1998 et a ouvert son centre de formation en mai 1999 dans la brasserie historique Heineken rénovée, appelée maintenant Expérience Heineken, à Amsterdam, avec une équipe de dix-sept personnes.

Heineken University joue un rôle en tirant le meilleur profit, en termes de productivité, du savoir présent et futur. Les collaborateurs suivent entre autres des sessions de formation et des cours organisés au centre de formation. L'an dernier, plus de mille trois cents collaborateurs Heineken ont pris part à ces interventions. On développe de plus en plus des programmes pédagogiques sur mesure répondant précisément aux besoins des entreprises opérantes.

PROGRAMMES

Heineken University propose divers cours internes à l'entreprise.

Programmes Heineken de développement du management

Brewing Talent to Excel Tomorrow's Business. Ce programme modulaire de treize jours s'adresse à ceux qui ont un potentiel de développement à l'échelle internationale, quel que soit leur contexte fonctionnel. Son contenu vise le développement des compétences de leadership individuel, en analysant la complexité du comportement humain et en jouant sur la dynamique des équipes. Ce programme s'attache aussi au développement et à la mise en œuvre de la stratégie, au management des projets, à la prise de conscience du rôle et de la responsabilité envers la société.

- Going Abroad. « Préparez-vous à une carrière internationale chez Heineken » est un programme de trois jours destiné à ceux qui ont le potentiel pour un développement à l'international, avant une possible expatriation.
- Heineken International Management Course (HIMAC). Ce cours s'adresse aux managers seniors. Il porte sur la stratégie de l'entreprise, les finances, le marketing et les compétences fondamentales pour Heineken. C'est à l'Insead que le programme se tient.

Programmes Heineken internationaux portant sur le management, les ressources humaines, le management de projet et le management général

- Heineken Business Challenge. Cette simulation met chaque équipe de cinq participants en position de responsable du management général d'une entreprise. Elle est ouverte à chaque membre du personnel Heineken. Plus de quatre cents collaborateurs Heineken y participent à travers le monde.
- Heineken International Management of Excellence Development Course (HIMDEC). Ce programme est modulaire, il est destiné aux jeunes managers locaux à potentiel ayant au moins deux ans d'expérience du management. Son contenu vise le développement personnel et celui des affaires tout en explorant la stratégie Heineken, ainsi que les valeurs et la culture de l'entreprise.
- Leading Change in a Multicultural Setting. Ce programme est destiné aux managers moyens et supérieurs ayant des fonctions diverses et ayant déjà lancé un processus de changement significatif. C'est une formation interactive visant à faire comprendre les raisons et les écueils majeurs du changement, analysant le processus du changement personnel et le développement d'un plan de management du changement.
- Heineken University propose également des ateliers régionaux axés sur le management, les ressources humaines et un catalogue important de programmes publics.
- En coopération avec Cardean University, HU propose des cours Quantum donnés sur NetgLearning.
- Athena Online est un réseau de connaissances proposé par Heineken University. Les collaborateurs peuvent y apprendre à améliorer leurs performances et à construire à partir de leurs compétences interpersonnelles.

© Groupe Eyrolles

32

Isvor-Fiat Instituto Sviluppo organisational

Fiat a pour principale activité l'industrie automobile, et produit des voitures, des camions, des tracteurs et des tractopelles, des trains, des moteurs d'avion, de bateaux etc. et offre des services sur ce secteur ; elle emploie plus de deux cent mille personnes. Isvor-Fiat est l'université d'entreprise du groupe Fiat et on la considère généralement comme la première université d'entreprise européenne.

Elle a été fondée en 1972 sous le nom d'« Institut Fiat pour le développement organisationnel ». Quelques années plus tard, en 1978, elle est devenue une filiale Fiat indépendante en rassemblant les instituts de formation Fiat existants, y compris l'ancienne « Scuola Allievi Giovanni Agnelli », école technique destinée aux nouvelles jeunes recrues et fondée en 1922.

Aujourd'hui, l'UE Fiat est la plus grande entreprise privée de formation italienne ; elle propose des solutions pédagogiques et des consultations aux clients externes ainsi qu'à Fiat elle-même, et à de nombreuses entreprises publiques et privées, italiennes et non italiennes, petites, moyennes ou grandes. Toutes ces entités rassemblent une grande variété de compétences techniques, organisationnelles et managériales.

Isvor a presque cent formateurs à plein-temps, dont un grand nombre s'oriente maintenant vers le conseil interne. Elle propose chaque année plus de mille cinq cents programmes de formation à travers le monde. Ses ressources de connaissances et d'expertises sont apportées par des centaines d'associés, de consultants et d'universitaires, italiens ou étrangers.

Durant les vingt dernières années, Isvor a construit un réseau international conséquent de partenariats avec des entreprises ou instituts comme l'Insead, le MIT, le Centre for Effective Organizations d'USC, l'ICEDR, la Fondaçao Don Cabral (au Brésil), University St Gallen, Pontificia Universitad Catolica.

MISSION

La mission d'Isvor-Fiat est d'encourager et de déployer les politiques et stratégies du groupe Fiat en assurant une formation individuelle et collective, afin de développer ses ressources et de diffuser ses valeurs fondamentales.

De plus, Isvor est reconnue en tant que maître d'ouvrage des questions stratégiques managériales. Par exemple, en 1997, un nouvel ensemble de valeurs et de politiques Fiat a été présenté au cours d'ateliers de travail qui rassemblaient quatre cents hauts dirigeants. En 2000, un nouveau modèle de leadership Fiat a été créé par une équipe conjointe de dirigeants seniors, de DRH et de consultants Isvor, et ce modèle a été rapidement diffusé dans l'ensemble du groupe.

Isvor travaille en mode de « co-conception » avec ses clients. Ceci est une pratique largement répandue dans le monde de l'automobile où les relations avec le client sont fondées sur une confiance mutuelle et un partenariat pour réussir ensemble. Dans ce cas, le travail est accompli de concert par les responsables de production et les managers des RH qui cherchent ensemble des solutions pédagogiques cohérentes pour améliorer les performances organisationnelles et individuelles et accroître l'efficacité de l'entreprise tout entière.

SERVICES DE FORMATION

L'une des principales activités d'Isvor est de former les personnels du groupe Fiat. Elle accompagne, prépare et forme les diplômés qui occuperont probablement des postes d'encadrement et tous les managers du niveau le plus modeste jusqu'au niveau le plus élevé. Son arsenal de programmes institutionnels est en rapport avec la carrière des participants.

Depuis le début des années 1980, Isvor a formé toutes les filiales et tous les managers de Fiat. Aujourd'hui les programmes ont lieu non seulement en Italie, mais aussi dans les principaux pays où Fiat est présente, le Brésil, la Pologne, la France et l'Espagne.

Les activités pédagogiques du groupe sont conçues sur mesure d'après un mandat des hauts dirigeants. Les programmes sont sans cesse remis à jour en fonction des priorités de Fiat. Ils contiennent la stratégie et les orientations du groupe Fiat. Leurs principaux objectifs sont :

- donner une image actualisée de la situation de Fiat et faire connaître les orientations du groupe les plus appropriées pour une gestion efficace des responsabilités attribuées ;
- favoriser le développement des compétences en cohérence avec les problèmes de l'entreprise et des managers liés aux besoins des activités, et en accord avec le modèle de leadership Fiat ;
- promouvoir un échange approfondi d'idées et d'expériences entre collègues et entre les experts internes et externes, en mettant en avant le modèle managérial du groupe Fiat interfonctionnel, intersectoriel et international ;
- développer les compétences analytiques et comparer les caractéristiques principales de l'environnement externe afin d'identifier et de décrire les meilleures pratiques et de proposer des actions bénéfiques pour l'évolution du groupe Fiat.

AUTRES PROGRAMMES DE FORMATION ET DE SERVICE

En plus de son action de formation, Isvor-Fiat fournit des solutions de développement sur mesure à tous les niveaux des filiales, des nouvelles recrues jusqu'aux managers seniors, dans chaque branche professionnelle, afin d'améliorer la compétitivité du groupe et l'employabilité de ses gens. Souvent, les programmes pédagogiques accélèrent l'exécution de projets transsectoriels.

Les principaux domaines de savoir-faire couverts par ces initiatives sur mesure sont les suivants :

- l'économie ;
- le personnel et l'organisation ;
- la fabrication ;
- le développement des produits ;
- le marketing et les ventes ;
- le management du changement ;
- le e-business ;
- le management des services ;
- la technologie de l'information et de la communication ;
- les processus de production et de maintenance ;
- l'organisation industrielle.

En ce qui concerne ces domaines de savoir-faire, Isvor-Fiat procure aussi une formation sur le terrain et des services de consultance. D'autres solutions de développement sont liées à des projets d'entreprise et visent l'amélioration des performances et les projets de changement. De plus, Isvor a développé en interne un domaine professionnel spécifique compétent pour fournir des modules de e-learning.

Pour ce qui est de son mode de formation, Isvor s'attache de plus en plus à intégrer plusieurs modalités, mêlant salle de classe et solutions technologiques (enseignement à distance, site web, cd-rom, etc.).

33

Lufthansa School of Business

Lufthansa a fondé la Lufthansa School of Business, devenant ainsi la première entreprise allemande à ouvrir une université d'entreprise. Ce faisant, elle a harmonisé le développement des dirigeants de son entreprise, celui de ses jeunes professionnels et de ses hauts potentiels avec les autres programmes pédagogiques, tout en assurant leur qualité et leur efficacité vis-à-vis des collaborateurs.

PORTEFEUILLE DE PROGRAMMES

Programmes de leadership

La Lufthansa School of Business propose un programme de développement personnel à tout le management de son groupe couvrant l'ensemble des qualifications. Ce qui comprend des programmes sur mesure non diplômants aussi bien que des programmes de Mastères et de MBA.

La qualité des programmes est assurée par des partenariats avec des académies et des universités comme la London Business School, l'Ashridge Management College, l'European School of Management and Technology à Berlin, l'Insead, McGill University au Canada ou l'Indian Institute of Management à Bangalore, et de grandes entreprises internationales.

Management de l'innovation et du changement

Pour accélérer l'innovation et mener les changements de l'entreprise, la Lufthansa School of Business est engagée dans divers projets stratégiques qui concernent le groupe tout entier ainsi que dans des initiatives de changement à grande échelle.

Management du réseau et du savoir

Un large éventail de programmes permet une communication rapide des sujets importants. La Lufthansa School of Business met à disposition des plateformes de dialogue stratégique et construit en même temps des réseaux personnels à travers tout le groupe parmi les managers et les collaborateurs. De plus, les connaissances existantes sont utilisées et diffusées au-delà des frontières, des divisions ou des unités de l'entreprise.

Le collège d'entreprise : les programmes

La Lufthansa School of Business soutient le développement personnel et spécialisé de tous ses collaborateurs. Une grande variété de programmes leur permet de renforcer leurs compétences principales, les connaissances qu'ils possèdent dans leur domaine d'activité, leur savoir-faire en matière de langues étrangères et de technologie, mais aussi d'élargir leurs connaissances par des cours qui traitent de sujets qui sont en dehors de leur expertise propre.

Initiatives d'employabilité

Lufthansa soutient les collaborateurs qui veulent élargir leurs opportunités de carrière, que ce soit à l'intérieur ou à l'extérieur de l'entreprise, par des programmes et des initiatives. Le programme sponsorisé par Lufthansa «Weiter mit Bildung » (Plus loin grâce à la formation), par exemple, permet aux collaborateurs d'approfondir leurs connaissances dans divers domaines pendant leur temps de loisir. Dans ce cas précis, Internet est de plus en plus le moyen privilégié pour apprendre, grâce à sa grande souplesse dans le processus d'apprentissage.

Centre de formation de l'entreprise

L'endroit où ont lieu la plupart des initiatives de la Lufthansa School of Business est le centre de formation. Là, on se croirait sur un campus d'université classique. On est proche de l'aéroport de Francfort mais dans la verdure. Le centre comporte 550 chambres individuelles et plus de 60 salles de classe. On peut y enseigner toutes sortes de programmes dans un environnement Lufthansa. Chaque jour les collaborateurs et managers de chez Lufthansa s'y rassemblent pour échanger des idées, apprendre, tisser des réseaux et accroître leurs expériences et leurs connaissances.

34

LVMH House

OBJECTIFS

Le groupe LVMH emploie quelque 56 000 personnes, dont 63 % hors de France. Le groupe Moët Hennessy Louis Vuitton est organisé en divisions : vins & spiritueux, mode & cuir, parfumerie, cosmétiques, joaillerie. « Améliorer nos actifs incorporels est une priorité stratégique fondamentale pour LVMH », dit Bernard Arnault, son président-directeur général. D'où la nécessité de créer un lieu où les hauts dirigeants de LVMH sont amenés à :

partager leurs connaissances et leurs expériences ;

développer une vision commune de LVMH en tant qu'« organisation apprenante », capable de développer et retenir le capital humain de LVMH ;

développer des synergies et améliorer la fertilisation croisée interentreprises, interfonctions et interpays à l'intérieur du groupe.

Le concept du groupe LVMH House a été développé en septembre 1999 et est domicilié au 15 St. George Street à Londres (Royaume-Uni). Ce n'est pas une institution didactique mais une plateforme où le groupe LVMH peut capitaliser sur son savoir.

ACTIVITÉS

President's Forum

L'une des premières initiatives de LVMH House a été d'organiser les forums des présidents, en association étroite avec la London Business School. L'objectif principal des forums est de rassembler les présidents de LVMH, les membres des comités de managers et les dirigeants des filiales pour qu'ils échangent leurs points de vue sur un certain nombre de problèmes stratégiques auxquels le groupe est confronté. Chaque forum est présidé par un membre du comité exécutif de LVMH. Chaque forum est suivi par des dirigeants provenant d'entreprises différentes, occupant des fonctions diverses, travaillant dans des régions variées. Ce mélange assure une fertilisation croisée d'un secteur d'activités à l'autre et d'un pays à l'autre, et il élargit les perspectives. Cette formule a pour but de créer de fructueux réseaux. Le second rôle de LVMH House est de faciliter le suivi des forums à l'intérieur de LVMH. L'intérêt est croissant pour une discussion continue transfonctionnelle et intra-entreprise, sur des questions de management fréquemment posées.

Leadership Forum

Grâce à ce forum, les hauts dirigeants développent une vision commune du leadership et sont armés pour faciliter des pratiques communes de leadership à l'intérieur de chaque division. Ceci est devenu un puissant programme de référence créé par et pour le management opérationnel.

E-strategy Forum

Ce forum de stratégie en ligne crée un cadre pour manager les implications concrètes des technologies en ligne évoluant rapidement et leur incidence sur la stratégie, l'entreprise et les processus.

Innovation & Creativity Forum

Cette série de forums se concentre sur les innovations stratégiques en considérant qu'elles sont le fer de lance du succès des marques de luxe. Ils facilitent aussi le partage des meilleures pratiques, dans le but d'améliorer les processus créatifs et le succès des innovations dans toutes les divisions à travers le groupe tout entier.

Forum « the Art of Luxury Branding »

Le forum « L'art de la marque de luxe » est le plus complet. Il concerne ce qui constitue l'essence des activités de LVMH. C'est un pas en avant dans la compréhension de la philosophie des produits de luxe et optimise les connaissances des participants en mettant l'accent sur les meilleures pratiques à l'intérieur du groupe. Le forum aide chaque participant à redéfinir les valeurs essentielles de sa marque, et aussi à se différencier des concurrents. Innovation supplémentaire, presque tous les participants jouent un rôle actif dans les forums, ce qui favorise un auto-enseignement et une approche interactive.

Dans les années 1990, une série de cinq cours sur site donnés par LVMH a mis en place la culture du management du luxe. En coopération avec l'ESSEC à Paris, LVMH a développé un programme diplômant (type MBA) axé sur les articles de luxe.

Novartis (certifiée CLIP)

OBJECTIFS

Les objectifs stratégiques de formation chez Novartis comprennent le développement des compétences de management et de leadership. Novartis cherche également à donner à ses collaborateurs l'occasion de se développer et de grandir grâce à un processus pédagogique de formation continu. Toutes ses activités soutiennent et renforcent l'intégration de ses valeurs et compétences fondamentales et reçoivent encouragement et appui de la direction.

Novartis Learning se consacre à développer les talents de ses managers et cherche à inspirer le désir et la volonté de se développer en tant que leaders dans leur domaine d'activité.

PROGRAMMES

Les programmes de Novartis destinés aux hauts dirigeants sont développés en étroite coopération avec les plus grands professeurs au niveau mondial et les meilleurs consultants pédagogiques. Les business schools sollicitées le plus souvent sont Harvard, Stanford et l'Insead. Des méthodes de formation uniques encouragent les participants à discuter des problèmes qu'ils rencontrent dans leurs responsabilités. Les programmes conçus sur mesure ont lieu dans un environnement qui stimule la collaboration et le partage des idées. En outre, ils tissent des liens professionnels et personnels forts entre les leaders chez Novartis (Figure 35.1).

	Premier niveau	Niveau moyen	Niveau supérieur
Ouverture		Excellence Marketing (MEX)	
	Éveil Marketing (MAP)		
Innovation	Cours de management de projet	Compétences de négociation au niveau exécutif	
Manager les hommes		Programme de Leadership Novartis	
	Leader de première ligne (M1)	Le rôle du leader (M2)	Programme de leadership en activités (M3)
Performance	Excellence Finance HBS		
		Finance des activités II HBS	
		Excellence RH	

35.1 Programmes de développement Novartis

Un exemple de programme Novartis de formation sur mesure est le programme Finance des activités d'Harvard. Les managers opérationnels du monde entier se rassemblent sur le campus d'Harvard pour discuter de questions réelles auxquelles ils doivent faire face, en utilisant les cas d'études HBS (Harvard Business School) préparés spécialement pour Novartis.

36

Siemens Learning

Siemens a commencé un nouveau SMS (Siemens Management System) qui porte sur trois questions principales :
- l'innovation ;
- la compétitivité globale ;
- le suivi et le soin des clients.

LEARNING CAMPUS

Il n'existe qu'une seule unité de formation interne pour soutenir les trois plateformes ci-dessus. Elle s'appelle le Learning Campus (LC). Le Learning Campus combine tous les programmes de formation et de développement relatifs à ces trois plateformes.

LC abrite les programmes S décrits ci-après et, en plus, coordonne tous les autres programmes en relation avec les trois plateformes décrites ci-dessus, par exemple PM@siemens qui unifie l'approche du management de projet dans toute l'entreprise.

L'objectif est de supprimer toute formation extérieure et de se concentrer uniquement sur l'excellence des activités et des personnes qui les mènent, tout en soutenant les priorités stratégiques exprimées sous la forme des trois plateformes.

FORMATION AU MANAGEMENT : LES PROGRAMMES S

Le programme de formation du management a été lancé pour la première fois en 1997 (Figure 36.1).

Programme	S5	S4	S3	S2	S1
Nom	Siemens Management Introduction Programme	Siemens Management Development Programme	Siemens Advanced Management Programme	Siemens Leadership Programme	Siemens Executive Programme
Portée	*Locale*	*Locale*	*Régionale*	*Globale*	*Globale*
Nombre de programmes chaque année	35 environ	30 environ	12 environ	4 environ	1 généralement
Durée	1 an environ	1 an environ	1 an environ	1 an environ	6 mois environ

36.1 Le programme de formation du management de Siemens

Ces programmes de formation du management sont conçus autour de trois éléments de base (Figure 36.2) :

des ateliers portant sur les domaines clés du leadership et des activités avec les meilleures ressources internes et externes pour stimuler la naissance de nouvelles idées ;

un e-learning permettant aux participants de travailler en équipes virtuelles ;

des équipes Business Impact Project travaillant en réel sur des défis réels du monde des affaires.

Atelier de départ	Intersession I	Atelier 1	Intersession II	Atelier 2	Phase de transfert
		Business Impact Projects — BIP			
		Enseignement et collaboration sur Internet			

36.2 Articulations principales du programme de formation du management de Siemens

Siemens Management Introduction Programme

Groupe cible : les collaborateurs qui sont depuis peu chez Siemens, ayant à la fois un potentiel pour les tâches managériales et un potentiel perçu dépassant ces tâches managériales initiales.

Focalisation/objectifs : management de soi-même et de son équipe.

Contenu en bref :

– self-management et management du temps ;

- évaluation du potentiel personnel et planning du développement ;
- management de projet ;
- e-business et orientation clients ;
- comptabilité et finance de base ;
- mise en réseau et communication ;
- autres éléments.

Durée :
- durée totale : un an environ ;
- atelier de départ : trois jours ;
- atelier 1 : quatre à cinq jours ;
- phase de travail sur le projet : quatre à cinq mois ;
- atelier 2 : quatre à cinq jours ;
- phase de transfert.

Siemens Management Development Programme

Groupe cible : les collaborateurs qui effectuent une tâche managériale de premier niveau, chez qui on perçoit un potentiel de développement.

Focalisation/objectifs : développement des compétences en management.

Contenu en bref :
- développement des capacités managériales ;
- notions fondamentales : leadership, stratégie, marketing, contrôle et finance ;
- compréhension des marchés et de la concurrence ;
- management de la qualité et des processus ;
- e-business ;
- développement d'équipe ;
- efficacité de la communication et du travail en réseau ;
- autres éléments.

Durée :
- durée totale : un an environ ;
- atelier de départ : trois jours ;
- atelier 1 : quatre à cinq jours ;
- phase de travail sur le projet : quatre à cinq mois ;
- atelier 2 : quatre à cinq jours ;
- phase de transfert.

Siemens Advanced Management Programme

- Groupes cibles : les managers ayant plusieurs années d'expérience managériale dans une seule fonction ; les managers ayant des responsabilités multifonctionnelles dans un domaine d'activité ou un processus essentiel, en préparation de tâches de management général.
- Focalisation/objectifs : développement de leur potentiel d'entrepreneur.
- Contenu en bref :
  - management entrepreneurial efficace ;
  - comportement d'entrepreneur/leader ;
  - management de l'innovation et du changement ;
  - stratégie ;
  - finance (haut niveau), analyse et valeur pour l'actionnaire ;
  - analyse du marché et de la clientèle ;
  - défis économiques et e-business ;
  - autres éléments.
- Durée :
  - durée totale : un an environ ;
  - atelier de départ : cinq jours ;
  - atelier 1 : cinq jours ;
  - phase de travail sur le projet : cinq à six mois ;
  - atelier 2 : cinq jours ;
  - phase de transfert.

Siemens Leadership Programme

- Groupe cible : les managers ayant des responsabilités générales et globales, par exemple l'entière responsabilité des résultats d'une unité opérationnelle importante ou des fonctions équivalentes ou encore la responsabilité de plus d'un domaine fonctionnel.
- Focalisation/objectifs : leadership et innovation.
- Contenu en bref :
  - globalisation ;
  - e-business et nouvelle économie ;
  - leadership et feedback ;
  - culture et management ;
  - stratégie organisationnelle et changement ;

- adaptation aux cultures locales ;
- autres éléments.

Durée :
- durée totale : un an environ ;
- atelier de départ : cinq jours ;
- atelier 1 : cinq jours ;
- phase de travail sur le projet : cinq à six mois ;
- atelier 2 : cinq jours ;
- phase de transfert.

Siemens Executive Programme

Groupe cible : les dirigeants occupant des positions clés ou dotés du potentiel pour occuper des positions clés dans l'entreprise.

Focalisation/objectifs : hommes et stratégie.

Contenu en bref :
- lier les aspects humains et les processus stratégiques ;
- comprendre la nouvelle économie globale ;
- les implications du e-business ;
- le leadership dans l'entreprise nouvelle ;
- autres éléments.

Durée :
- durée totale : six mois environ ;
- atelier 1 : trois jours ;
- phase de feedback ;
- atelier 2 : trois jours.

PROGRAMMES DE FORMATION FONCTIONNELLE DE HAUT NIVEAU

Vente : divers cours formant une mosaïque de modules liés entre eux assurent l'excellence des opérations de vente.

Qualité : ce programme de qualification est conçu pour améliorer les compétences des managers et du personnel ayant une influence directe sur la qualité des produits et services de Siemens.

- Management de projet : des modules personnalisés forment les nouveaux venus, les managers de projet et les équipes de projet au complet.
- Compétences de management et d'activités internationales : ce programme couvre un large spectre de sujets appropriés et de compétences essentielles pour améliorer l'efficacité dans un environnement d'affaires international.

Siemens Graduate Programme — SGP

Le but principal de ce programme est la sélection et la qualification d'individus talentueux qui par la suite auront la responsabilité de postes de management au sein du groupe international de Siemens.

Les participants de SGP gagnent en expérience et travaillent indépendamment dans au moins deux fonctions différentes dans un domaine d'activités. Pendant les deux premières années, trois différentes missions mettent les participants SGP en situation dans plusieurs des environnements de travail de Siemens. Au moins une des missions se passe à l'étranger. Des séminaires de formation au cours de SGP couvrent des sujets tels que le management des activités, le développement de la personnalité, les principes du travail en équipe et les techniques de présentation.

Topaz : Programme pour étudiants

Ce programme d'étude est conçu pour construire ses compétences. Il comprend :

- une introduction fournissant les informations pertinentes et les contacts essentiels dans le groupe Siemens ;
- de nombreuses opportunités de se constituer un réseau personnel dans toute l'entreprise ;
- une grande variété de séminaires destinés à améliorer les connaissances techniques et les compétences relationnelles ;
- une assistance pour trouver un poste ou un stage approprié chez Siemens ;
- le journal d'information sur Siemens et des magazines d'entreprise ;
- un soutien individuel concernant les questions relatives à la formation et à la carrière avec l'aide d'un mentor individuel ;
- un conseil personnalisé concernant les études et un début de carrière chez Siemens.

DONNER AUX MANAGERS LA PERMISSION D'INNOVER

Depuis la fin des années 1990, la collaboration a été l'objectif principal des programmes de développement de management interne chez Siemens. Matthias Bellmann, ancien directeur de Siemens Management Learning explique le concept en profondeur dans son récent article de la Harvard Business Review « Libérer les managers pour qu'ils innovent »[111]. Il explique que Siemens s'est aperçu que changer le comportement des gens n'est pas tellement une affaire de connaissances supplémentaires, mais qu'il s'agit plutôt de les libérer des contraintes qu'ils se sont imposées et qui sont renforcées par des systèmes de récompenses. Les managers ont besoin de savoir qu'ils ont la permission de s'attaquer à des objectifs qui vont au-delà de leur poste ou de leur service. Les participants au programme MD travaillent en équipe sur des projets ayant un impact sur les activités et doivent s'attaquer en situation réelle aux problématiques de changement dans l'entreprise. Chaque équipe doit recruter un coach — c'est généralement un dirigeant de haut niveau dans le domaine retenu. Il est parfois plus difficile de s'assurer du soutien d'autres managers de Siemens qui pourraient être concernés par le projet.

LE GLOBAL COACHING PROGRAMME — GCP

Ce programme de coaching des divisions de Siemens est une partie importante de l'initiative visant l'excellence des personnels de Siemens. Elle s'adresse au « leadership intermédiaire », c'est-à-dire le management de niveau initial et moyen. L'EFMD a assisté Siemens pour concevoir le programme et elle aide les managers de Siemens à coacher leurs propres collaborateurs. Les participants ont aussi l'occasion de discuter avec les managers de haut niveau à propos de toute contradiction qu'ils pourraient percevoir entre les objectifs de l'entreprise et les besoins locaux, intégrant par là au mieux les valeurs communes. Dans une interview du bulletin de l'EFMD, les dirigeants de Siemens expliquent comment l'initiative CGP soutient la transformation culturelle. Ce programme est mené sur une période de six mois en trois modules de deux ou trois jours. L'accent est mis surtout sur le coaching — comment devient-on un bon coach ? —, sur la compréhension des gens — quelles sont leurs motivations ? — sur le management de la complexité, du changement rapide et de la diversité — comment en tirer profit ? — et sur la contribution du coach vis-à-vis des priorités stratégiques de l'entreprise.

37

ST University

ST Microelectronics University (STU) a été lancée en 1994 afin que les collaborateurs de ST disposent d'un institut de développement permanent. ST University emploie trente personnes à temps plein, soutenues par un réseau de plus d'un millier de formateurs et intervenants associés mais aussi par des consultants extérieurs et des institutions académiques.

MISSION ET OBJECTIFS DE STU

- STU encourage l'esprit et la réalité du développement permanent qui font maintenant partie intégrante de la culture et de l'expérience de l'entreprise.

- STU stimule et encourage le développement individuel dans la ligne des objectifs de l'entreprise, harmonisant les aspirations personnelles et professionnelles.

- STU promeut et renforce la culture de l'entreprise et des valeurs partagées.

- STU travaille en synergie avec les prestataires de formation de ST pour déterminer les principes de formation et les méthodes pédagogiques, en créant des occasions d'apprendre à tous les niveaux.

- STU se compare et adopte des références et des standards au niveau le plus élevé tant dans le domaine des semi-conducteurs que dans les autres champs industriels.

PRINCIPES DE BASE

Toute formation est le reflet d'un besoin réel. ST analyse les besoins globaux de formation, après quoi la stratégie pédagogique est alignée avec les besoins relatifs aux activités, au niveau de l'entreprise comme au niveau individuel. STU élabore tous ses programmes sur mesure pour pouvoir atteindre les objectifs stratégiques de l'entreprise et propose des formations ciblées liées à la carrière.

STU forme ST

L'une des forces de ST est de partager les connaissances et les expertises au sein de l'entreprise. Le personnel se voit offrir de nombreuses occasions de contribuer en tant qu'intervenant, formateur ou facilitateur. Au niveau individuel ceci constitue une mise en situation qui contribue à développer le leadership.

Synergie

En travaillant de concert avec la fonction formation de l'entreprise, STU est un vecteur d'optimisation et de partage des initiatives de formation développées dans le monde entier.

LES CAMPUS STU

Le campus central de STU est situé dans le sud de la France. Des branches régionales sont ouvertes aux États-Unis, à Singapour, en Italie et en Chine.

LES PROGRAMMES

STU propose des programmes dans les domaines énumérés ci-après.

Management

Quatre niveaux de programmes concernant le management sont proposés. Ils couvrent les bases et s'étendent jusqu'au management stratégique, ciblent la culture d'entreprise et développent les différentes compétences requises pour manager un domaine d'activités et les gens qui y travaillent. Des modules approfondissent les sujets, par exemple la stratégie, les ressources humaines, la communication, les finances ou le marketing.

Outils et méthodologie

STU coordonne des programmes complets pour apprendre à se servir des outils de l'entreprise et à appliquer ses méthodes. Le management des processus en activités, la résolution des problèmes d'équipe et le management des cycles ne sont que quelques exemples de ce qui est proposé.

Programmes fonctionnels spécifiques

Des programmes spécifiques à une tâche sont fondés sur les objectifs stratégiques et les compétences requises pour chaque fonction clé de l'entreprise. L'École des ventes et du marketing et l'École de la qualité, par exemple, proposent un programme à long terme permettant aux participants d'améliorer leurs résultats grâce à l'acquisition de nouvelles compétences liées à leur position actuelle et l'approfondissement des compétences déjà acquises.

Mastère en microélectronique

STU propose un diplôme accrédité, le mastère en Technologie de la microélectronique et en management de la production, en partenariat avec deux écoles d'ingénieur.

ST forme ST

Ce programme s'inscrit dans un processus de formation en cascade sur des sujets affectant l'entreprise tout entière. Il aide chacun chez ST à acquérir des compétences de formation professionnelle et propose des sessions de facilitation où l'on coache tout un chacun à enseigner de façon efficace. STU aide aussi le personnel à développer et à mettre sur pied le contenu d'un cours sur Internet ainsi qu'à utiliser le système de management de la formation sur Internet.

Programmes personnalisés

STU agit en tant que partenaire des entreprises ST pour élaborer des programmes, des ateliers et des séminaires personnalisés conçus pour un besoin particulier. Les sujets abordés jusqu'à présent sont la vision ST, l'innovation, le management de la chaîne d'approvisionnement, la prise de parts de marché, la réduction des coûts d'une unité et le management de projet. Ce genre de programmes est ouvert également à l'ensemble des partenaires, aux clients et aux fournisseurs. Les programmes couvrent alors des sujets tels que l'industrie des puces électroniques pour les analystes financiers et les cours disponibles sur Internet.

Les principaux bienfaits retirés de ST University (Figure 37.1) sont de simplifier la formation, améliorer la productivité, accroître l'efficacité, faire évoluer les activités et maîtriser le changement.

ST University	
Programmes	Contributions
• Management • Développement personnel • Outils et méthodologie • Tâches spécifiques et programmes diplômants • ST forme ST • Programmes personnalisés ST	• Formation simplifiée • Productivité améliorée • Efficacité accrue • Management du changement • Impact assuré et mesurable sur les activités

37.1 Programmes et bienfaits de ST University

38

Trilogy University

Trilogy University (TU) a démarré en 1995. Elle est née de l'imagination du président et directeur général de Trilogy, Joe Liemandt. Trilogy fournit aux entreprises des logiciels spécifiques à leur branche : l'automobile, la communication, le matériel informatique et l'assurance. TU est l'organisation de formation de Trilogy. Son but est :

   d'enseigner aux nouveaux embauchés les questions relatives à la technologie, aux valeurs, à la stratégie et la culture de Trilogy ;

   de leur donner les éléments pour réussir chez Trilogy.

Il existe trois universités Trilogy (Figure 38.1).

College Trilogy University TU	Industry Trilogy University ITU	Junior Trilogy University jTU
Programme d'immersion totale de trois mois assurant aux nouvelles recrues la transition entre leurs connaissances fraîchement acquises et les valeurs, la vision, les objectifs et la stratégie de Trilogy	Programme d'orientation destiné aux nouveaux embauchés, pour leur apprendre à réussir et à avoir un impact à Trilogy. C'est le PDG lui-même ainsi que le directeur général et les principaux acteurs chez Trilogy qui sont les intervenants	Université d'été qui s'attache aux nouvelles technologies, aux activités de Trilogy et aux clients, tout en travaillant sur des sujets concrets et réels ou problèmes étant survenus

38.1 Les trois universités Trilogy

Dans un récent article de la Harvard Business Review[112], Noël Tichy décrit de quelle façon TU sert de moteur R & D principal à l'entreprise et comment elle s'y prend pour développer les leaders de la prochaine génération :

le premier mois, les participants opèrent en groupes d'une vingtaine de personnes. Chaque groupe dispose d'un leader de section, une personne expérimentée de Trilogy qui sert de mentor individuel. Les pistes suivies sont conçues pour être des microcosmes des futures façons de travailler à Trilogy et les participants sont constamment évalués. Ce qui est plus important, les participants constituent des réseaux horizontaux dans l'ensemble de l'entreprise ;

le deuxième mois, les participants — la plupart ont autour de 22 ans, ils n'ont passé qu'un mois à Trilogy — prennent la responsabilité d'inventer le futur de l'entreprise. Par équipes de trois à cinq personnes, ils proposent une idée, créent un modèle pour cette idée, mettent au point les produits subséquents et développent le plan de marketing. Chaque équipe présente son innovation devant le directeur général Liemandt. Environ 15 % des projets survivent au-delà du mois de formation ;

le troisième mois, la plupart des étudiants continuent par des « projets diplômants ». Généralement, ces missions se passent dans les divers services de Trilogy. Les participants quittent TU par roulement, lorsqu'ils ont trouvé dans l'entreprise un sponsor qui veut bien les prendre dans son équipe.

DÉVELOPPEMENT DU LEADERSHIP

Trilogy possède un modèle de compétences leadership commun qui reconnaît la croissance du leadership au moyen de stages tout au long de la carrière. On met l'accent sur le développement par l'intermédiaire d'expériences clés et de missions, et le développement sur le tas est complété par du coaching, du conseil individuel et des interventions accompagnatrices ; ceci à des moments charnières dans la carrière : du diplômé universitaire au contributeur individuel (leadership par l'exemple), du contributeur individuel au manager (leadership par les autres), du manager au dirigeant (leadership par la vision).

39

Union Bank of Switzerland (UBS) (certifiée CLIP)

UBS *Leadership Institute*

Les discussions portant sur UBS Leadership Institute ont commencé en février 2002. Le haut management UBS a approuvé le concept en juillet de la même année et les premiers produits de l'Institut ont été donnés en août. Depuis sa conception, le Leadership Institute n'a pas été considéré comme une plateforme pédagogique en tant que telle mais plutôt comme un outil stratégique. L'Institut est situé à l'intérieur de l'Union Bank of Switzerland Corporate Center, et a été financé par elle.

Mission

Sa mission est de soutenir la vision de l'entreprise en tant que meilleure référence mondiale de services financiers.

Auditoire cible

Son défi est de créer un dispositif mettant en cohérence les dirigeants seniors avec la nouvelle stratégie UBS et de leur procurer des outils pour mettre en œuvre la vision de l'entreprise. Les clients de l'institut représentent les six cents personnes les plus éminentes de l'entreprise : le Group Executive Board (GEB), le Group Managing Board (GMB) et les Key Position Holders (KPH).

Le Leadership Institute opère sur une base virtuelle depuis deux endroits, Zurich et Stanford, en droite ligne avec la culture UBS, le travail d'équipe global virtuel et les processus de travail en réseau.

Pour son lancement officiel, la direction de la communication d'UBS s'est mise en partenariat avec l'Institut et a utilisé des notes personnelles, des vidéos et des articles spécialisés qui étaient d'origine interne comme externe, pour générer la première prise de conscience. De plus, un nouveau site web a été inauguré en même temps que le forum eBoardRoom pour les membres du GEB et du GMB.

Soutien en haut lieu et collaboration générale du groupe

Le PDG, le comité exécutif et le conseil de direction du groupe continuent de s'impliquer à fond dans la direction de l'Institut, ce qui a permis de passer rapidement du concept à la mise en œuvre dès l'inauguration. Les hauts dirigeants UBS s'expriment régulièrement lors d'événements que l'on appelle GLE pour Global Leadership Events. Les leaders seniors, quant à eux, participent activement en tant qu'intervenants ou à titre d'exemples. Mike Sweeney, directeur manager du Leadership Institute à Zurich confirme la puissance de cette formation à double sens.

L'engagement et le soutien des professionnels de la formation et du développement dans chaque secteur sont tout aussi vitaux. Chaque groupe possédant ses propres solutions gagnantes, la base commune a besoin d'être partagée pour que les leaders seniors arrivent au Leadership Institute avec des compétences comparables.

Aligner les Top 600

En se concentrant sur la clientèle cible définie, le processus existant de management des talents clés a été partagé. Pour cela on a créé une chaîne de produits, de processus et de programmes liés entre eux et complémentaires. Tout en se concentrant sur la vision de l'entreprise, la mesure de son efficacité est prise en compte dès le début.

Trois domaines clés de compétences propres à l'entreprise ont été identifiés sur lesquels on doit concentrer les efforts pour renforcer la puissance du leadership : l'attention portée au client, l'adoption d'un leadership entrepreneurial et le partenariat pour la croissance de l'entreprise. Par exemple, l'Expérience de leadership global (GLE) a été scindée en trois programmes qui ont lieu plusieurs fois par an. Au moins cinq membres du conseil participent à chaque programme en tant qu'intervenants, sponsors ou conseillers. Les participants sont invités par le comité exécutif. Chaque programme dure de trois à cinq jours.

Après les programmes de la famille GLE, on compte les ASF (Annual Strategic Forum), le conseil individuel et une Senior Leadership Conference tous les deux ans. Tous les programmes sont dotés d'un maximum de souplesse : en fonction des affaires courantes et des priorités, le thème des initiatives doit parfois être modifié à la dernière minute.

Lors de l'inauguration, le programme de conseil individuel était le suivant : les dix membres du GEB servaient de conseillers individuels aux cinquante membres du GMB. Cette approche réussie a maintenant été répercutée au niveau du leadership inférieur (Figures 39.1 et 39.2).

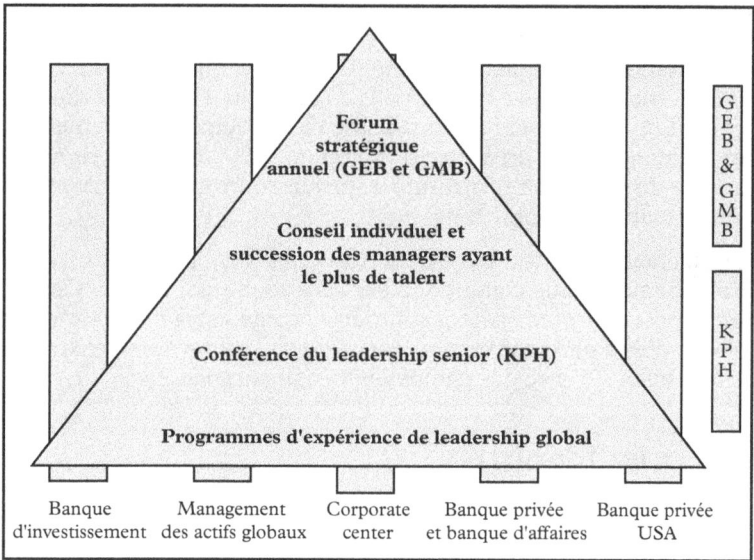

39.1 Système véhiculant les valeurs de l'UBS Leadership Institute

Centre de développement exécutif Wolfsberg

Le centre situé à Ermatingen est logé dans un château du 16ᵉ siècle entièrement équipé (près du lac de Constance). Son directeur est le professeur Prabhu Guptara. Le but du centre est d'appliquer l'expertise des universités et des conseils du monde entier aux besoins spécifiques d'UBS.

Les groupes de réflexion de Wolfsberg sont de petites réunions de dirigeants seniors qui débattent de sujets sélectionnés, guidés par un

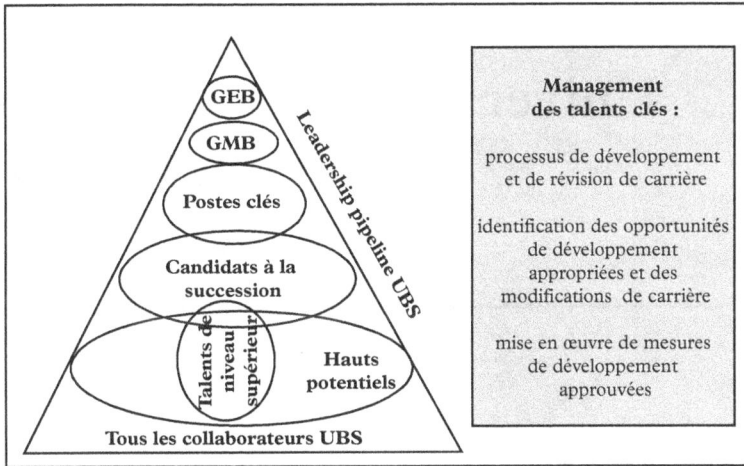

39.2 Management intégré des talents clés chez UBS

expert reconnu dans le domaine considéré. L'objectif est de développer des solutions innovantes grâce à des discussions interdisciplinaires. Les sujets ont été, entre autres : la stratégie, les fusions et les acquisitions, le marketing, les tendances globales et la gouvernance de l'entreprise. Les réunions de réflexion durent généralement une demi-journée, quoique la plus longue d'entre elles ait duré deux jours et demi. On peut trouver les rapports des groupes de réflexion sur le site web de Wolfsberg.

Une autre fonction importante du centre consiste à fournir un contenu spécialisé pour les ateliers, les séminaires et les conférences.

Les services de conseil du centre comprennent :

le conseil dans les domaines du leadership, du management, de l'organisation, de la stratégie et des TI, des ressources humaines ;

la conception du développement des dirigeants, qui peut être continu ou modulaire, et les programmes mettant en œuvre cette conception ;

un coaching individuel pour les hauts dirigeants ;

le management des connaissances, le développement organisationnel et la valorisation du capital intellectuel ;

l'amélioration du fonctionnement des équipes ;

la conception et la facilitation au niveau du conseil et d'autres réunions où la résolution des conflits, la prise de décision ou le brainstorming sont cruciaux.

40

Universidad Cooperativa Union Fenosa (certifiée CLIP)

MISSION D'UCUF

En juillet 2000, Union Fenosa a créé son université UCUF. Elle a été, à la base, conçue pour faciliter la formation du grand nombre de professionnels (plus de vingt-trois mille) travaillant dans le groupe et disséminés dans plus de quarante-cinq pays.

Sa mission est de promouvoir le développement permanent des gens d'Union Fenosa, d'aligner leur formation avec les nécessités de la stratégie des activités, tout en respectant le modèle de la culture de l'entreprise consacrée au développement de la connaissance.

Le campus principal de l'université d'entreprise est situé à Puente Nuevo à Avila, en Espagne. Un ancien site industriel a été rénové en 1995 pour devenir un centre de formation, et ce centre est devenu le campus UCUF en 2000, en même temps que tout un réseau d'autres centres de formation dans le monde. Le modèle du corps professoral d'UCUF est fondé sur l'utilisation massive des ressources internes du groupe. À la base, les formateurs sont au nombre de dix, et leur équipe est complétée par trente autres formateurs délocalisés pris dans l'ensemble du groupe Union Fenosa. À l'intérieur de l'université, il existe des écoles correspondant à chaque spécialité de l'entreprise et chacun de ses processus, ainsi qu'une école de leadership. 80 % des cours sont donnés par les managers et par les spécialistes eux-mêmes.

En 2004, 51 000 personnes au total ont été formées à UCUF, c'est-à-dire 84 % de tout le personnel. En moyenne, chaque collaborateur a participé à une formation de 45 heures par an. Au total, Union

Fenosa a investi 29,1 millions d'euros pour la formation, le développement professionnel de son personnel et le management de la connaissance du groupe.

LES PILIERS UCUF

Enseigner et apprendre par l'expérience : participation active des managers et des experts de chaque domaine à tous les stades du processus de formation avec vocation de détecter les besoins, de préparer des programmes spécifiques, d'enseigner dans l'université d'entreprise, de servir de coach pendant le travail, de réaliser le suivi et l'évaluation.

Aligner la formation avec les besoins générés par les diverses stratégies relatives aux activités, en utilisant des professeurs qui développent les compétences essentielles dans chaque domaine et qui font connaître à tous les meilleures pratiques.

Consolider la culture et les valeurs d'Union Fenosa dans un environnement international dédié au développement de l'activité en incluant dans chaque programme de formation un contenu spécifique qui contribue à diffuser une culture commune et des valeurs partagées.

Établir des partenariats avec les meilleures universités et business schools pour améliorer certains aspects spécifiques des programmes de formation et maintenir une politique active de recherche et de développement.

Introduire une culture d'évaluation pour assurer la qualité de la formation, en mesurant les résultats pratiques des activités pédagogiques, en calculant le retour sur investissement et en déterminant l'augmentation du capital intellectuel.

Développer des solutions de formation innovantes fondées sur les technologies avancées et incorporer les méthodes de formation virtuelles pour améliorer l'enseignement décentralisé.

Inclure les clients et les fournisseurs dans le domaine couvert par l'université, en considérant qu'ils sont des éléments essentiels de la chaîne de valeurs.

MANAGEMENT DU CAPITAL INTELLECTUEL

Le modèle UCUF du management du capital intellectuel identifie et trie les actifs incorporels stratégiques de l'entreprise en termes de capital humain (valeur des compétences des gens), de capital structurel (valeur de la culture du groupe, de la structure et des systèmes internes) et de capital relationnel (valeur des relations avec les clients et autres agents extérieurs). Il montre aussi de quelle façon ces trois sortes de capitaux communiquent. Il va jusqu'à intégrer la perspective d'un capital intellectuel susceptible d'améliorer les résultats financiers de l'entreprise et d'augmenter sa valeur financière (Figure 40.1).

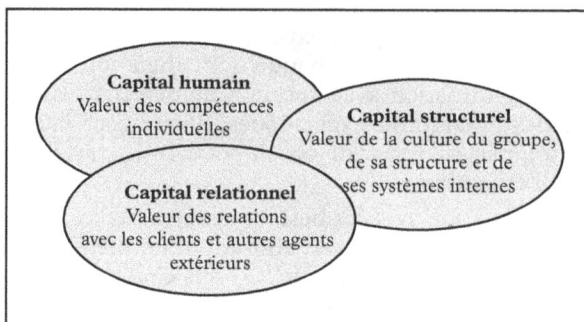

40.1 Modèle de management du capital intellectuel chez UCUF

ÉCOLE DE LEADERSHIP

La mission de l'École de leadership est d'améliorer les compétences professionnelles chez Union Fenosa tout en relevant le défi constituant à manager les ressources humaines et celles des activités, sans oublier pour autant les valeurs qui constituent la culture d'Union Fenosa. À cette fin, UCUF développe des programmes spécifiques portant sur les facteurs cruciaux des dimensions du leadership d'Union Fenosa listés ci-dessous tout en appliquant les combinaisons optimales de méthodes :

- enseigner et apprendre par l'expérience ;
- qualité du management ;
- service clients ;
- initiative et leadership ;
- orientation changement et innovation ;
- travail en équipe ou en réseau.

Les valeurs de l'entreprise comportent quatre comportements expliquant ce que ces valeurs signifient pour Union Fenosa. Chaque comportement est affecté d'un cours en ligne et de trois niveaux de cours en salle de classe : cours de base, cours intermédiaire ou cours avancé afin de développer les compétences requises pour déployer ces comportements.

University for Lloyds TSB

L'University for Lloyds TSB ou UfLTSB a été lancée en juillet 1999, après la fusion de la banque Lloyds et du groupe TSB.

STRUCTURE

L'University for Lloyds TSB fait partie de la direction des talents et de la formation au sein des ressources humaines. Cette direction dépend du directeur des ressources humaines du groupe. Et ce directeur est lui-même membre du comité exécutif. Tout ceci assure l'alignement de la formation avec toutes les stratégies dans quelque domaine que ce soit. L'apport des hauts dirigeants est utile pour définir le contenu des programmes et mettre l'accent sur les aspects opérationnels qu'il est nécessaire d'approfondir. Les cours eux-mêmes sont organisés par discipline, par exemple le Management, les TI et les opérations, ce qui en facilite l'accès.

L'Université pour Lloyds TSB comprend entre autres :

le centre de management de carrière. Celui-ci fournit des informations, des conseils et une orientation de carrière, y compris un coaching de carrière individuel et des plans de formation dans un grand nombre de domaines et de fonctions. Ces plans sont conçus pour aider les projets du personnel et des managers opérationnels et le suivi de leur développement. Ils combinent les opportunités de développement formelles dispensées par l'Université et la formation « sur le terrain » ;

le programme de développement pour les managers et les leaders. Il met l'accent sur le développement des compétences de leadership à travers le groupe, il soutient les pools de talent et il fournit des conseils, des supports de cours, des cours et des ressources. Il propose un choix de références de formation et de matériels didactiques, allant du Balanced scorecard au management et à l'amélioration des performances ;

des sujets d'étude variés et nombreux. Entre autres : le service clients, la communication, le marketing, la technologie de l'information, le management, les nouvelles initiatives et les ventes.

UN ACCÈS POUR TOUS

Des sites web complets sont fournis sur l'intranet — ce qui représente vingt mille PC connectés —, ainsi que sur le site Internet. En outre, le personnel peut accéder au Human Resources Call Center. Ce centre, composé de consultants en formation expérimentés, peut fournir des conseils et un suivi sur le développement et tout ce qui a trait aux carrières.

Plus de deux mille PC multimédias donnent accès à des moyens d'apprendre plus longs et plus complexes. Le matériel d'étude à distance est très varié et couvre de nombreuses matières. Il existe deux centres de formation sur site et des centres locaux. L'Université pour Lloyd TSB prend soin de la grande variété de besoins pédagogiques et veille à ce que les préférences personnelles soient satisfaites.

42

Volkswagen Coaching
(certifié CLIP)

Volkswagen Coaching a été fondé en janvier 1995. Son siège social est à Wolfsburg en Allemagne. Plus de huit cent cinquante collaborateurs en six endroits différents ont généré un chiffre d'affaires de 137 millions d'euros en 2003, ce qui couvre 4 100 interventions pour environ 36 000 participants chaque année.

Volkswagen Coaching GmbH fournit une large gamme de services dans le domaine de la formation continue, le développement du management et le conseil. Étant une filiale de Volkswagen AG, l'organisation est aussi responsable de la formation professionnelle à l'intérieur de Volkswagen AG.

PROGRAMMES

Volkswagen Coaching propose une large gamme de programmes professionnels et techniques :

les séminaires de Volkswagen Coaching GmbH permettent aux collaborateurs de perfectionner leurs compétences dans de nombreux domaines ;

en coopération avec la chambre d'industrie et de commerce, de nombreux cours orientés carrière ou formation à plein-temps sont proposés, par exemple formation de formateur, chef de service, chef d'équipe, manager technique.

Programmes de développement des jeunes managers

Jump Junior Management Programme. Le but de ce programme est le développement intensif des jeunes collaborateurs VW. On met au point les plans de développement en se fondant sur des évaluations de potentiel conçues pour les spécialistes et les carrières. À partir de ces plans les futurs managers suivent un programme de développement pratique au poste et en dehors, par exemple ils effectuent des rotations de poste et une mission de six mois sur un projet interdisciplinaire.

International Leadership Programme (iLead). Ce programme est destiné aux managers à fort potentiel pour les préparer à une carrière internationale. iLead est un programme de développement de leadership international de six mois qui rassemble des managers du groupe Volkswagen du monde entier et leur permet d'agir en réseau en visant particulièrement trois aspects du leadership : maîtrise personnelle, leadership et management des activités.

Group Junior Executive Programme (GJEP). Ce programme tourne depuis 1993 et s'adresse à trente à trente-cinq managers seniors chaque année. Les critères de sélection sont les suivants :

– haut potentiel de développement permettant de devenir un dirigeant ;

– excellentes performances sur une base permanente ;

– deux ans d'expérience au moins dans le management de projet ou de personnel ;

– ouverture à d'autres cultures ;

– haut niveau d'orientation clients ;

– bonne maîtrise de l'anglais.

Ce programme dure en tout neuf mois et sa partie essentielle est un développement fondé sur un enseignement de type action learning. Le travail sur un projet est complémenté par trois modules en séminaire qui durent chacun de quatre à huit jours et qui ont lieu de façon internationale dans des endroits variés.

Group Executive Forum (GEF). Ce forum regroupe les hauts dirigeants du groupe Volkswagen pendant quatre jours chaque année afin d'apprendre et de travailler sur des sujets propres au groupe. Le but est de développer une vision commune, des objectifs, des stratégies et des valeurs propres au groupe Volkswagen. Chaque année, quatre ou cinq forums sont conduits dans des endroits divers choisis de façon internationale et quarante à cinquante hauts managers y participent.

Développement du management	Développement de l'entreprise
• Développement de carrière • Formation au management • Développement des dirigeants du groupe • Coaching	• Management de projet • Consultance Volkswagen • Stratégie des connaissances et de la formation • Management des idées • Management du changement • Équilibre travail-famille • Initiatives sur le marché du travail

42.1 Volkswagen Coaching comporte deux unités qui concernent le développement du management et celui de l'entreprise

AUTOUNI

En 2002 Volkswagen a fondé AutoUni qui fait partie de Volkswagen Coaching. AutoUni est une institution internationalement reconnue de formation pour des personnes déjà diplômées ayant un profil scientifique. Cette institution fonctionne comme un forum mettant en contact les compétences et les cultures présentes chez Volkswagen AG.

Le but d'AutoUni est de faciliter le développement de la personnalité et des compétences, de fournir une large base de sujets et de matières de recherche et en conséquence de développer les connaissances relatives à la concurrence et de transférer ces connaissances à l'entreprise. AutoUni fonctionne en partenariat avec des universités et des institutions techniques, localement, nationalement et internationalement, parmi lesquelles l'IESE, l'Insead, le MIT et Hong Kong University of Science and Technology.

AutoUni est divisé en plusieurs écoles (Figure 42.2), L'École d'économie et de business, l'École de science et technologie et l'École de culture générale et des sciences sociales. Il existe aussi des départements transversaux orientés processus qui sont : culture de l'entreprise et valeurs, formation stratégique et technologique.

AutoUni		
CULTURE ET VALEURS DE L'ENTREPRISE		
STRATÉGIE ET TECHNOLOGIE DU DÉVELOPPEMENT		
ÉCOLE D'ÉCONOMIE ET D'ADMINISTRATION DES AFFAIRES	ÉCOLE DE SCIENCE ET DE TECHNOLOGIE	ÉCOLE DE CULTURE GÉNÉRALE ET DES SCIENCES SOCIALES

42.2 Organisation d'AutoUni

Au début du semestre de l'automne 2005, AutoUni va proposer son premier cours d'étude : Mastère en moyens de transport durables. D'autres cours sur le leadership global et l'excellence organisationnelle suivront.

Cinquième partie

NOURRIR L'INNOVATION : LIBÉRER L'ÉNERGIE POUR APPRENDRE

La créativité et l'innovation ont des significations différentes selon l'environnement. La capacité de créer, de réaliser quelque chose d'original, d'apporter des changements, d'introduire de nouveaux éléments, tout cela est contenu dans ces deux mots, mais ils contiennent beaucoup plus encore.

La créativité est l'un des plus puissants ingrédients de l'excellence.

Une économie industrielle post taylorienne cède la place à l'économie créative.

La force la plus importante de l'entreprise du 21e siècle est la puissance croissante des idées.

Sortir son idée d'une boîte, ne suffit plus, et il faut de « nouvelles boîtes ».

L'argent, il y en a. Mais les bonnes idées… font défaut. Il y a des chances que les financiers perdent de leur influence… au profit des gens entreprenants et des collaborateurs qui ont de bonnes idées.

À l'âge de l'information, on se repose sur la matière grise et sa compétence.

La voie du futur, ce n'est pas seulement la maîtrise des coûts, c'est bel et bien l'innovation.

La capacité d'innover est devenue un avantage clé dans la compétition.

Andrew Mayo[113] a écrit un ouvrage intitulé The Human Value of the Enterprise. Selon lui, pour innover il faut :

que chaque personne de l'entreprise accepte le changement et soit prête à changer ;

un acharnement continuel à améliorer les méthodes ;

la volonté d'expérimenter et d'explorer de nouvelles méthodes, de nouveaux fournisseurs, de nouvelles technologies ;

l'ardent désir d'apprendre des autres ;

la création de nouveaux marchés et de nouveaux clients ;

l'établissement de nouvelles relations et de nouveaux partenariats ;

des approches nouvelles et variées relativement à l'entreprise, le management et la mesure de la performance.

Dans le contexte que nous venons de décrire, nous n'allons pas, dans cette cinquième partie, disserter sur les frontières de l'innovation et de la créativité. Nous allons nous attacher aux individus et aux entreprises, et nous allons voir comment la créativité et l'innovation peuvent accélérer le développement si on ne les freine pas (Figure V.1).

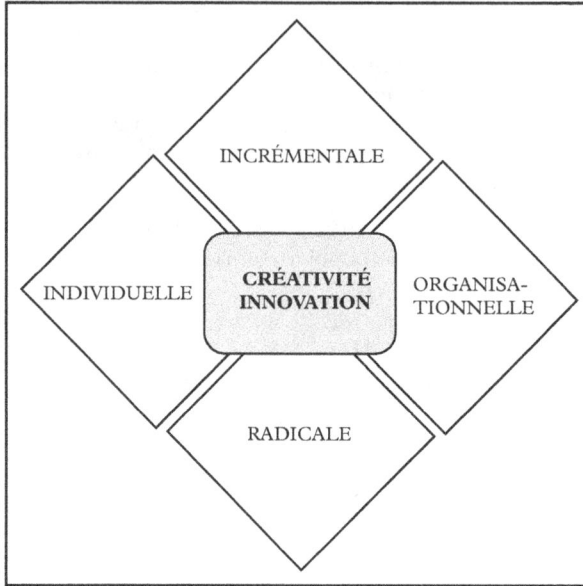

V.1 L'innovation, la créativité

Car les idées fraîches sont une précieuse devise pour notre économie. Les managers, aujourd'hui, doivent être beaucoup plus entreprenants. Ils doivent aussi être capables d'affronter une innovation marginale et radicale. Maurice Lippens, président du groupe Fortis, a souvent répété ce qu'il pense : l'innovation est en train de générer une attitude de non-conformisme, elle met en avant ceux qui osent et que l'on considère souvent comme fous. Ces innovateurs ne produisent pas seulement de nouveaux concepts, ils poursuivent avec passion de nouveaux chemins pour faire des affaires et, il est vrai, la confusion fait aussi partie du processus. Nous allons nous référer encore une fois à Gary Hamel[114] : « La hiérarchie s'établit normalement selon l'expérience, mais ce dont nous avons besoin, c'est de hiérarchiser selon l'imagination. » Et pour finir avec la parole d'un gourou, écoutons Shunryu Suzuki[115]. Il est connu pour avoir dit : « Le débutant voit en esprit de nombreuses opportunités. Mais l'expert, lui, en voit peu. »

43

La créativité individuelle

La créativité est la plus critique des qualités humaines. La capacité comme celle de l'enfant à voir les choses sous un angle nouveau, de recombiner des éléments disparates d'une façon nouvelle qui pour son créateur a un sens, est la marque de la créativité. Les gens très créatifs associent les éléments de manière inhabituelle. Ils peuvent s'attacher cependant plus au processus créatif qu'à ses résultats concrets. Les qualités d'observation, de courage, de passion, d'humour et d'espièglerie sont des éléments nécessaires pour pénétrer dans cette zone inconnue — peut-être légèrement inconfortable.

La capacité d'improviser, de se concentrer seulement sur le moment présent et le courage d'agir spontanément sont des ingrédients fondamentaux de la créativité. La recherche, à l'heure actuelle, a démenti l'assertion selon laquelle les émotions sont les ennemies de la raison. L'émotion pousse à l'attention, elle pousse aussi à apprendre.

Les entreprises font certainement grand cas de l'innovation, mais les managers n'ont pas toujours leurs bonnes idées au bureau ou pendant des séminaires. Demandez-leur où ils ont trouvé leur dernière idée : en prenant leur douche, dans un embouteillage, en faisant la vaisselle ou au moment de mettre les enfants au lit. Voilà la clé : ils étaient détendus. Leur esprit pouvait vagabonder. C'est en tout cas ce que dit Liz Mellon, de la London Business School. Parallèlement l'intuition, l'instinct, les pressentiments, sont de plus en plus considérés comme une forme réelle de connaissance. L'inspiration vient sous différentes formes, nombreuses, et elle emprunte beaucoup de voies, qui ne sont pas les mêmes pour tout le monde.

Il faut remonter à 1440 pour trouver une trace du mot « innover ». C'est le français médiéval qui emploie le mot « innovation » et lui donne le sens d'une « nouvelle façon de faire les choses ». L'innovation peut toujours être soutenue par des méthodes, mais jamais réduite à un système. « L'innovation, dit Tom Peters[116], est un sale boulot : c'est comme lorsque vous brassez de la bière : l'odeur n'est pas bonne, mais le résultat, lui, est excellent ».

Produire l'étincelle : pour cela il y a une méthode en cinq étapes. Mais s'il n'y a rien à l'intérieur du cerveau où elle se produit, elle sera purement décorative. Voici une liste de qualités nécessaires pour que l'on décide si l'on est en face d'un innovateur[117] :

- il remet en cause le statu quo ;
- il est curieux ;
- il est motivé ;
- il est visionnaire ;
- il veut bien considérer ce qui semble improbable ;
- il prend des risques ;
- il saute d'une chose à l'autre ;
- il est espiègle et plein d'humour ;
- il s'accepte tel qu'il est ;
- il est souple, il sait s'adapter ;
- il fait des associations nouvelles ;
- il réfléchit ;
- il reconnaît et re-connaît les modèles ;
- il tolère l'ambiguïté ;
- il aime apprendre ;
- il équilibre son intuition par son analyse ;
- il sait collaborer lorsqu'il est mis en situation ;
- il s'exprime de façon explicite ;
- il retombe sur ses pieds ;
- il est persévérant.

De toute façon, l'innovation est devenue une obligation. Elle est nécessaire pour attirer de nouveaux clients ou satisfaire des besoins qui n'avaient pas été explicités jusque-là. Après le QI, qui mesure l'intelligence, et le QE, qui mesure les émotions, il existe une intelligence encore plus profonde, c'est l'intelligence de l'esprit. Et celle-ci est purement humaine. On peut mesurer le QI d'un ordinateur ou le QE d'un mammifère supérieur, mais seul l'homme a une dimension spirituelle. Par exemple, une retraite sous forme d'atelier organisée dans l'Himalaya par la Cranfield School of Management du Royaume-Uni permet aux participants d'explorer les principes et pratiques de l'intelligence de l'esprit. Chaque jour on combine des exercices de méditation sous supervision et des échanges à propos d'activités faites à l'extérieur. Une recherche élargie fait ressortir dix caractéristiques de cette conscience plus profonde, entre autres :

* la prise de conscience de soi ;
* la spontanéité ;
* la réflexion et le questionnement ;
* la poursuite de visions et de valeurs ;
* la reformulation de problèmes et la réitération d'une occasion ;
* l'enrichissement de sa propre puissance mentale ;
* l'utilisation de ses échecs, de ses déceptions et de ses erreurs.

Victor Friedman[118] sait nous convaincre lorsqu'il dit que l'individu agit en tant qu'agent du développement organisationnel, se référant pour cela au concept de March et Olsen. Ceux-ci définissent le développement organisationnel comme un processus cyclique qui lie la pensée de l'individu à l'action individuelle, à l'action organisationnelle, à la réponse de l'environnement qui revient à la pensée de l'individu.

L'étude annuelle de Roffey Park sur les lieux de travail — le Management Agenda 2003 — confirme qu'il y a a 47 % des managers qui recherchent un plus grand sens à leur vie. Des entreprises connues comme la World Bank, Volkswagen, Ericsson et Kraft ont pris l'initiative d'aligner les valeurs personnelles de leurs employés avec celles de l'entreprise. Le but est une motivation plus profonde ainsi qu'une conscience organisationnelle améliorée. Les promoteurs de l'approche spirituelle déclarent que les entreprises qui s'appuient sur la connaissance doivent prendre au sérieux la maturité psycho-spirituelle et émotionnelle de leurs employés, tout autant qu'ils le font pour leurs capacités intellectuelles. Mais, certains experts estiment que les entreprises n'ont pas le droit de pénétrer dans le domaine spirituel de leurs employés.

Dans l'ouvrage Les nouvelles réalités qui date de plus de dix ans, Peter Drucker[119] propose plutôt l'idée suivante : gouverner les connaissances fait penser au travail de chef d'orchestre symphonique. Et Benjamin Zander, qui est bel et bien le chef d'orchestre du Boston Philarmonic Orchestra est connu dans le monde entier comme un « motivateur d'entreprise ». Lorsque Zander propose un « exercice de transformation » aux dirigeants d'une entreprise, ce qu'il cherche réellement, c'est amener ces personnes à voir la vie sous un autre angle. M. Zander estime à quelque 250 000 le nombre de personnes qui, depuis la fin des années 1980, ont participé aux sessions qu'il a organisées. Parmi eux on compte des hauts dirigeants de chez Compaq, British Airways, GlaxoSmithKline. Il confirme dans une récente interview[120] accordée au *Financial Times* que comprendre la musique apporte de l'énergie et fait jaillir de nouvelles idées qui, sans cela, seraient supprimées. Ouvrir l'esprit au large registre d'idées véhiculées par une symphonie peut débloquer des émotions profondes. Il ajoute que les entreprises utilisent de plus en plus les métaphores de la musique pour faire passer des messages sur la « responsabilisation » et « le grandissement des collaborateurs ». Peut-être peut-on employer le terme « rayonnement de possibilités » pour désigner ce processus. L'IESE[121] a conduit des recherches sur les tendances en matière d'entreprise de 200 managers d'ABN-Amro. Le résultat de ces recherches amène à penser que les managers vont être plus entreprenants lorsqu'ils ont l'impression d'avoir accès aux ressources et qu'ils reçoivent un soutien approprié de la part de leurs pairs et de ceux qui les supervisent. Contrairement aux conclusions d'autres recherches, cette étude révèle que les caractéristiques cognitives et émotionnelles d'un individu n'affectent pas directement son comportement en entreprise. Cependant, elles sont critiques en ce qui concerne la perception du manager quant à l'envergure de son champ d'action.

L'ART POTENTIALISATEUR

La plupart des exercices destinés aux dirigeants concernent l'analyse rationnelle et la prise de décision rapide, notamment dans le cas où la personne est sous pression. Lorsqu'elle se concentre tout spécialement sur la créativité, l'éducation (de e-ducere, sortir du moule) peut intervenir au travers du théâtre, de la musique, de la peinture, et même du cirque. Par exemple, où trouve-t-on une harmonie parfaite entre les performances du groupe, de l'organisation et de l'individu ? De grands cirques comme Zingaro et le Cirque du Soleil font preuve de leadership intégré tous les jours. Roland Vermeylen dans son ouvrage *Salto humano* montre qu'il y a beaucoup à apprendre, pour les managers des RH, de la part des directeurs de cirque : la prise de risque, le courage, le soutien, la confiance, la passion, un planning méticuleux, l'énergie... Il est nécessaire, pour que le cirque tourne et réussisse, de faire passer en cascade des choses pleines de sens, de s'adresser aux gens selon leurs propres forces spécifiques et de permettre à chacun de montrer et donner ce qu'il a de meilleur. Et, bien sûr, de se soucier vingt-quatre heures sur vingt-quatre de chacun de ceux qui ont leur place dans cette communauté particulière.

Les universités d'entreprise choisissent des plateformes très diverses pour enseigner. Depuis le milieu des années 1990, la tendance croissante est le développement personnel, en dehors des salles de cours. Cet enseignement réalisé en extérieur peut prendre de nombreuses formes et, très fréquemment, c'est par l'intermédiaire de l'art que les stagiaires apprennent. La Cranfield School of Management a mis sur pied le Praxis Centre pour aider les décideurs dans le domaine de l'efficacité personnelle. Au Shakespeare's Globe Theatre à Londres, Cranfield apprend aux dirigeants les techniques de l'art dramatique. Shakespeare, par exemple, peut beaucoup leur apprendre en tant que leaders au sein d'un perpétuel changement, comme dans *La Tempête* qui est un conte fantastique sur la transformation — nous le verrons plus tard. Dans Henry V, Shakespeare les emmène dans une autre sorte de voyage : là, ils côtoient un leader tout au long de son projet, de telle sorte que non seulement ils comprennent ce que les gens pensent des leaders en général, mais encore ce que les leaders pensent d'eux-mêmes. Henry V est une pièce en cinq actes. À l'acte I, Henry V définit sa vision et son projet, il amène les autres à les accepter et il négocie un moyen d'y arriver. À l'acte III, il se jette dans la bataille et rencontre des obstacles, tout en continuant de motiver ses troupes. Puis il bute sur un obstacle encore plus énorme sur le champ de bataille d'Azincourt, le voici encerclé par une armée beaucoup plus nombreuse que la sienne. À l'acte IV, on voit comment Henry V gère ce problème.

Un autre exemple, celui du film de James March, *Don Quixote Leadership Film* — Don Quichotte avait une forme très particulière de leadership, celle de l'utopie créative. Ou celui de Miha Pogacnik qui pratique lui aussi le concept de l'art pour le développement organisationnel. Il démonte de grandes œuvres musicales comme la Fugue en si mineur de Bach pour montrer comment se développent la vie humaine et les organisations humaines. Ged Davis, vice-président exécutif de Shell International raconte qu'il « était très intrigué par cette approche ». Il continue : « alors nous avons utilisé la musique pour faire tomber les barrières interdisciplinaires ». Ainsi, on a redécouvert la musique en tant qu'outil efficace de motivation. Des entreprises comme PricewaterhouseCoopers, IBM, Ericsson ou la Deutsche Bank ont leur propre hymne d'entreprise. Ceux qui y croient disent que chanter tous en chœur le matin donne du punch et unifie les forces au travail.

Les exemples ne manquent pas, on peut citer encore l'ouvrage The Heart Aroused[122] qui mêle les questions de poésie et d'entreprise. L'auteur David Whyte organise des ateliers Poésie et rôle de l'âme pour nous protéger sur le lieu de travail. Des entreprises comme AT & T, Accenture, Kodak ou Unilever y souscrivent. Le travail n'est pas, et n'a jamais été le centre unique de l'univers humain. Whyte remarque ce que l'âme de chacun recherche : prendre soin de soi et survivre aux pressions de l'emploi du temps et de l'ambition. Il invite les managers comme les employés à démontrer plus de créativité, amenant ainsi tout doucement le monde de l'entreprise là où précisément doivent naître le dévouement, la créativité et l'adaptabilité, cet endroit turbulent où l'âme d'un individu se forme et trouve son expression. « C'est pourquoi les entreprises doivent respecter les âmes des individus qui travaillent pour elles », conclut Whyte. Dans cette même veine, des entreprises qui se sont fait un nom travaillent avec le batteur nigérian Onye Onyemaechi, afin d'explorer le sens plus profond du travail. Ou encore on trouve la Cranfield School of Management au Royaume-Uni travaillant en partenariat avec le Wihan Quartet de Prague. Pourquoi ? La Cranfield School of Management considère que, la musique de chambre étant le fin du fin en matière de travail d'équipe, des concerts donnés pour son personnel et ses étudiants devraient fournir un excellent modèle pour cultiver les compétences d'équipe. Ce partenariat créatif est une idée du professeur Simon Majaro[123]. Celui-ci, autorité reconnue dans le domaine de la créativité managériale, dit la chose suivante : « Le lieu focal d'où procède la force de l'innovation, dans quelque entreprise que ce soit, ce n'est pas seulement la créativité des individus, mais la combinaison de leur créativité avec l'environnement d'une entreprise qui stimule le processus de création ».

Les entreprises, partout dans le monde, clament bien haut qu'elles recherchent des personnes qui innovent. Oui, mais… il est bien difficile de définir le talent créatif, encore plus de le mesurer, et qui nous indiquera les outils qu'il doit utiliser ? En 2002, cependant, un « indicateur de potentiel d'innovation » a été rendu public. On demande aux candidats de donner une note d'accord ou de désaccord sur 36 propositions[124]. Par exemple, « j'essaye de ne pas me laisser embarquer dans des problèmes pour lesquels je n'ai pas de solution bien définie », « il arrive que l'on me critique pour mon manque de discipline dans ma façon d'aborder le travail », « j'ai tendance à adapter les bonnes vieilles méthodes plutôt que d'échafauder de nouvelles idées », ou encore « je n'essaye jamais une nouvelle idée si on ne m'en a pas donné l'autorisation ». Le but du test est de mesurer la curiosité intellectuelle du candidat et de déterminer sa hardiesse en matière d'innovation. Ceux qui l'utilisent depuis le début confirment son utilité en tant qu'outil de développement, surtout pour identifier les besoins en formation et pour déverrouiller la créativité latente.

Raconter des histoires — et ceci aussi a été testé — est un autre moyen pour optimiser le développement organisationnel. Dave Snowden, du Cynefin[125] Centre est convaincu que transposer un problème sous forme de fiction libère de nouvelles idées. Raconter des histoires engage les gens de façon beaucoup plus convaincante que les mémos classiques ou les diapos, tout simplement parce que les émotions sont impliquées. Parmi les styles d'histoires, il y a la « pre-mortem »[126] : on imagine que le projet a échoué et on rassemble l'équipe pour comprendre ce qui n'a pas marché.

44

La créativité organisationnelle

Le partage des connaissances est la clé de l'innovation et de la créativité. Mais l'innovation ne peut être dictée, elle ne peut pas non plus être managée : tout ce qu'il est possible de faire est de lui créer un contexte propice. Dans leur ouvrage The Global Challenge, international HRM, les auteurs Evans, Pucik et Barsoux discutent d'un tel contexte et des moyens de le créer.

Voici comment s'articule leur approche :

- le choix des gagnants (ils se fondent sur la théorie de l'évolution) ;
- le besoin d'un management à géométrie variable pour satisfaire les divers besoins d'initiation, de développement et de commercialisation ;
- la construction d'un capital social relationnel et entrepreneurial ;
- ce que signifie pour les RH de se focaliser sur une connaissance à valeur ajoutée ;
- les mécanismes intra et extra-organisationnels favorisant l'innovation.

De plus, les auteurs soulignent les tensions et les paradoxes inhérents à l'aventure innovatrice.

D'autres ont une approche différente. Le soutien de l'innovation, disent-ils, favorise le développement organisationnel sous la forme d'un « cycle de partage et d'échange des connaissances ». Dans leur article relatif à la construction d'une machine à fabriquer des idées[127], les auteurs font quatre suggestions :

1. capter les idées à une très grande variété de sources ;
2. garder ces idées vivantes en en discutant et en les utilisant ;

3. imaginer de nouveaux usages aux idées anciennes ;

4. transformer les concepts prometteurs en services réels ou en modèles utiles.

Accenture apporte une lumière intéressante sur ce quatrième et dernier point dans une étude récente[128]. Après avoir interrogé 350 dirigeants, l'image qui s'en dégage est que l'innovation est considérée comme tout à fait critique par rapport aux avantages que l'on a en compétition. Voyons-le en détail :

- les directeurs généraux n'ont pas l'impression qu'on manque de nouvelles idées ;

- la plupart du temps, moins de 20 % des nouvelles idées sont commercialisées ;

- 75 % des interrogés ont un programme pour encourager l'innovation ;

- des programmes d'évaluation des résultats sont en général utilisés pour encourager l'innovation ;

- 42 % des entreprises mesurent l'innovation en termes de revenus, 28 % ne le mesurent pas du tout ;

- pour la plupart des entreprises (55 %), les R & D comptent pour moins de 10 % dans les dépenses globales d'innovation ;

- les trois quarts des entreprises ont un processus bien défini pour décider quelles idées il faut mettre en œuvre ;

- les ressources pour la mise en œuvre sont la principale contrainte identifiée par les PDG pour l'innovation. L'obstacle majeur est le manque de personnes disponibles pouvant être libérées, puis vient le manque de personnes compétentes et la nécessité de développer de nouvelles compétences.

Dans le rapport « Les bonnes idées ne suffisent pas »[129], on trouve des solutions pour augmenter le retour des innovations. Il faut, dit ce rapport, améliorer le contexte pour qu'il y ait innovation et utiliser des sources extérieures pour muscler l'exécution de l'innovation [climat novateur]. Des entreprises comme 3M et Sun Microsystems impliquent les clients et les fournisseurs afin de créer avec eux et de mettre en œuvre les innovations. En 1996 déjà, Skandia, compagnie d'assurances suédoise, a mis sur pied une série de centres du futur où ses employés — et les autres — étaient invités à spéculer sur le futur de Skandia ainsi que sur les marchés où l'entreprise est présente[130]. Ces centres stimulent l'innovation et encouragent le développement du capital humain à l'intérieur de l'entreprise. Le centre établi par Leif Edvinsson, qui était alors directeur de Intellectual Capital, est devenu un prototype pour plusieurs entreprises européennes qui ont eu des initiatives similaires.

Éléments d'un climat novateur[a]

- Défi
- Diversité
- Orientation sur le futur
- Management des connaissances
- Environnement régional et national
- Structure organisationnelle
- Espace physique
- Processus soutenant la spontanéité
- Systèmes de reconnaissance et de mise en valeur
- Stratégie
- Espace technologique et virtuel
- Temps
- Tolérance au risque
- Venture Capital

a. D'après Ron Dvir & Edna Pasher, « How to Create a Climate for Innovation ».

D'une façon générale, il s'agit de partager ce que l'on a dans la tête et dans le cœur. Ce sont bien les émotions qui procurent le soubassement de motivation cruciale nécessaire aux organisations pour apprendre, renouveler, réinventer. Dans un récent article du Financial Times[131], on décrit extensivement une méthode pour analyser la personnalité d'une entreprise. Cette méthode suit de près le Myers-Briggs Type Indicator. Elle catégorise les entreprises en quatre types : rationnelle, harmonisatrice et sympathique, pragmatique, idéaliste.

IDENTIFICATION D'UN CLIMAT D'INNOVATION

Plus loin nous examinerons plusieurs cas d'entreprises créatives. 3M, ABB, Oticon nous apprendront que les idées doivent être traitées avec respect, qu'il ne suffit pas de centres de créativité ou de managers de l'innovation. On commence à débloquer la créativité de l'entreprise lorsque l'on comprend que le climat créatif doit se trouver sur le lieu de travail — en identifiant les éléments qui encouragent ou découragent les employés quand ils travaillent et ceux qui provoquent ou inhibent l'innovation. Toute approche visant à provoquer l'innovation passe par les relations entre les personnes et l'on doit utiliser des mécanismes internes et/ou externes. On utilise souvent le questionnaire SOQ pour Situational Outlook Questionnaire (« situation et environnement ») pour mesurer le climat vis-à-vis de la créativité et du changement. Cet instrument mesure neuf dimensions[132] :

1. défi et participation ;
2. liberté ;
3. confiance et ouverture ;
4. temps pour les idées ;
5. sens du jeu et humour ;
6. conflits ;
7. soutien des idées ;
8. débat ;
9. prise de risque.

Le défi et la participation concernent le degré d'implication dans les opérations quotidiennes, les objectifs à long terme et la vision. Le climat ambiant devrait être dynamique, tonique, inspirant.

La liberté désigne l'autonomie de comportement. Dans un climat de liberté, les gens sont autonomes dans la définition de leur travail.

La confiance et l'ouverture sont la preuve d'une stabilité émotionnelle dans les relations.

Le temps pour les idées est le temps disponible — et utilisé — pour élaborer de nouvelles idées. Dans une situation favorable, il existe des possibilités de discuter et de tester les nouvelles manières et les suggestions toutes fraîches que l'on n'avait pas prévues au plan et pas demandées explicitement.

La gaieté et l'humour mesurent la spontanéité et l'aisance perçues dans l'entreprise.

Les conflits décèlent la présence de tensions personnelles, interpersonnelles ou émotionnelles — différentes cependant de celles qui existent lors d'un débat.

Le soutien des idées concerne la façon dont les nouvelles idées sont traitées. On devrait leur ménager des possibilités d'être testées.

Le débat suppose des rencontres, des échanges, des oppositions entre les points de vue, les idées, les expériences différentes et les connaissances. Dans une entreprise où le débat existe, beaucoup de voix se font entendre et les gens aiment faire entendre la leur et mettre en avant leurs idées.

La prise de risque englobe la tolérance à l'incertitude et à l'ambiguïté. Dans un tel climat, on peut prendre des initiatives hardies et novatrices, même si leur résultat n'est pas connu. Les gens ont l'impression qu'ils peuvent parier sur leurs idées.

John Kao est généralement considéré comme le père du « Jamming », ou bourrage, qui est un concept de créativité[133]. Salué comme un « innovateur en série » par l'Economist, il donne souvent des conférences sur la créativité. Il commence alors par poser deux questions :

1. Combien d'entre vous ont-ils le sentiment que l'innovation, quelle que soit votre manière de la concevoir, est fondamentale pour l'avenir de votre entreprise ?

2. Combien d'entre vous pensent-ils que leur entreprise possède un système d'innovation répondant aux trois critères suivants :

   - tout le monde sait que ce système existe, c'est loin d'être un mystère ;

   - il marche vraiment bien (on ne vous demande pas ce que cela signifie pour vous !) ;

   - d'une manière ou d'une autre, même irrégulièrement, il est générateur de valeur pour votre entreprise, et ceci de manière constante.

Ici on touche du doigt un dilemme fondamental concernant l'innovation par rapport à l'optimisation du développement organisationnel. Toutes les entreprises en veulent. Mais très peu — ou même aucune — ne peut indiquer une pratique régulière amenant à l'innovation chez elle, de façon fiable ou continue. John Kao explique en outre que la créativité en entreprise a deux facettes : les managers doivent laisser aux créatifs assez de liberté pour développer leurs idées, mais pas au point de leur faire perdre du temps ou de les empêcher de collaborer aux objectifs collectifs.

Il faut peut-être, dès lors, écouter des gens bien connus qui ont des conseils à donner sur cette question. Anita Roddick, leader de Body Shop au Royaume-Uni, fait le commentaire suivant[134], parlant de l'esprit d'entreprise : « la frontière est ténue entre l'esprit de délinquant de l'entrepreneur et celui d'un fou ». Quant à Albert Einstein voici ce qu'il nous conseille : « il faut surtout ne jamais s'arrêter de se poser des questions. Si la curiosité existe, c'est qu'il y a une raison. Ne perdez jamais votre sainte curiosité ». Akio Morita[135] qui a été l'un des fondateurs de Sony, pour sa part, a paraît-il tenu les propos suivants : « pour moi, entretenir la créativité est l'une de mes tâches. Je me dois de favoriser la créativité des gens avec qui je travaille, parce que chez Sony nous savons qu'une idée sensationnelle a beaucoup plus de chances de surgir dans une atmosphère ouverte, libre, confiante. Si tout est calculé, si toute action est analysée et toute responsabilité assignée par règlement intérieur interposé, alors la créativité a peu de chances de s'épanouir. »

La créativité doit faire partie de tous les autres processus qui existent dans l'entreprise, ainsi elle pourra être valorisante. Il est vital d'équilibrer les motivations intrinsèques et extrinsèques pour en faire, dans l'entreprise, une structure mondiale de récompenses et de reconnaissance. L'approche des 15 % de chez 3M est largement connue, nous en parlons à la fin de cette cinquième partie. 3M fait avant tout confiance à la reconnaissance des pairs pour encourager l'innovation. La World Bank, elle aussi, a des programmes qu'elle appelle foires au savoir où les éléments clés sont la compétition et le développement[136] (Figure 44.1).

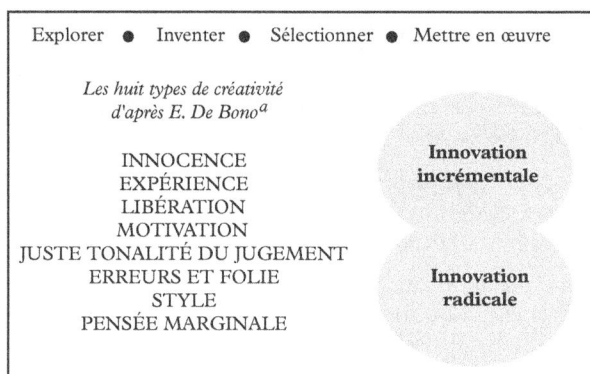

Explorer ● Inventer ● Sélectionner ● Mettre en œuvre

Les huit types de créativité d'après E. De Bono[a]

INNOCENCE
EXPÉRIENCE
LIBÉRATION
MOTIVATION
JUSTE TONALITÉ DU JUGEMENT
ERREURS ET FOLIE
STYLE
PENSÉE MARGINALE

Innovation incrémentale

Innovation radicale

a. Voir Edward De Bono, *La boîte à outils de la créativité*, Éditions d'Organisation, 2004

44.1 Aspects de la créativité et de l'innovation

ÉVALUATION DU CLIMAT PROPICE À LA CRÉATIVITÉ

Il est prouvé que mesurer la créativité et l'innovation dans l'entreprise est perçu comme un encouragement. KEYS® to Creativity est un outil développé par le Center for Creative Leadership[137] pour mesurer combien le climat est favorable à la créativité dans une entreprise. Le questionnaire qui doit être rempli évalue la façon dont les employés perçoivent les stimulations et les barrières à la créativité. De plus, il permet de comparer le climat créatif d'une entreprise à celui d'une autre entreprise et encourage les individus à comparer leur perception avec celle de leurs collègues.

KEYS mesure six stimulants environnementaux ayant une incidence sur la créativité :

- l'encouragement de la part de l'organisation : entre autres, le soutien apporté par les hauts dirigeants à la créativité, à la prise de risque, à une atmosphère ouverte permettant l'échange d'idées et la reconnaissance exprimée pour un travail créatif ;

- l'encouragement de la part de la hiérarchie : des managers qui soutiennent leurs collaborateurs, communiquent de manière efficace, définissent des objectifs clairs et des attentes compréhensibles ;

- le soutien du groupe de travail : entre autres, la diversité des compétences, le travail en équipe, la confiance et le soutien mutuels et l'implication dans le travail ;

- des ressources suffisantes : par exemple, l'accès à des installations appropriées, l'équipement, les fonds attribués, l'information ;

- les défis que l'on rencontre au travail : l'importance et la difficulté de la tâche définissent le défi à surmonter ;

- la liberté : la possibilité de définir sa propre méthode de travail et de contrôler son travail et ses idées.

FAVORISER LA CRÉATIVITÉ AFIN D'ENTREPRENDRE

Pourquoi la BBC n'a-t-elle pas inventé CNN ? Elle bénéficiait pourtant d'une portée et d'une reconnaissance globales. Mais pour les mêmes raisons CBS n'a pas inventé MTV. Et pour les mêmes raisons encore, c'est Nitendo et non Disney qui est à l'origine de la mode Pokemon. Ils n'ont pas manqué d'atouts. Ils ont manqué de vision[138]. Ce n'est pas la recherche traditionnelle qui va générer l'innovation.

Peter Drucker conseille aux managers seniors et intermédiaires d'apprendre des nouvelles églises pastorales américaines[139] qui ont eu un tel succès dans les trente dernières années qu'elles ont constitué le plus grand phénomène de la société américaine. Leur succès provient de ce qu'elles ont reconstruit des communautés, dit Drucker. Ces communautés donnent à chacun une opportunité d'être des citoyens actifs et les managers peuvent apprendre là comment on anime des équipes de volontaires. Charles Handy, lui aussi, mais il y a plusieurs années de cela, a laissé entendre que les entreprises devaient devenir en quelque sorte des associations de volontaires travaillant pour le bénéfice de leurs « membres actifs ». Un « leadership à l'unisson », selon les termes employés par la *Harvard Business Review*[140] pour décrire dans ce contexte la capacité à articuler les sentiments partagés par un groupe, mais non exprimés, et à faire entendre les propos d'une mission qui inspire les autres. Shell, Procter & Gamble, Unilever et beaucoup d'autres, s'efforcent d'arriver à une culture plus diversifiée et plus créative. Souvent, il y a de nombreuses idées intéressantes dans une entreprise, mais elles ne peuvent s'exprimer à cause de la bureaucratie ambiante[141]. Le Strategos Institute, dirigé par Gary Hamel, explique comment on peut institutionnaliser l'innovation.

Règle 1 — Rechercher l'innovation au niveau du modèle de l'activité. On ne doit pas penser à l'innovation en termes seulement de produits ou de services. Il faut encourager chacun à réfléchir : qui servons-nous ? De quelle manière ? Comment étonner le client ?

Règle 2 — Écouter les nouvelles voix. Remplacer la hiérarchie de l'expérience par la hiérarchie de l'imagination. Quelle est la voie du futur ? Demandez-le à ceux qui la côtoient : les collaborateurs les plus jeunes.

Règle 3 — Travaillez en vous situant dans le futur. Votre but est le futur que vous voulez créer, alors faites comme si c'était déjà fait, inventez-le et décidez en conséquence ce que vous devez faire.

Règle 4 — Divergez, convergez ! Il faut concevoir la stratégie de votre innovation comme un processus de découvertes, d'opportunités et de réalisations.

Règle 5 — Utilisez divers filtres pour mettre en relief de nouvelles occasions de développement. Évaluez vos compétences essentielles — non pas les produits que vous fabriquez mais les talents et les outils dont vous disposez.

Règle 6 — Créez un dossier « Futurs choix ». Que l'innovation devienne pour vous comme un dossier de projets, afin qu'il ne soit pas linéaire. Qui sait, peut-être mille idées amèneront cent expériences débouchant sur dix initiatives qui, en mûrissant, produiront une véritable percée.

Règle 7 — Évaluez les nouvelles opportunités avec de nouveaux critères. Leurs nouvelles dimensions ne supportent pas les vieilles mesures, alors posez toute une série de questions pour savoir si de nouvelles règles ou de nouveaux espaces vont être créés, ou encore pour évaluer le nouveau potentiel de croissance.

Règle 8 — Transformez l'innovation en nouvelle pratique. L'innovation ne doit pas en rester au stade de la salle de classe ou du laboratoire. Et surtout ne payez pas des consultants extérieurs pour qu'ils utilisent leur matière grise à la place de vos propres employés.

Règle 9 — Instillez à tous, la passion d'un futur à créer. Faites de l'innovation — comme de la qualité — le droit et la responsabilité de chacun dans l'entreprise.

Règle 10 — Tordez le cou aux règles. Il y a ceux qui font les règles, ceux qui les suivent, et ceux qui les brisent. Connaissez-vous une seule révolution que l'on ait faite en suivant la recette ?

Donnons un exemple. Chaque semaine, les hauts dirigeants de GE Capital se rassemblent pendant une demi-journée pour discuter des nouvelles idées concernant leurs affaires. « N'importe qui » peut être inscrit aux priorités : GE s'est engagé à balayer la bureaucratie et à empêcher de nouvelles barrières de se former. Tout le monde dans l'empire Virgin, également, peut atteindre Richard Branson et plusieurs employés lui envoient des messages proposant des nouveautés. Sir Richard dit[142] : « Une société innovatrice vit et respire la créativité. C'est une combinaison de bonnes idées, d'un personnel motivé et d'une compréhension instinctive de ce que veut le client, et une fois le mixage réalisé, des résultats exceptionnels s'ensuivent ».

Les étapes du processus de création

- Préparation
- Incubation
- Illumination
- Traduction

45

Les règles pour innover

Une entreprise peut recruter des hommes de talent et leur demander des idées fantastiques, mais sans environnement adéquat les hommes de talent ne peuvent pas faire épanouir leurs idées fantastiques. Plus loin nous suggérons de travailler dans un « espace vierge », mais, pour innover, il faut être à part. Au fond, c'est sans doute ce que demande une certaine créativité radicale.

C'est probablement en se plaçant du point de vue de l'évolution que l'on peut le mieux comprendre et manager l'innovation Les grandes entreprises peuvent apprendre de la plus puissante force innovatrice, celle de l'évolution biologique. Dans son ouvrage *Living on thin air*[143], Charles Leadbaeter propose neuf principes basés sur la survivance du plus adapté.

Principe 1 — Diversifier. Les entreprises innovantes créent plusieurs réservoirs d'idées et de connaissances. Shell, par exemple, fait cela en organisant des « foires aux idées » au cours desquelles ses employés sont encouragés à développer et proposer leurs suggestions pour former un fonds potentiellement utilisable. 3M, on le sait, encourage pour sa part ses employés à consacrer 15 % de leur temps à développer leurs propres idées. Ils admettent que les idées peuvent jaillir de sources extérieures, par exemple les clients, les fournisseurs, les compétiteurs et les partenaires potentiels.

Principe 2 — Sélectionner. Dans beaucoup d'entreprises, les critères d'évaluation sont opaques. On ne sait pas vraiment comment les propositions éventuelles seront évaluées. Au contraire, les entreprises innovantes ont des critères de sélection connus selon lesquels les idées seront choisies ou non, et celles qui sont prometteuses attireront les ressources. De plus, les gens doivent être assez en confiance pour proposer leurs idées, et ils ne doivent pas se décourager outre mesure si elle n'est pas adoptée. Nous proposons plus loin un outil à cet égard, le concept ALUo.

Principe 3 — La pérennité. L'évolution biologique a un mécanisme de pérennisation, c'est la reproduction. Les entreprises devront peut-être embaucher des pilotes de nouveaux produits pour que la pérennité continue.

Principe 4 — La co-évolution. Les entreprises évoluent en même temps que leur environnement. Une entreprise innovante doit co-évoluer avec ceux qui l'ont adoptée au départ et les marchés et les niches marginaux qu'elle trouve, mais aussi avec les marchés bien établis et profitables.

Principe 5 — Savoir désapprendre. Si une espèce est trop rigide dans son comportement, elle disparaît lorsque l'environnement change. Xerox a été trop lent à répondre à la menace des copieurs japonais à faible coût utilisant du papier simple parce qu'elle avait peur de cannibaliser les profits de ses copieurs à fort débit. Les entreprises doivent être préparées à mettre sur pied des programmes de désapprentissage qui dénoncent les évidences tacites sous-jacentes à leur modèle de travail. Ce qui peut signifier dénoncer la sagesse d'entreprise conventionnelle par une remise en cause pleine de scepticisme.

Principe 6 — La rupture. Une longue période qui cumule les changements peut amener une explosion d'innovations intenses à cause de modifications complémentaires dues aux pressions, à la technologie et à la régulation de la compétition. Les entreprises doivent être capables à la fois d'innover de façon incrémentale et de réinventer radicalement. Standard Life, compagnie d'assurances britannique, a réussi à se placer sur le marché des activités bancaires électroniques en créant une unité indépendante qui avait sa propre culture de management et son propre style. Dixons, le plus grand détaillant britannique en électronique, a créé Freeserve qui est le plus grand fournisseur du pays en services internet.

Principe 7 — La simplicité. Les entreprises qui réussissent suivent des règles simples et donnent corps à des valeurs claires qui permettent à leurs employés l'ampleur nécessaire à un esprit d'entreprise et d'innovation.

Principe 8 — La capacité disponible. L'un des thèmes chers à Charles Darwin était la capacité disponible. L'évolution n'est possible que si un organisme — ou une entreprise — n'est pas complètement spécialisé. Il doit fourmiller de possibilités. L'évolution ne soutient pas la reproduction systématique d'une tâche poussée à l'extrême.

Principe 9 — Le moment propice. L'évolution nous enseigne que le moment de l'apparition d'une caractéristique fondamentalement nouvelle est critique.

LA MESURE DE L'INNOVATION = 10 : 3 : 2

Dans son ouvrage *Innovation and Entrepreneurship*[144], écrit en 1985, Peter Drucker explique qu'une innovation systématique requiert en permanence sept sources d'opportunités. Au sein d'une entreprise, industrielle ou non, les occasions peuvent surgir de façon inattendue, des incongruités peuvent apparaître, des méthodes doivent soudainement être modifiées, ou encore des besoins nouveaux et des modifications apparaissent sur le marché ou dans l'industrie elle-même. À l'extérieur de l'entreprise, les conjonctures favorables peuvent provenir d'évolutions démographiques ou de mutations de points de vue ou encore de connaissances nouvelles. Drucker conseille aux managers de saisir systématiquement les occasions de changement grâce à un travail méthodique.

On considère souvent l'innovation comme un concept créatif et éthéré qui ne se laisse pas enfermer dans une définition. Ceci est simpliste. Dire qu'elle accroît exponentiellement le nombre d'idées diverses et habituelles qui irriguent l'entreprise est déjà une partie de la réponse. Une étude de PricewaterhouseCoopers identifie les éléments suivants[145] :

  dix caractéristiques fondamentales que seuls partagent ceux qui réussissent le mieux ;

  trois compétences sous-jacentes qui assurent un flux d'innovations ;

  deux styles différents pour manager l'innovation.

Par ordre d'importance les dix caractéristiques sont les suivantes :

1. un flux d'idées plus riche que la moyenne ;
2. des processus bien définis pour la réussite de succès commerciaux quel que soit le niveau ;
3. un degré plus élevé de confiance de la part du management ;
4. des processus explicites de management des idées, auxquels tous adhèrent ;
5. une prise de responsabilité personnelle pour mettre en œuvre ses propres idées ;
6. une vision équilibrée vis-à-vis de la prise de risque ;
7. des managers qui ont le temps qu'il faut pour examiner et tester les nouvelles idées ;

8. des managers qui impliquent les autres dans le développement et la mise en œuvre des idées ;

9. des processus de mise en œuvre qui s'appuient sur une vision du futur fondée sur une connaissance intime du marché ;

10. on ne compte pas que sur le conseil d'administration pour avoir des idées innovantes.

Un grand flux d'idées est incontestablement la principale des caractéristiques, mais encore faut-il que soient réalisées les trois conditions suivantes :

un management des idées ;

un équilibre entre les leaders et ceux qui les suivent ;

un climat ambiant permettant aux idées de s'épanouir.

En point d'orgue, deux styles de management de l'innovation existent :

le style opérationnel incrémental qui vise fondamentalement l'amélioration et l'adaptation de l'idée, et

le style stratégique qui favorise la rupture et la différence.

On l'aura compris, il faut un peu des deux.

QU'EST-CE QUI PEUT BIEN STIMULER LA CROISSANCE INTERNE ?

Si on s'attache trop aux résultats à court terme, il n'y aura pas de renouveau. La créativité, ce n'est pas réussir mais expérimenter et découvrir. Au cours de sa recherche[146], Peter Lorange, de l'IMD, s'est aperçu que le rôle des entrepreneurs en interne (intrapreneurs) est vital. Certains employés ne s'empêtrent pas dans la bureaucratie interne, ils vont de l'avant suivant leur propre vision non conventionnelle et leur conception personnelle du leadership, et ils créent de nouvelles sources de revenus pour leur entreprise. Les intrapreneurs qui réussissent ont les deux capacités suivantes :

ils « voient » les nouvelles occasions de servir le client ;

ils sont capables de construire des compétences bien définies en mobilisant les ressources de leur entreprise.

Les intrapreneurs possèdent une combinatoire de caractéristiques qui les distinguent des autres : ils ont beaucoup d'énergie, ils se dévouent corps et âme pour leurs clients, ils apprennent vite et ne se découragent pas. Le revers de la médaille est qu'on ne les manage pas facilement.

Peter Lorange se demande[147] : « Est-ce que nous laissons nos intra-preneurs "voir" les opportunités que personne d'autre ne trouve évidentes ? » Dans ce contexte, il identifie cinq défis :

- permettre un lieu de réunion situé entre les problèmes et leurs solutions ;
- permettre d'expérimenter ;
- permettre un développement plus systématique ;
- permettre aux personnes clés de juxtaposer les points de vue tra-ditionnels en affaires avec des points de vue plus radicaux ;
- combattre l'attitude « ça n'est pas notre invention ».

Et il continue en disant que les hauts dirigeants ont besoin de per-sonnes clés pour conduire la croissance : une sorte de « responsable de la croissance organique ».

Est-ce dans l'espace vierge que s'introduit la créativité pour renou-veler et réinventer une organisation ?[148] Dans un récent article de la HBR, le terme « espace vierge » est utilisé pour désigner un territoire presque entièrement inoccupé de l'entreprise, là où les règles sont vagues, l'autorité n'est pas clairement marquée, les budgets sont inexistants et la stratégie n'est pas explicite. A contrario, l'espace « plein » désigne toutes les opportunités bien ciblées par l'entreprise et bien organisées. L'espace vierge contient les opportunités qui ne tombent pas dans le carcan du plan et du budget. Les auteurs conseillent aux managers de se placer dans l'espace vierge lorsqu'ils ne sont pas du tout sûrs d'être en face d'une opportunité réelle, ou encore en fonction de la politique de l'entreprise, également lorsque l'espace plein serait trop perturbé par les opportunités à saisir. De toute façon, ce qui est essentiel est une discussion ouverte avec tou-tes les parties prenantes dans l'entreprise, pour déterminer l'impact et les conséquences des approches innovantes.

46

Les usines à idées

C'est un fait, les entreprises doivent créer une culture et un système de récompenses pour que les cerveaux les plus brillants tiennent leurs promesses. L'avantage que l'on se procure en étant le premier sur le marché dure de moins en moins longtemps. Il est alors crucial pour les entreprises d'attirer et retenir la meilleure matière grise qui soit. C'est pourquoi elles dépendent de plus en plus des compétences spécialisées qui résident en leur sein. Ceci transforme le modèle d'autorité pour l'amener vers des structures de management et des organisations de plus en plus horizontales.

QUELLES SONT LES PRATIQUES MANAGÉRIALES AFFECTANT LA CRÉATIVITÉ ?

Teresa Amabile a passé vingt années à faire des recherches sur le phénomène de créativité. Elle conclut que beaucoup d'entreprises manquent de bon sens car elles ont des pratiques qui étouffent la créativité. Elles recherchent la productivité, l'efficacité, le contrôle, si bien que la créativité perd ses bases[149]. Le manque de confiance, la peur, trop de directivité et de contrôle sont les ennemis de la créativité. D'une façon générale, dit-elle, la créativité a trois volets : la compétence, la capacité de penser de façon souple et imaginative, et la motivation. Ce qui marche le mieux pour les managers est probablement d'augmenter la motivation intrinsèque des employés. À cette fin, les managers peuvent utiliser différentes approches. Par exemple, ils peuvent mettre la barre moins haute pour leurs employés, ou alors augmenter leur degré de liberté face aux processus, modifier la composition des groupes de travail, changer le système de récompense ou encore la nature du soutien organisationnel.

Mais le management de l'innovation est ardu. Les créatifs ont la tête dure et croient passionnément en leurs idées. La culture de l'entreprise devrait être comme un terreau dans lequel s'épanouit la créativité. « Industrie après industrie, le terrain se modifie si rapidement que le mot expérience n'a plus de sens et que l'expérience elle-même devient dangereuse » dit Gary Hamel dans son article dans la Harvard Business Review intitulé « Strategy as revolution ». Non, ce ne sont pas les vieux loups de mer de l'industrie qui la révolutionnent. Et pourtant, combien y a-t-il de jeunes loups de moins de trente ans qui participent à la stratégie de leur entreprise ? Anita Roddick avait trente-trois ans lorsqu'elle a fondé Body Shop. Bill Gates, lui, avait vingt-deux ans lorsqu'il a co-fondé Microsoft. Jeff Bezos en avait vingt-neuf lorsqu'il a lancé Amazon.com. Quant à Shakespeare, c'est à trente et un ans qu'il a écrit Roméo et Juliette. Einstein, Darwin, Marx, avaient tous vingt et quelques années lorsqu'ils ont amené leurs nouveaux concepts — et cependant, vous verrez toujours leur portrait à l'âge de cinquante ou soixante ans. Peut-être notre société est-elle conditionnée de la sorte : elle s'imagine qu'on est un génie quand on atteint cinquante ans ?[150]

S'ÉCHAPPER DES BOÎTES ET DES « CONTRAINTES CONVENTIONNELLES »

Dee Hock, qui a fondé VISA International et qui en est le président honoraire, a dit, c'est bien connu : « Le problème n'est pas de savoir comment faire entrer des idées novatrices dans sa tête, mais plutôt comment faire sortir les autres ». Les développeurs organisationnels devraient se demander :

   notre culture permet-elle la désobéissance créative ?

   qui a une tâche novatrice ?

   où est l'innovation : dans le processus ou dans l'effet de surprise ?

   comment peut-on embaucher un créatif ou quelqu'un qui va innover ?

De plus en plus les entreprises dépendent d'un flot changeant d'alliances, de partenariats, de relations avec les clients. Il y a sept domaines[151] principaux dans lesquels un leader peut faciliter pour son équipe l'accès à l'intelligence et à l'esprit de ressource :

   le corps des connaissances : découvrez ce que vous savez, trouvez où et chez qui cette connaissance réside ;

   nettoyez les allées : dans de nombreuses entreprises, le processus de création arrive par accident — découvrez quels sont dans votre entreprise les chemins de la création, et aplanissez-les ;

apprenez à apprendre : découvrez par quel processus votre équipe explore les nouvelles idées ;

l'environnement : l'espace créatif doit pouvoir être adapté à de multiples usages. Il doit être confortable, sain, douillet mais fonctionnel ;

la technologie : elle est à votre service, n'en soyez pas dépendant ;

le management du projet : assurez-vous que l'environnement maximalise la créativité ;

le management du risque : développez une vision spécifique pour amener « ici » ce qui est « là ».

Dans un récent article de la Harvard Business Review[152], les auteurs Davenport, Prusak et Wilson lancent le concept de « praticiens de l'idée » en parlant de ceux qui amènent de meilleures idées pour manager mieux. Les entretiens menés par les auteurs révèlent qu'il y a bien des similitudes. Les praticiens de l'idée sont des personnes optimistes qui sont intellectuellement très actives et qui passent allégrement les frontières — symboliquement parlant. Les auteurs recommandent de prendre soin des pratiquants de l'idée en leur créant un environnement facilitant.

Les praticiens de l'idée : conseils pour faire vivre les idées[a]

- Pensez en dehors du bureau
- Vérifiez que tout concorde : l'emploi du temps, le contexte organisationnel
- Semez de nombreuses graines : ancrez les idées à autant de points d'ancrage que possible
- Vitesse réduite : essayez d'abord des petits projets pilotes

a. Theodore Kinni, *Identify the Idea practitioners in your company*, Working Knowledge, Harvard Business School.

MANAGER LA CONNAISSANCE POUR CATALYSER LE DÉVELOPPEMENT ORGANISATIONNEL

Nous venons de le voir, il faut tolérer le risque et récompenser la créativité. Faire circuler librement les informations est un autre « promoteur » de l'innovation et de la créativité, crucial. Ikujiro Nonaka et Noboru Konno abordent cette notion avec le concept du « Ba » : « un espace partagé qui sert de base à la création de connaissance »[153]. Cet espace peut être physique, virtuel, mental ou une combinaison des trois, le tout est de faire avancer la connaissance.

Dans ce contexte, plusieurs recherches[154] soulignent le rôle capital des « personnes » : il faut augmenter la prise de conscience par un changement de culture, il faut des experts qui localisent la connaissance et la rendent accessible, il faut construire un capital social, soutenir des communautés de pratique, aligner les pratiques des RH, lier le management des connaissances au développement — entre autres.

Le management de la connaissance n'agit pas seulement comme un catalyseur de l'innovation et de la créativité, mais il est aussi une pierre angulaire du processus de développement organisationnel. Lorsqu'ils décrivent l'entreprise créatrice de connaissance[155], Nonaka et Takeuchi présentent leur propre modèle qui comprend quatre éléments principaux :

1. quatre modes de conversion de la connaissance fondés sur la distinction entre la connaissance implicite et explicite : la socialisation, l'externalisation, la combinaison et l'internalisation ;

2. l'interaction entre ces formes de connaissance par l'intermédiaire de la spirale des connaissances ;

3. l'identification des conditions qui permettent la création de connaissances ;

4. un modèle de processus pour la création de connaissances.

En pratique, les briques de la connaissance peuvent prendre la forme de communautés, de sanctuaires, de conservatoires des connaissances, d'outils de navigation et d'accès ou du flux de connaissances. Pour qu'il y ait réellement partage des connaissances, chacun doit démontrer une attitude appropriée et avoir le comportement adapté :

- se sentir investi de la responsabilité du partage des connaissances ;
- capturer et réutiliser les expériences passées ;
- faire prendre corps aux connaissances sous forme de produits et de services ;
- élaborer la connaissance en tant que produit ;
- arriver à générer la connaissance qu'il faut pour l'innovation ;
- dresser la carte du savoir des experts ;
- construire et utiliser des bases de connaissances des clients ;
- comprendre et mesurer la valeur de la connaissance ;
- augmenter les actifs intellectuels.

Fons Trompenaars lui aussi recommande d'approcher la connaissance sous l'angle culturel. Dans une interview récente[156], il souligne que la connaissance est fondamentalement une question culturelle. Les dilemmes principaux du management des connaissances concernent les règles et leurs exceptions, le groupe et l'individu, l'explicite et l'implicite, le sommet et la base, l'intérieur et l'extérieur, et on doit toujours les considérer dans une optique culturelle.

Peut-être qu'un journal interne intitulé « Nouvelles tendances » (*Newstreams*) est une manière commode de considérer l'innovation — si l'on s'en tient au point de vue de Rosabeth Moss Kanter. La World Bank offre un modèle de meilleure pratique du management des connaissances qui est vraiment bien documenté. L'aventure a commencé en 1996 lorsque son président a annoncé que la World Bank deviendrait une « banque de connaissances ». Selon un récent rapport de l'APQC[157], la World Bank a maintenant atteint le stade final d'institutionnalisation du management des connaissances, elle en a fait une partie intégrante de sa stratégie et de sa mission.

DYNAMISER LE PROCESSUS D'ENCADREMENT DE MANAGEMENT DES IDÉES : SI NOUS SAVIONS CE QUE NOUS SAVONS !

La plupart des entreprises disposent d'une telle foison d'idées qu'elles ne sont pas capables de les utiliser toutes, loin de là. Le défi réside souvent dans la connaissance du thème qui doit générer les idées et dans leur mise en œuvre. Brian Dorval est un expert dans le management efficace des idées et le Creative Problem Solving Group Buffalo — qui s'occupe de résoudre de façon créative les problèmes — a développé un cadre intéressant permettant d'explorer plus avant les processus de management des idées. Le plus important est la quantité d'énergie que l'on y a mise.

Un élément capital est la propriété des idées générées, ce qui a été fortement souligné par Carlos Ghosn, alors président de Nissan Motor dans sa conférence[158] donnée à la Cranfield School of Management. Il faut aussi éviter un piège, celui d'évaluer trop tôt une idée. C'est Albert Einstein qui a dit : « Si au départ une idée n'est pas absurde, alors elle n'a pas d'avenir ». Une approche fondamentale pour évaluer une idée tout en n'oubliant pas qu'elle est nouvelle est illustrée par le concept ALUo.

A	comme Avantages — les points forts ou positifs
L	comme Limites — les soucis ou problèmes posés, il faut poser des questions commençant par « Comment vais-je... ? »
U	comme Unique — il faut identifier ce qui est unique ou différent dans cette idée et qui doit être conservé
o	comme outrepasser — il faut outrepasser ou surmonter les limites principales

46.1 Le concept ALUo

CINQ RÈGLES POUR AUGMENTER LE CAPITAL SOCIAL

On peut trouver des centaines de livres et d'articles sur la créativité et l'innovation. Il apparaît évident que ce sont aujourd'hui des questions cruciales pour les entreprises. Or la structure formelle d'une entreprise est souvent complétée par un environnement plus spontané fondé sur une interaction de groupe naturelle et des relations individuelles. Derrière la charte des entreprises, d'une manière générale, il se cache des groupes d'employés qui partagent leurs connaissances, résolvent les problèmes courants et qui échangent leurs points de vue, leur compréhension, leurs frustrations. Ces « communautés de pratique » sont des pierres de touche capitales pour créer et disséminer un climat créatif et innovateur. Sans compter qu'elles résolvent justement le principal défi des systèmes de management de la connaissance : le partage volontaire.

Les managers qui cherchent à accroître le niveau de capital social en se servant de ces communautés de pratique devraient analyser les réseaux sociaux de leur entreprise. Larry Prusak et Eric Lesser ont mis au point cinq règles, qu'on peut donc compter sur les doigts de la main, et ils ont écrit un article à ce sujet dans le magazine EFMD Forum[159]. Voici ces cinq règles :

1. Identifiez les communautés de pratique qui ont une influence sur les objectifs critiques de l'entreprise. À l'intérieur d'une entreprise, il existe un grand nombre de communautés. Nombre d'entre elles existent de façon indépendante. Au moment de décider à quel réseau attribuer des ressources, il faut choisir ceux qui ont un impact direct sur les objectifs stratégiques de l'entreprise.

2. Donnez aux communautés l'occasion de se rencontrer. Ceci ne peut se passer spontanément dans des entreprises dispersées du point de vue géographique. Les connections essentielles à l'épa-

nouissement des trois dimensions du capital social font défaut. Si on donne à ces communautés l'occasion de se rencontrer, les gens lorsqu'ils se verront, pourront beaucoup plus facilement tisser le réseau de contacts nécessaires à l'intérieur même de la communauté, enclencher les interactions produisant un climat de confiance et partager les artefacts comme les histoires de la connaissance acquise qui vont créer un contexte qui va devenir commun aux participants.

3. Fournissez des outils permettant à la communauté d'identifier de nouveaux membres et de maintenir le contact entre les membres existants. C'est ici que la technologie intervient. Les pages Web, les annuaires d'experts, les cartes de savoir, les salles de discussion, les sanctuaires de savoir vont être des outils performants pour que la communauté maintienne et affine son stock d'artefacts de connaissances.

4. Identifiez les « experts » principaux à l'intérieur du réseau et donnez-leur la possibilité d'assister le groupe tout entier. Il existe la plupart du temps un petit groupe d'individus recherché par les autres à l'intérieur de la communauté, à cause de leurs compétences. Ces « experts » jouent un rôle fondamental, vraiment critique, dans la communauté.

5. Rappelez-vous que le capital social est aussi un capital qui implique un investissement et un retour sur investissement. Les communautés de pratique sont naturellement présentes dans chaque entreprise. Mais pour que ces communautés exploitent le type de capital social qui est nécessaire pour créer véritablement, partager et utiliser la connaissance propre à l'entreprise, il faut que l'entreprise dans son ensemble investisse dans ce groupe.

Dans le contexte de son université d'entreprise, DaimlerChrysler soutient activement des communautés de pratique parce que, comme le dit Jasmin Oesterle[160], le savoir a besoin d'un propriétaire et le savoir doit être managé par les personnes qui le possèdent, en ont besoin, l'utilisent et le créent. Jasmin Oesterle décrit ainsi l'action des communautés de pratique chez DaimlerChrysler ; ces communautés :

partagent les connaissances et les leçons apprises ;

appliquent et construisent le savoir en résolvant les problèmes ;

développent des outils, des méthodes et des cadres d'action ;

se tiennent au courant des dernières idées et des développements technologiques les plus récents ;

pratiquent le conseil individuel et le coaching mutuel ;

identifient les meilleures pratiques ;

documentent et mettent à jour les connaissances utiles.

COMMENT AVANCER ?

C'est à Amin Rajan que nous demanderons de conclure, en puisant dans son intervention[161] enrichissante auprès de l'atelier EFMD Leadership Development. Il faut, dit-il, développer son « intuition soutenue ». Comment cela ? Grâce à :

- un espace personnel où questionner ses propres croyances et valeurs ;
- un environnement sûr où exprimer ses doutes et ses soucis ;
- un dialogue qui produit l'étincelle de l'inspiration véritable ;
- un cadre philosophique comme point de référence ;
- une compréhension de la science post-newtonienne.

La pratique illustrée par vingt-cinq exemples tirés de la vie réelle, montre comment l'accroissement de la connaissance et une approche nouvelle des questions abordées contribuent à enrichir le développement organisationnel.

Nourrir l'innovation, débloquer la créativité

POINTS CLÉS

1. La créativité et l'innovation sont les principaux matériaux de construction des entreprises d'aujourd'hui.

2. L'innovation est en pratique la mise en œuvre constante d'améliorations. Manager une action qui se réplique indéfiniment ou manager la créativité ne requiert pas la même approche. Or dans une entreprise idéale on doit laisser une certaine place à la créativité. Celle-ci apporte quelque chose en plus et permet de prendre le contre-pied, de voir les choses à l'envers, de façon non conventionnelle.

3. La créativité est un des aspects humains les plus critiques. Les activités qui permettent l'éveil de l'intelligence et du cœur sont de plus en plus reconnues comme un élément primordial et on s'aperçoit que jouer la comédie, dessiner, chanter, écrire des poèmes ou partir pour des excursions en pleine nature amène à découvrir plus de sens à sa vie et son travail.

4. Un climat suscitant l'innovation dans l'entreprise peut être identifié et mesuré, différents outils sont disponibles pour cela. Au cœur de ce climat créatif se trouve le développement par des approches cognitives ou non, au sens le plus large du terme. C'est pourquoi l'esprit d'entreprise créatif peut être nourri.

5. Il existe plusieurs approches pour institutionnaliser l'innovation, par exemple les programmes d'échanges des connaissances, les centres pour le futur ou les processus de management des idées.

6. « Bâtir des usines à idées », les « idea factories » est une autre manière de dire qu'une entreprise sait entretenir le meilleur esprit et le meilleur moral.

7. Les catalyseurs principaux du développement organisationnel sont le management des connaissances et les communautés de pratique.
8. Développer l'« intuition soutenue » requiert un espace personnel permettant de questionner sans risque, combiné à un dialogue perpétuel, ainsi qu'un cadre de référence de valeurs.

3M : LA SOLUTION 15 % POUR INNOVER

Chez 3M on considère qu'investir dans le développement des employés est la priorité des priorités. L'entreprise vise 30 % de son chiffre d'affaires à partir de produits nouveaux introduits pendant les quatre dernières années, grâce à une politique mettant l'accent sur l'innovation et la créativité et une culture fondée sur la confiance. L'exemple de 3M est bien connu, il consiste à autoriser les employés à consacrer jusqu'à 15 % de leur temps à leur convenance pour travailler sur de nouvelles idées, sur des projets qui leur sont propres.

La créativité chez 3M est définie comme « penser à de nouvelles choses », et l'innovation comme « réaliser de nouvelles choses ». 3M utilise plusieurs facteurs favorisant l'innovation[162].

Vision et prévision

L'idée de 3M est qu'elle doit être « l'entreprise la plus innovante du monde ». 3M s'efforce d'anticiper la manière dont se structure l'avenir avant qu'il n'arrive, afin de créer de nouveaux espaces de compétition, créer de nouvelles industries et remodeler la base même de la compétition à l'avantage de 3M.

Objectifs d'effort

3M est connu pour avoir institutionnalisé des objectifs ambitieux afin qu'ils deviennent les moteurs de l'innovation. Entre autres :

- 30 % des ventes pour les nouveaux produits dans les quatre ans ;
- 10 % des ventes venant des nouveaux produits l'année de leur sortie.

Liberté et pleins pouvoirs

3M a cette fameuse règle des 15 % : n'importe qui chez 3M a le droit de passer 15 % de son temps à explorer des idées qui l'intriguent, qu'elles soient ou non reliées au travail. Cette règle encourage les gens à faire précisément ce qui va transformer le hasard en opportunité : rechercher, se mettre en réseau, expérimenter, apprendre.

Communication et mise en réseau

3M reconnaît l'importance déterminante de capturer le savoir de l'entreprise et d'utiliser la technologie pour mettre ses collaborateurs en réseau. Cinq éléments sont centraux dans ce contexte :

- des centres de technologie au cœur du système ;
- un forum technique créant l'espace nécessaire pour partager et rechercher une information retour de la part des collègues ;
- un conseil technique ;
- une convention de dirigeants ;
- des scientifiques faisant partie de l'entreprise.

Reconnaissance et récompense

Des programmes sont en place pour récompenser ceux qui innovent. Ces programmes comportent divers critères et nombre d'entre eux requièrent une certaine rentabilité associée à l'innovation.

La personne qui innove est appelée un « inventeur-entrepreneur », et faisant preuve en cela de créativité, on a inventé un néologisme pour le désigner : l'« inventopreneur ». Celui-ci doit lui-même inventer, faire la promotion de son invention et organiser sa mise en œuvre. Ce sont les trois R de l'innovation : Risque, Récompense, Responsabilité.

	Risque	Récompense	Responsabilité
Personnel	Impact sur la carrière. Le plus grand risque est de ne pas prendre de risque	Financière, émotionnelle	Bénéfique à la société
Entreprise	Impact sur les résultats. Un risque majeur est de se tromper de direction	Atteindre ou dépasser les résultats fixés par les objectifs	Protéger l'entreprise : être avisé, se préoccuper de la santé publique et de l'environnement

48.1 L'inventopreneur 3M

ACCELERATED SOLUTIONS ENVIRONMENT

En utilisant l'Accelerated Solutions Environment™ ou ASE, Capgemini combine la facilitation, les processus de prise de décision, les bases de connaissances globales et un espace de travail innovant pour permettre aux organisations de prendre des décisions de meilleure qualité et plus rapides. C'est souvent vers l'ASE que se tournent en premier les dirigeants seniors, les chefs de projet et les innovateurs lorsqu'ils se trouvent face à un défi complexe. Généralement l'ASE rassemble environ quatre-vingts participants pour ses DesignEvents (événements de Conception), dans un espace de travail ouvert où il est facile de coopérer, pour plusieurs jours (quatre au plus) de travail très intensif où tous tendent vers le même but. Les participants sont soutenus et guidés par un processus de prise de décision structuré, par l'équipe de facilitateurs qui procure les outils, l'information et l'expertise de sorte que les questions complexes sont résolues rapidement. Les participants sortent de cet événement avec des plans prêts à être mis en œuvre, des schémas directeurs approuvés et une détermination collective vers l'action en utilisant tous les moyens nécessaires : trois jours d'ASE font gagner dix-huit mois ordinaires de préparation de projet.

BEKAERT GROUP

Créer un environnement stimulant pour l'innovation

Bekaert a réalisé qu'il est nécessaire de considérer l'innovation comme un processus intégral[163]. Le groupe a identifié six stades :

1. génération des idées ;
2. évaluation des idées ;
3. exploration des idées ;
4. évaluation du projet ;
5. management du projet ;
6. mise en œuvre/lancement.

Chaque stade a été formalisé et mis en pratique. Par exemple, les stades 1 et 2 ont servi de catalyseurs à un bulletin sur l'innovation, un réseau interne à l'entreprise et une série d'ateliers de génération d'idées. Le bulletin souligne les tendances potentielles et les zones possibles de développement de produit et de service. L'intranet de l'entreprise est particulièrement prisé puisqu'il fournit aux employés l'occasion de mettre en avant leurs idées de sorte à récupérer la réaction de leurs pairs et à obtenir des rapports sur leurs progrès. Une communauté d'innovation virtuelle est ainsi créée. L'intranet innovation sert aussi à faire connaître le processus d'innovation lui-même. Pour suivre le progrès de l'innovation dans chaque unité commerciale et dans l'ensemble de l'entreprise, Bekaert a mis au point une représentation graphique qui illustre l'état des idées à chaque stade du processus.

Encourager l'intrapreneurship

Bekaert encourage un état d'esprit entreprenant en fournissant des moyens, tels que le temps, l'argent, les locaux et les ressources, pour que les idées deviennent réalité. Ainsi il organise des foires à l'innovation et des expositions pour promouvoir les idées les plus prometteuses et les nouveaux produits et pour créer une synergie ainsi qu'une fertilisation transversale d'un service à l'autre.

Les treize conseils pour l'innovation de Bekaert

Impliquez chaque personne de l'entreprise dans le processus de création et informez-les.

Faites en sorte que vos idées soient facilement connues, les bonnes comme les mauvaises.

Installez un intranet innovation.

Publiez une lettre circulaire innovation pour susciter les idées.

Exploitez les événements inattendus et inhabituels.

Mettez sur pied un tableau et des indicateurs de performance pour suivre l'innovation.

Mesurez-la — combien d'idées sont-elles générées ? qui décide de ce qui est bon ? quelle est la durée de vie d'une idée ? combien d'idées vont jusqu'à la mise en œuvre ? qui a émis ces idées ?

Apprenez de ces expériences.

Les grandes idées ne servent à rien si elles ne sont pas suivies d'effets.

Fertilisez transversalement — faites des équipes d'innovation mixtes choisissant leurs membres dans des secteurs concernés ou non.

La coopération étroite entre les services recherche, production et marketing va véritablement accélérer le développement de nouveaux produits et leur profitabilité.

Comparez vos innovations.

N'adoptez pas — adaptez.

BMW : *Développer globalement les compétences d'innovation*

Principes opérationnels pour équilibrer l'art et le commerce

Il y a vraiment un conflit entre le pragmatisme de l'entreprise et la passion artistique. « Mon travail, en tant que directeur de conception », dit Chris Bangle, « c'est de faire la part de l'art et de l'activité commerciale pour les équilibrer ». C. Bangle explique ceci en détail dans un article de la HBR intitulé « How BMW turns art into profit » (Comment BMW transforme l'art en profit), et il souligne un ensemble de principes opérationnels[164].

1. Protéger l'équipe de création. Par exemple, l'entrée du département conception est étroitement surveillée. Les gens qui font l'analyse des coûts n'ont pas le droit d'y entrer non accompagnés. Et si les concepteurs ont besoin d'un feedback intensif de la part des ingénieurs, des managers de l'équipe de conception agissent en tant qu'intermédiaires. Qui plus est, chaque artiste de l'équipe est en compétition avec les autres pour créer le concept gagnant. Et comme dans tout travail de coaching, les encouragements positifs sont les seuls admis. La créativité doit être nourrie de façon constante.

2. Sauvegarder le processus artistique. En pratique, cela signifie de ne pas passer trop vite de la phase de conception à la phase d'ingénierie. C. Bangle passe beaucoup de temps à expliquer à ceux qui ne sont pas concepteurs le processus de création. Manager au carrefour de l'art et des affaires signifie traduire le langage artistique en langage d'entreprise.

3. Être un communicateur inventif. Bangle affirme que s'il y a bien une chose qu'il a apprise en étant pris en sandwich entre l'art et les activités commerciales, c'est que la communication est comme une huile qui maintient les rouages en bonne place et leur permet de tourner en douceur. L'art et le commerce sont et resteront toujours deux domaines tout à fait différents, cependant ils peuvent faire route ensemble.

Le management de l'innovation chez BMW

Le modèle Innovation de BMW[165] utilise des critères de filtrage explicites pour séparer les idées faibles des idées fortes. Les critères développés sont induits par les clients et sont devenus la base de six champs d'innovation spécifiques qui sont utilisés pour identifier les idées opportunes.

Ces critères sont utilisés de façon déterminante pour définir les opportunités de marché et pour manager le portefeuille des idées. Chaque champ d'innovation souligne un besoin particulier du consommateur :

- la dynamique de l'expérience ;
- le confort et le service ;
- la sûreté et la sécurité ;
- le concept cars et véhicules expérimentaux ;
- l'esthétique et la valeur ;
- l'acceptabilité environnementale.

Chaque champ d'innovation est dirigé par un manager de champ d'innovation ou IFM à plein-temps. BMW se sert aussi d'un autre canal d'information, la Virtual Innovation Agency (VIA), vitrine Internet qui développe de nouvelles relations avec les innovateurs externes potentiels : des individus, de petites sociétés et de grandes entreprises, d'autres centres d'affaires et d'autres centres de recherche.

Les dirigeants de BMW ont mis sur pied un centre de management de l'innovation pour gérer les idées depuis le moment où elles germent jusqu'à leur réalisation finale. Ce centre est basé à Munich et il est en liaison avec l'entreprise BMW tout entière et avec différents « satellites » dans le monde.

BRAINSTORE, UNE USINE À IDÉES

L'idea factory Brainstore est située à Biel, en Suisse. L'idée centrale est la suivante : « On ne peut se reposer sur quelques rares moments de génie où l'on peut pousser son eurêka. » Produire des idées doit se faire avec discipline. Et puisque la créativité peut être source de beaucoup de confusion, il faut diviser le processus en étapes pour que l'innovation coule sans heurts[166].

Tout nouveau projet doit d'abord passer par le Creative Lab, le Labo création, une pièce remplie de colle, de crayons de couleur et d'une baignoire en fonte émaillée de blanc. Ceci pour rappeler que « les grandes idées commencent par des pensées complètement irréalistes ». Markus Mettler, qui a créé Brainstore, dit la chose suivante : « si vous êtes sérieux quand vous dites que vous voulez être créatif, alors il vous faut acheter un permis de jouer ». Chaque fois qu'un véritable défi se fait jour, on appelle le « BrainNet », le réseau Matière grise. Ce réseau comprend mille cinq cents personnes en tout et il est constitué de jeunes qui ont entre 13 et 20 ans « parce qu'eux savent parler sans se laisser empêtrer par d'autres considérations ». Pendant les ateliers de création, ces jeunes sont mêlés à des équipes de clients, pour combiner le professionnalisme de l'expert à l'enthousiasme débridé des jeunes.

Après ces premiers pas, les étapes suivantes sont au nombre de trois :

- la compression : il faut trier les idées pour ne garder que les meilleures ;
- le test : il faut explorer, rechercher et réaliser un prototype ;
- la finition : il faut élaborer une campagne de marketing et mettre en place la stratégie.

Quelques exemples de projets :

- Pour l'IMD, Brainstore a réfléchi sur le moyen, pour les managers, d'attirer l'attention sur un projet. Il en a résulté l'« Attention Management Toolkit », la panoplie « À l'attention du management », un ensemble de cartes que le chef de projet peut utiliser pour combiner ses outils d'attention avec les joueurs, pour chaque projet.
- Brainstorm a développé un nouveau nom de marque pour ce qui était SSG (Swiss Dining Car Corporation). Un zeste d'esprit méditerranéen combiné à de bons repas et boissons a généré le nom « Passaggio ».
- Les jeunes de Brainstorm et le ministère suisse de la Santé publique ont développé la campagne révolutionnaire de vaccination contre l'hépatite B. Le protagoniste de la campagne est Fred, un monstre en plastique jaune.
- « Aucune règle ne stipule qu'une boîte de thé glacé doit montrer un citron et une paille. » C'est ce qu'ont remarqué certains ados lorsqu'ils ont développé un nouvel emballage pour Tetra Pak et Migros.

ESCADOR

Escador est une boutique d'innovation interdisciplinaire et paneuropéenne. C'est John Kao qui l'a fondée. Ce professeur dont les cours sur la créativité à Harvard Business School sont toujours pleins, pianiste accompli, a écrit en 1996 un best-seller sur la créativité en entreprise, *Jamming, the art and discipline of business creativity* (Organiser la créativité : l'Esprit du jazz). Ainsi qu'il l'explique, « une entreprise est en fait une usine qui produit de nouvelles idées et qui relie ces idées à des ressources — humaines, financières, d'infrastructure — pour s'efforcer de créer de la valeur. »

Escador crée une structure afin d'accélérer l'innovation[167]. Une structure, cela signifie dessiner une carte, tirer des plans, créer un itinéraire pour un voyage parsemé de points de réflexion. Créer une structure est le point de départ idéal pour qu'une innovation marche. Par exemple, avec Aegon, Escador a développé un environnement e-MRH comportant des spécificités pour les managers comme pour les employés.

MEDIA LAB EUROPE

Media Lab Europe (MLE) est un institut de recherche à but non lucratif. Il est investi d'une mission : étendre le potentiel humain par l'invention.

MLE a été fondé en juillet 2000. C'était le résultat direct d'une aventure conjointe entre le gouvernement irlandais et le MIT. Cent personnes travaillent maintenant dans huit domaines différents de recherche et de soutien.

La recherche chez Media Lab Europe est conçue pour rassembler des gens ayant une expérience et venant de disciplines très différentes. Elle est menée par des groupes ayant chacun à leur tête un homme ou une femme d'expérience.

De nombreux projets menés avec les universités irlandaises dépendent d'un schéma général administré par la HEA (Haute autorité en éducation). Media Lab Europe met aussi en contact le MIT et les universités locales pour développer son programme académique qui ne cesse de croître et qui comprend des cours en commun, des ateliers et les Colloquium Series.

Les sponsors sont entre autres, la BBC, Ericsson, Compaq et Hewlett Packard

L'approche centrale est de s'amuser. Parmi les projets non orthodoxes on compte l'École maternelle à vie, l'Opéra du futur, l'e-motion, l'Architecture d'information personnelle, la Nano-exploration et l'Écoute des machines.

NOKIA

Pourquoi les nouvelles entreprises ont besoin de beaucoup d'espace

En 1998, Nokia a créé la Nokia Ventures Organisation (NVO)[168]. Son but premier est de développer des projets générés de façon interne, chaque unité Nokia étant priée de chercher de nouvelles idées. Nokia s'appuie beaucoup sur les réseaux personnels. Le mouvement des employés à travers l'entreprise aide à diffuser les connaissances générées à NVO. Lorsque de nouvelles opportunités surgissent, on les affiche sur l'intranet de Nokia. Les managers n'ont pas le droit d'empêcher leurs employés de changer d'unité et ceux qui s'occupent de l'embauche n'ont pas le droit de se transformer en chasseurs de têtes ou d'encourager qui que ce soit à changer d'unité dans l'entreprise. Dans la plupart des cas, les équipes intègrent et quittent NVO en emportant les idées qu'elles conçoivent.

NVO est supervisé par le Nokia Ventures Board. La plupart des quinze membres de ce conseil proviennent des groupes d'activités. Le conseil examine les initiatives au fil des étapes de financement qu'elles franchissent. Les jeunes commerciaux de NVO sont parfois intégrés dans les services opérationnels d'une filiale nouvellement créée voire vendue.

Les leçons

Les auteurs de l'article de « McKinsey Quarterly[169] », croient que d'une façon générale on peut tirer des leçons de la manière d'agir de Nokia, qui intègre dans son entreprise les nouvelles idées mais en même temps les sépare de ses activités principales.

1. L'histoire de Nokia suggère que ces nouvelles entreprises ont vraiment besoin d'un espace à elles pour se développer. Si elles n'ont pas de ressources propres, la mesure de leurs propres performances, et une organisation propre, elles ne réussissent pas à développer l'esprit d'entreprise nécessaire.

2. Les conditions dans lesquelles opèrent ces entreprises ne doivent pas être vraiment différentes de celles existant au sein d'un marché ouvert. Ces nouvelles activités ne doivent pas être l'objet d'empiétements malhonnêtes de la part de celles qui sont établies, par contre cela ne veut pas dire qu'on ne doit pas les superviser ni leur demander de rendre des comptes.

3. Nokia montre bien le bénéfice de l'intégration. Des opportunités commerciales substantielles surgissent forcément lorsque les gens échangent des idées, des informations et des expériences à travers les frontières de l'entreprise. Les opérations existantes peuvent être une source puissante d'idées pour de nouvelles affaires, mais les dirigeants ne peuvent se servir de ce canal parce que des processus administratifs bien rodés filtrent les idées qui en sont encore à un stade flou ou prématuré. Les entreprises ont donc besoin d'un certain nombre de canaux dérivés qui transmettent comme il faut les signaux « faibles ». Nokia fait complètement confiance à ces systèmes désordonnés et parfois redondants. La mobilité de ses managers et une culture qui encourage l'ouverture et le partage de l'information

créent une sorte de marché de l'information au sein de l'entreprise.

4. L'expérience de Nokia démontre l'importance de la souplesse et de l'adaptabilité dans l'entreprise et dans sa structure. Ce qui est conçu pour le développement des affaires commerciales change aussi rapidement que les affaires elles-mêmes. Dès qu'une nouveauté peut être indépendante, il faut la faire passer sans attendre au stade opérationnel et la laisser marcher « comme une grande ». Quant à savoir si on doit en faire une unité séparée ou l'intégrer à une unité déjà existante, cela doit dépendre des synergies ou des incompatibilités perçues entre ces deux entités.

NVO est petit par rapport au reste de l'entreprise. Les innovations structurelles et méthodologiques créées par Nokia ne représentent qu'une partie de la réussite. La politique des ressources humaines et surtout la culture jouent de concert avec sa structure en faveur du flux d'idées dans l'entreprise.

PROCTER & GAMBLE

En 2000, P & G a formé un marché du savoir qu'elle a appelé Corporate New Ventures (CNV)[170]. On dirige les idées émanant de la force de travail de P & G — qui représente 110 000 personnes — vers le panel d'innovation CNV via « My Idea », réseau collaboratif d'entreprise. CNV se sert du web pour analyser les marchés, la démographie et le coût afin de s'assurer que les nouvelles idées sont réalisables. Si l'équipe décide qu'on peut y aller, le projet est lancé en quelques jours. La rémunération est un facteur clé dans la réussite de ces projets.

POLAROID CREATIVITY LAB, LA CRÉATIVITÉ EN 20 LEÇONS

Suzanne Merritt a fondé le Creativity Lab chez Polaroid et a servi de « créatologue » senior pendant les six années de l'existence du laboratoire. Voici les leçons enseignées par le développement et les opérations de ce centre de créativité[171] :

1. Pas de projets de construction ou d'organisation trop ambitieux.

2. Concentrez-vous seulement sur la prochaine étape, sinon l'idée sera périmée à son éclosion.

3. Rafraîchissez votre idée en permanence afin de modéliser vos enseignements.

4. Couchez par écrit un plan de cinq ans, stratégique et tactique, pour les autres — s'il le faut. Mais commencez d'abord par écrire votre propre vision — pour vous tout seul. Écrivez ce que vous voulez créer.

5. Assurez-vous d'une reconnaissance extérieure qui bâtira votre crédibilité interne.

6. Achetez avant de construire. Commencez avec des matériaux et processus existants, puis utilisez vos propres matériaux.

7. Recherchez les contradictions, ce seront elles qui vous feront avancer.

8. Remportez quelques victoires rapides que vous pouvez documenter et mesurer, cela vous fera gagner du temps.

9. Gardez vos idées au même endroit pour ne pas avoir à les réinventer.

10. Invitez les sceptiques à se joindre à vous pour vous aider à faire avancer votre projet.

11. Travaillez dans un contexte concret mais consacrez la moitié du temps à développer de nouvelles compétences.

12. Les outils et les techniques ne sont pas source de changement durable.

13. Créez un espace physique et racontez une histoire qui attirera l'attention et la curiosité.

14. Partez de ce que vous êtes. Connaissez votre entreprise et ce qui fait sa personnalité et son essence même. Créez alors les conditions initiales qui favoriseront la croissance de votre projet.

15. Obtenez un budget réel dont vous êtes responsable, travaillez alors comme si vous aviez une entreprise.

16. Organisez un réseau de personnes dans d'autres entreprises, partagez ouvertement vos informations.

17. N'essayez pas d'avoir des projets trop ambitieux qui touchent toute l'entreprise, trouvez plutôt une niche d'où vous pourrez avoir un impact réel.

18. N'essayez pas de vous approprier votre innovation, rendez des services et associez les autres à votre projet.

19. Créez la demande en étant en demande vous-même.

20. Dites oui à vos idées puis imaginez leur mise en pratique.

SHELL : PROCESSUS DE CHANGEMENT
DE RÈGLE DE JEU

Conjointement avec des consultants de Strategos, le panel Changement de jeu a décidé d'un Labo Innovation (Innovation Lab) de trois jours pour aider les employés à développer des idées faisant exploser les règles. Soixante-douze candidats entreprenants enthousiastes sont venus au premier Labo. Au cours de celui-ci, on a encouragé les collaborateurs à apprendre en étudiant les innovations radicales survenues à l'extérieur du domaine de l'énergie. À la fin du deuxième jour, un dossier de 240 idées avait été généré. Tous ont accepté le principe du filtrage et 12 idées ont été retenues. Un mois plus tard, un deuxième Labo Innovation a eu lieu. Shell s'est rendu compte que Changement de règle de jeu devait être plus qu'un exercice de brainstorming et a fait en sorte que les idées retenues deviennent réalité.Chez Shell, on a donné à un petit panel d'employés l'autorité de distribuer 20 millions de dollars pour récompenser les idées consistant à casser et changer les règles du jeu. Les idées sont soumises par leurs pairs. Le processus Game-Changer — Changement de règle de jeu — c'est son nom, a vu le jour en novembre 1996[172].

Un Labo Action de cinq jours a alors appris aux équipes à créer des plans de développement crédibles. Puis on leur a donné des coachs pour développer leurs plans d'action. À la fin, chaque équipe a présenté son histoire à un « conseil d'activités en développement ».

Le panel Changement de règle de jeu s'est attaqué à l'institutionnalisation du processus interne d'entreprenariat. Il se rassemble chaque semaine pour discuter des nouvelles idées, présentées via l'intranet Shell. Les idées qui ont le feu vert reçoivent souvent une allocation de mise en œuvre, 100 000 $ en général, quelquefois jusqu'à 600 000 $. Quelques mois plus tard, chaque projet accepté est revu de fond en comble pour vérifier que le concept de base est vraiment valable. Une fois ce test passé, le processus de Changement de règle de jeu est terminé.

Sur les cinq plus grandes initiatives de croissance de Shell au début 1999, quatre avaient pris racine dans le processus Changement de règle de jeu.

STEPS ROLE PLAY : STEPS JEU DE RÔLE

Ce prestataire londonien est une entreprise de formation qui s'appuie sur l'art dramatique. Il a été fondé en 1992. Richard Wilkes, acteur et conseiller expérimenté, explique : « nous ne sommes pas directifs. Le public arrive lui-même à une solution après avoir travaillé sur la situation avec des acteurs. Notre équipe ne doit pas improviser, les acteurs doivent jouer la situation »[173]. Parmi les projets de cette entreprise :

- deux services de recherche chez Pfizer ont demandé un développement dramatique mettant en scène les valeurs de l'entreprise ;
- pour Rabobank, Steps a contribué à concevoir des programmes de jeu de rôle mettant en scène harcèlement, pression et discrimination ;
- au Novotel London West, c'est grâce à un programme organisé par Steps et incluant quatre jours de théâtre que la direction a pu sensiblement améliorer la stabilité de son personnel ;
- Lloyd TSB utilise l'art dramatique pour débloquer le potentiel des managers femmes et améliorer leurs performances.

LA TEMPÊTE *ET* SHAKESPEARE, *UNE HISTOIRE DE TRANSFORMATION*[174]

Personne avant Shakespeare, et personne après lui, n'a capté le changement d'une façon aussi efficace. Plusieurs pièces de ce grand dramaturge sont utilisées aujourd'hui pour mieux comprendre le processus du changement.

Une histoire d'initiation classique

La Tempête de Shakespeare raconte une transformation à plusieurs niveaux. Chaque personnage dans l'histoire a l'occasion de se transformer et chacun saisit au vol cette opportunité selon sa personnalité et son propre niveau de développement. L'histoire concerne le projet de Prospero, qui est le duc exilé de Milan, et qui veut reconquérir son duché et assurer à sa fille Miranda un beau mariage. Avec le concours de l'esprit Ariel, il provoque une tempête qui cause le naufrage d'un navire à bord duquel se trouvent les usurpateurs coupables et un prince innocent. Ils arrivent tous par petits groupes sur l'île de Prospero, au large de la côte italienne, et y restent jusqu'à ce que le projet de Prospero ait complètement réussi.

Ce conte classique comprend les trois étapes de l'initiation :

- la séparation : l'éloignement de la normalité ;
- les épreuves : expériences et mésaventures amènent les initiés à pénétrer dans de nouvelles sphères de savoir ;
- le retour : lorsque le nouveau savoir est intégré aux anciennes connaissances, chacun peut servir la communauté, ou même le monde au sens large.

La renaissance, au sens propre et figuré

La Tempête est un conte de la Renaissance finissante, imprégné de la philosophie et de la sagesse de cette époque. Nombre de ses principes cependant, sont applicables de façon universelle, sont pertinents quelle que soit l'époque, et ils sont particulièrement intéressants aux moments spéciaux où s'ouvrent des portes, celles des opportunités favorables, quand l'humanité fait un grand bond en avant portée par les vents du changement.

Gardant à l'esprit le sens premier de nouvelle naissance, on se pose implicitement la question de savoir ce qui doit renaître, et par là même, ce qui doit mourir.

> Qu'est-ce qui doit renaître ?
>
> Qu'est-ce qui doit mourir ?

Les images reçues de l'histoire de *La Tempête* sont « alchimiques » et élémentaires, c'est-à-dire qu'on pose implicitement pour établi que le développement complet du potentiel n'est pas seulement une perspective attrayante, mais une responsabilité inhérente à tous les niveaux de création. Ainsi qu'Ariel le chante vers le début de l'histoire, « rien ne fane, rien ne meurt, tout subit un océan de changement, tout devient riche et étrange ». Cette histoire métaphorique raconte comment on change le plomb en or.

> Développer complètement son potentiel est une responsabilité inhérente à tous les niveaux de la création.

Les éléments présents dans cette histoire sont les classiques de la pensée néoplatonicienne : dans l'ordre, la terre, l'eau, l'air et le feu (le cinquième élément, le plus évolué, l'éther, est présent dans tous les autres mais n'apparaît dans aucun).

La terre : l'estomac, le ventre

La terre est l'élément le plus lourd et par conséquent le plus bas, il représente l'argile primordiale de la création, la bête sans pensée dépourvue de raison qui est en nous. Elle représente nos appétits physiques, sensuels, animaux. Elle est liée à l'estomac, ou au ventre, dans notre corps. Dans *La Tempête*, Calilban, mi-homme mi-bête, né de la folle sorcière Sycorax, habite dans ce domaine, ceux qui le suivent depuis le continent sont un maître d'hôtel ivrogne et un clown, qui représentent apparemment des versions plus civilisées des appétits sensuels.

L'eau : la tourmente émotionnelle

L'eau vient ensuite, elle est plus légère que la terre mais plus lourde que l'air. Elle représente le domaine des émotions, le monde des désirs et des sensations indifférenciées. C'est à ce niveau que chacun d'entre nous met en jeu l'essentiel de sa vie, « pris à mi-chemin entre le ciel et la terre », comme dirait Hamlet. C'est sur ce plan que se déchaînent les tourmentes émotionnelles, les complots, les conspirations et les conflits. C'est là que l'on trouve les seigneurs dans la pièce, ceux qui ont usurpé la place de Prospero douze ans plus tôt et ont toujours soif de pouvoir, à tel point qu'ils pensent à usurper le trône du roi de Naples. Alonso, affaibli par son chagrin, croit que son fils Ferdinand a péri noyé dans la tempête.

L'air : l'harmonie potentielle

L'air est l'élément suivant. Il représente le royaume de la pensée pure et de l'harmonie potentielle. Là peuvent se marier la raison et la compassion pour produire la vraie sagesse. Dans de nombreuses pièces de théâtre et de légendes, les enfants représentent l'âme évoluée des parents et la Tempête ne fait pas exception. Miranda, la fille de Prospero, et Ferdinand, le fils d'Alonso représentent le couple sur lequel repose tout notre espoir d'un avenir meilleur. Ils ont le don de penser avec leur cœur, ils reconnaissent la vertu lorsqu'ils la voient, ils honorent une action droite et une réalisation au moment approprié. Ils sont les premiers sur l'échelle des éléments à penser aux autres avant de s'inquiéter d'eux-mêmes et de leurs propres désirs.

Le feu : l'esprit et l'inspiration

En dernier vient le feu, mais ce n'est pas le moindre élément car il représente l'esprit et l'inspiration. C'est l'élément qui transforme le plus vite, en un clin d'œil. Ariel, bien sûr, tient cette place, mais aussi Prospero, le maître magicien capable de commander aux esprits et de les soumettre à sa volonté. Ce dernier est la force qui encourage tous les autres éléments à grimper sur l'échelle du développement. Mais il ne peut exister tout seul : sans les autres, il n'est pas complet.

Certains penseurs et beaucoup d'hommes spirituels préfèrent transcender les fonctions les plus basses et ne pas s'occuper de la terre. Shakespeare, lui, croit en l'intégration. Ainsi que le dit Prospero au sujet de Caliban, au début de l'histoire, « cette chose des ténèbres, je la reconnais comme mienne ». L'écrivain Rumer Godden a dit lui aussi[175] : « un proverbe indien dit que chacun se trouve dans une maison à quatre pièces, l'une est physique, l'autre émotionnelle, l'autre mentale et l'autre encore spirituelle. La plupart d'entre nous avons tendance à vivre dans une seule des pièces la plupart du temps, mais si nous n'allons pas dans chaque pièce chaque jour, ne serait-ce que pour l'aérer, nous ne sommes pas complets ».

Avec lequel des éléments de Shakespeare sommes-nous le plus familiers dans notre organisation ?

Quel élément ou quel personnage est le plus acceptable ? Lequel préférons-nous ? Lequel mettons-nous sur un piédestal ?

Lequel ignorons-nous, détestons-nous, repoussons-nous ?

Que dit la boule de cristal sur la formation en entreprise ?

Il est sûr que les entreprises vont continuer à renforcer la dimension application de la formation, pour rentabiliser leur investissement pédagogique de façon vraiment efficace. Elles limiteront par contre la mise en place de procédures coûteuses et sophistiquées dont le but unique est de mesurer le retour sur investissement des universités d'entreprise.

Les entreprises vont continuer d'utiliser le concept d'université d'entreprise pour mieux diffuser les connaissances et pour développer les innovations en interne plus rapidement. « Si nous savions ce que nous savons » est une question importante au sein des grandes entreprises qui se sont efforcées de mieux manager les connaissances, de les capitaliser et de les faire partager. Et la recherche montre que la connaissance est un animal sauvage qui vit en liberté — et sans cage pour le garder.

Récemment, certaines grandes universités d'entreprises se sont réorganisées. Isvor-Fiat a converti une grande partie de ses cent cinquante enseignants à plein-temps en consultants qui accompagnent des projets à l'intérieur de l'entreprise. La même chose s'est produite chez Shell qui a maintenant cent dix consultants environ, la plupart d'entre eux étant permanents au centre de formation du siège social. Comme cela se passe dans d'autres domaines, ces consultants sont en compétition avec des prestataires externes pour ce qui concerne les offres. Siemens a lancé un important programme pour former les coachs internes qui aident les managers opérationnels de première ligne. Le résultat et l'objectif de l'entreprise sont d'accélérer et d'améliorer la communication d'un service à l'autre et la mise en œuvre de sa stratégie partout dans le monde.

Quelques grandes universités d'entreprise traditionnelles ont pratiquement disparu ou se sont radicalement transformées. Par exemple, ABB, Ericsson, Lufthansa. De plus en plus les entreprises se débarrassent de leurs locaux consacrés à la formation, parce qu'ils sont trop coûteux, trop ostentatoires, et ne correspondent plus au monde d'aujourd'hui. Ou alors c'est le directeur général qui trouve que c'est trop loin lorsqu'il doit s'y déplacer pour une conférence de deux heures. Désormais il s'avère difficile de réunir les employés pour de longs séminaires, si bien que les locaux ne servent que la moitié du temps. Zurich Financial Services, Capgemini, Alcatel ou Casino par exemple sont confrontés à ces questions de locaux. Certains prestataires (Chateau'form) proposent une dizaine de sites agréables et bien équipés qu'ils destinent aux séminaires et qui contribuent à faciliter la logistique des universités d'entreprise.

ALLÉGER LE CONTENU ET CONTEXTUALISER

Il faut réduire les coûts, faire plus court, se contenter de ressources modestes et cela représente un exercice perpétuel pour les responsables de l'université d'entreprise. Le budget parle, les managers sont sous pression... si bien que les périodes réservées aux séminaires résidentiels sont de moins en moins nombreuses chaque année.

On avait l'habitude de proposer des séminaires de quatre jours — aujourd'hui il faut tout faire en deux jours. Le contenu doit parvenir aux participants d'une autre façon. On rend certaines lectures obligatoires (prérequis) avant de participer au séminaire, ou alors on fait préparer par e-learning et un tuteur se charge de compléter les apports. Mais les managers disposent vraiment de peu de temps pour se préparer et de toute façon il y a une limite à la délocalisation des programmes. Alors la tendance est à alléger le contenu tout en le contextualisant et en l'adaptant aux besoins réels de l'entreprise.

L'université d'entreprise est devenue l'un des principaux canaux de communication du comité exécutif ou du conseil d'administration vers les dirigeants. C'est aussi, ainsi que l'indique à plusieurs reprises Jack Welch, un vivier et une source de talents pour le directeur général. En fait, la formation fonctionnelle (marketing, finance, gestion) fait très souvent partie de l'éducation initiale du manager ou de ce qu'on lui demande de lire, du moins pour ceux qui peuvent lire l'anglais ou qui peuvent trouver des traductions correctes. Ce qui n'est cependant pas facile dans toutes les disciplines. Le développement du management et les ressources humaines sont des domaines dans lesquels il n'existe que peu de traductions. Les best-sellers anglo-saxons ont rarement été adaptés en français, en espagnol, en italien ou en allemand.

Voici ce que l'on peut trouver aujourd'hui dans la liste des priorités d'une université d'entreprise :

1. alignement de l'université d'entreprise, des ressources, du contenu, des processus, de l'évaluation et des récompenses avec la stratégie, tout en renforçant le lien avec le conseil d'administration et le directeur général ;

2. qualification des clients et des prestataires internes ;

3. mélange harmonieux des contenus, de la méthodologie, des approches d'enseignement, des processus (le coaching, l'évaluation, le conseil interne), de l'apprentissage par l'action, des études relatives à un projet, de l'enseignement en ligne, des forums virtuels pour les accorder avec les développements de carrière, la mobilité et les plans de succession ;

4. les RH et le DM (développement du management) deviennent une fonction sous processus, comme la plupart des autres fonctions de l'entreprise, avec une logistique à toute épreuve (systèmes d'information pour les RH, intranet et extranet, plateformes d'enseignement e-learning, organisation et invitation au séminaire, documents et écrits ad hoc...) ;

5. management stratégique des talents et développement du management sous une même casquette pour éviter les conflits épiques au sein des RH ;

6. partenariat avec les experts, externes ou internes, pour une meilleure expertise ;

7. management en réseau pour mieux disséminer les connaissances, pour mieux développer l'innovation et l'enseignement ;

8. groupes de réflexion pour les nouvelles initiatives et pour les enjeux posant problème, utilisant l'apprentissage par l'action (action learning) ;

9. bon marketing de l'université d'entreprise pour attirer les participants qu'il faut et les facilitateurs qui vont stimuler la réflexion et traiter les problèmes pertinents.

En parallèle, les tendances ci-dessus auront un impact important pour les prestataires que sont les business schools.

Jusqu'à maintenant, la plupart de ces écoles ont eu une approche par discipline, classique, et plutôt académique. Si l'on s'en tient au contenu, cela peut sembler approprié pour diffuser des connaissances sur un mode convergent. Mais comme nous le savons, les innovations se tiennent souvent au carrefour de plusieurs disciplines et les problèmes rencontrés en entreprise ont de nombreux aspects. Les entreprises ne recherchent pas un contenu en tant que tel, elles sont plutôt en quête de meilleures solutions quelle que soit la discipline impliquée. Les vraies innovations signifient des changements dans l'entreprise et la société, et ceci est beaucoup plus délicat à mettre en œuvre que de simples modifications techniques. C'est là que les business schools peuvent intervenir pour apporter de la valeur ajoutée en soutenant et en mettant en œuvre des innovations académiques. Le dispositif du Balanced Score Card, par exemple, ne sert à rien s'il n'est pas adapté, mis en œuvre, évalué, renforcé et diffusé.

L'enseignement académique traditionnel est de moins en moins approprié car le contenu est moins important que l'application, il cède la place à une bonne appropriation au contexte et à une bonne mise en œuvre. Tous les enseignants/professeurs classiques n'ont pas naturellement les talents permettant de faciliter ce travail d'acquisition non académique. Lorsqu'ils préparent leur thèse, les candidats au doctorat n'ont pas à maîtriser les processus spécifiques d'enseignement des adultes ni à utiliser toutes sortes de supports différents et des méthodologies variées. Les corps professoraux de ces business schools devront évoluer et se qualifier. Ils devront passer du « je sais et je vous enseigne » au « nous en savons plus collectivement et nous allons partager », et « nous » représente bien sûr tous ceux qui sont présents dans la salle de classe.

Ceci, il est vrai, va dans le sens de la critique d'Henry Mintzberg, au sujet des MBA dans son dernier ouvrage Des managers, des vrais ! Pas des MBA[176]. Il démontre dans son livre que les cours du MBA ne sont pas adaptés aux managers, dans la pratique. Le corps enseignant devrait s'inspirer beaucoup plus des guides de haute montagne que des professeurs de géographie — qui souvent n'ont pas beaucoup voyagé.

Dans le même temps, en ce qui concerne les premiers échelons du management on devrait renforcer certaines disciplines, par exemple :

- les sciences sociales : la sociologie, l'anthropologie, le comportement au sein d'une organisation, le développement de l'entreprise, les sciences politiques, l'éthique et la responsabilité sociale, la diversité et les compétences sociales, l'efficacité personnelle ;
- l'observation rigoureuse sur le lieu de travail au lieu de se contenter d'apprendre un contenu pur et simple ;
- le travail collectif et la résolution des problèmes en groupe ;
- le management de projet et des processus ;
- la technologie, ses usages et ses impacts, sa durabilité.

La plupart des domaines fonctionnels (le marketing, la finance, le contrôle de gestion…) peuvent facilement être enseignés à l'aide d'exemples, de livres et de techniques. En fait, c'est désormais à travers Internet que l'on peut apprendre le plus simplement dans ces domaines, par commodité. Ce n'est donc pas là que se trouve la différence lorsqu'il s'agit de préparer de futurs managers.

Si chaque prestataire doit fournir un service complet, cela signifie que les business schools devront se préparer à fournir toutes sortes d'expertises : des contenus, une méthodologie pour apprendre, une facilitation, un coaching, un tutorat, un conseil individuel, du conseil, la recherche et la diffusion de la connaissance et de l'innovation, mais aussi de la logistique. Les entreprises chercheront à se procurer un service complet comprenant toutes les prestations en provenance d'un seul prestataire pour diminuer les coûts de transaction. Si ce sont les écoles qui acceptent de s'occuper de la logistique pour les séminaires, allant pour cela jusqu'à envoyer les invitations aux séminaires selon des cahiers des charges précis, prendre en charge les locaux d'hébergement, les transports, etc. Les clients apprécieront car toutes ces opérations nécessaires n'apportent pas réellement de valeur ajoutée, elles sont au contraire une source de risque pour les entreprises.

Les écoles les plus traditionnelles ont beaucoup de difficultés à développer les compétences nécessaires à ces nouvelles exigences au sein de leur corps enseignant. Les professeurs ont leurs propres priorités académiques, ils doivent assurer leurs publications et leurs recherches pour maintenir leur niveau académique dans leur communauté. Il n'existe pas un grand nombre d'écoles qui peuvent rapidement proposer l'ensemble de ces services. Certaines le font, comme par exemple, Cranfield et Ashridge au Royaume-Uni, qui ouvrent la voie avec leur offre de conseil en plus de leurs programmes de MBA.

Qui plus est, les écoles doivent faire face à des contraintes financières de plus en plus en grandes. Le nombre de candidats dans les programmes de MBA décline. Les financements et subventions publics sont soumis à un examen minutieux et vont plutôt en diminuant. Les écoles ont tendance à augmenter leurs frais de scolarité, déjà souvent dissuasifs. Elles devraient s'efforcer de développer des revenus par le biais d'autres activités marchandes récurrentes et profitables. Si les activités de conseil ne génèrent pas toujours des revenus, elles amènent des occasions de se qualifier pour le corps enseignant. Mais le monde académique est un monde conservateur, les enseignants peuvent résister longtemps à la pression. Les doyens des écoles vont avoir besoin de champions et de bons directeurs de leur activité Executive education pour faire du changement une réalité. Les études de médecine sont faites dans les hôpitaux, cela peut donner des idées car l'enseignement de la médecine a été l'un des exemples fourni en 1959 dans le rapport Gordon Howell financé par la fondation Ford, lorsqu'il s'est agi de faire monter en puissance l'enseignement des affaires et du management.

Ce sont les contraintes et les problèmes au sein des entreprises qui ont déclenché les innovations aboutissant à la formation des managers et à de nouvelles pratiques, beaucoup plus que ça n'a été le cas dans les business schools ces dernières années. Peut-être est-ce dû à la façon dont les écoles sont gérées. Les écoles devraient alors revoir leurs priorités.

1. Repenser le concept de la gestion de l'établissement, l'ouvrir aux affaires et aux questions internationales, ne pas se borner à la recherche académique pure.

2. Redéfinir le portefeuille des activités (cf. P. Lorange).

3. Renforcer les liens avec les partenaires entreprises et qualifier ce réseau.

4. Recruter ou qualifier le corps enseignant pour un travail de conseil et la recherche appliquée, le rémunérer de façon appropriée.

5. Modifier la méthode d'enseignement et le contenu des programmes : différencier l'éducation initiale des programmes destinés aux personnes ayant déjà de l'expérience.

6. Développer des services complets pour l'entreprise au niveau des besoins réels et des préoccupations existantes plutôt que dans les domaines académiques.

7. Définir un projet à long terme pour l'école, projet reposant sur des expertises spécifiques pouvant donner une carte identificatrice à l'école qui aidera à la communication.

8. Participer activement à des réseaux comme l'EFMD afin de partager et de mettre au point des initiatives.

La mission unique de l'EFMD est de constituer un pont entre les deux rives de l'éducation des dirigeants : la rive académique et la rive pratique. Nous espérons sincèrement que cet ouvrage aura contribué à renforcer ce pont. Nous apprécierons de la part des lecteurs commentaires et contributions personnelles.

L'EFMD

L'EFMD (European Foundation for Management Development) est le plus grand réseau associatif dans le domaine du développement du management. Ce réseau couvre plus de 500 membres institutionnels et touche plus de 12 500 professionnels du développement du management provenant du monde académique, du monde des affaires, du service public et des cabinets de conseil dans 65 pays du monde. L'EFMD :

a plus de trente ans d'expérience dans la coordination de projets et d'activités générant un dialogue et un échange actifs entre les entreprises et les organismes académiques ;

contribue d'une façon tout à fait professionnelle et active à rechercher et générer de nouvelles idées pour améliorer les pratiques et le mode de pensée du management ;

maintient une série d'activités permanentes permettant à ses membres d'apprendre, de partager et de construire un réseau qui aide à mieux comprendre les changements continuels dans l'environnement du monde des affaires et de la formation au management ;

prend l'initiative de lancer des événements sur des sujets d'actualité brûlante rassemblant les hauts dirigeants et les hommes les plus distingués du monde académique ;

pourvoit à un contexte et à un environnement qui conduisent à une mise en réseau professionnelle et à l'établissement d'un pont entre le monde des entreprises et le monde académique ;

gère et développe les systèmes de certification, d'accréditation et de qualité :

- EQUIS (European Quality Improvement System) qui est un des principaux systèmes internationaux d'évaluation de la qualité, d'amélioration et d'accréditation des écoles de management. Quatre-vingts écoles ont ainsi été accréditées sur les cinq continents,

- CLIP, Corporate Learning Improvement process pour les Universités d'entreprise,

- CEL, Certification of e-learning,

- EPAS, système d'accréditation de programmes ;

manage des projets internationaux en Asie, en Europe de l'Est et dans le monde arabe et a de fortes relations avec des organismes semblables en Europe de l'Est, en Asie centrale, en Amérique centrale, aux États-Unis, au Canada et en Australie ;

fournit une plateforme pour l'exposition à de nouveaux environnements pédagogiques, génère et diffuse la connaissance à travers le réseau au bénéfice des membres. Ce savoir-faire de partage permet une meilleure compréhension des derniers progrès dans le domaine du développement du management.

EFMD

88 rue Gachard

B1050 Bruxelles, Belgique

Téléphone : 32 2 629 08 10

www.efmd.org

Notes

1. Gordon Shenton, Michel Péron, *Le Robert et Collins du management*, Le Robert, 1992.
2. Philippe d'Iribarne, *La logique de l'honneur*, Seuil, 1989.
3. P. Pawlosky, « The treatment of organizational learning in management science », *Handbook of Organizational Learning and Knowledge*, Oxford University Press, 2001.
4. « Learning from the Best Employers in Europe », décembre 2002, Hewitt Associates.
5. John Stopford, *Harnessing Organizational Knowledge for Strategic Innovation*, 1999, International Executive Development Center (IEDC).
6. Ronald Heifetz, « The leader of the future », *Fast Company Magazine*, juin 1999.
7. Daniel Vloeberghs, *Handbook Human Resource Management*, ACCO, Leuven, 1997.
8. Nuala Moran, « Human resources outsourcing », *Financial Times*, 7 mai 2003.
9. M. Dierkes, A. Berthoin Antal, J. Child & I. Noaka, *Handbook of Organizational Learning and Knowledge*, Oxford University Press, 2001.
10. Dave Ulrich, *Human Resource Champions*, Harvard Business School Press, 1996.
11. Paul Evans, Vladimir Pucik & Jean-Louis Barsoux, *The Global Challenge : Human Resource Management*, Mc Graw Hill Irwin, 2002. Pour en savoir plus : www.mhhe.com.
12. M. Dierkes, A. Berthoin Antal, J. Child & I. Nonaka, *Handbook of Organizational Learning and Knowledge*, Oxford University Press, 2001.
13. Thomas Sattelberger, « Liberating Talent », *EFMD Forum Magazine*, 98/2.
14. « A higher status for the people person », *Financial Times*, 29 janvier 2002.
15. *HR Benchmarking 2000 report*, PricewaterhouseCoopers. Pour en savoir plus : www.pwcglobal.com

16. Rich Wellins & Sheila Rioux, « The growing pains of globalizing HR », ASTD, mai 2000.
17. *The New HR Agenda : 2002 Human Resource Competency Study.* Pour en savoir plus, consulter l'University of Michigan Business School sur webuser.bus.umich.edu.
18. Daniel Vloeberghs, *Handboek Human Resources Management,* ACCO, Leuven, 1997.
19. Corporate Leadership Council : http./www.corporateleadership-council.com
20. Evans, Pucik & Barsoux, *The Global Challenge : Human Resource Management,* Mc Graw Hill Irwin, 2002. Pour en savoir plus : www.mhhe.com.
21. « Looking Ahead : Implications of the Present ». Introduction by Peter F. Drucker and Peter Senge. *Harvard Business Review,* septembre-octobre 1997.
22. *Minding the Muse : A Report on Research at Harvard Business School,* 23 mai 2000.
23. Göran Carsted, « How to Lead Change in the New Economy », *EFMD Forum Magazine* 2001/1 : Action Reading !
24. Pat McLagan, « Change : it's getting serious », Conference Board Executive Action, février 2003.
25. 5 th Annual Global CEO Survey 2002, PricewaterhouseCoopers.
26. Designing a CSR Structure, from Business for Social Responsibility. Pour en savoir plus : www.bsr.org.
27. Marguerite Rigoglioso, « The search for deeper meaning in the workplace », *Harvard Business School Working Knowledge,* 12 octobre 1999.
28. Lynda Gratton, *Living Strategy : Putting People at the Heart of Corporate Purpose,* Prentice Hall. Traduction française: *L'entreprise à visage humain,* Village Mondial.
29. Keith Goffin, « How to harness staff creativity », *Financial Times,* 23 octobre 2000.
30. Trevor Davis, « Innovation and Growth : Thriving Beyond 2000 », PWC report.
31. Pour en savoir plus sur Strategos : www.strategos.com
32. Peter Senge, *The Fifth Discipline : The Art & Practice of The Learning Organization,* New York : Currency/Doubleday, 1990, p. 371. Traduction française : *La cinquième discipline,* First.
33. Arie de Geus, *The Living Company,* Harvard Business School Press, 1997.
34. Steven Sonsino, « In search of tomorrow's leaders », *Business Strategy Review,* 2003, vol. 14.
35. Andrew Mayo, *The Human Value of the Enterprise,* Nicolas Brealey Publishing, 2001.
36. *International Encyclopedia of Business and Management,* Routledge, New York, 1996.
37. C. Argyris & D.A. Schon, *Organizational Learning : a Theory of Action Perspective, Reading,* MA : Addison-Wesley Publishing Company.
38. P. Schrivastava, « A typology of organizational learning systems », *Journal of Management Studies,* 20 (1): 7-28.

39. C. M. Fiol & M. A. Lyles, 1985, « Organizational learning », *Academy of Management Review*, 10 (4) : 803-813.
40. G.P. Huber, 1991. « Organizational learning : The contributing processes and the literatures », *Organization Science*, 2 (1): 88-115.
41. Evans, Pucik & Barsoux, *The Global Challenge : Human Resource Management*, Mc Graw Hill Irwin, 2002. Pour en savoir plus : www.mhhe.com.
42. Charles Galunic & John Weeks, « Investments that build on human nature », *FT Mastering People Management Series*, octobre 2001.
43. Michæl Osbaldeston, « Whose task is it to develop an organization and its people ? » *EFMD Forum Magazine*, été 2003.
44. Flooris van den Walt and Penny Abbott, « Selecting and developing the leaders for tomorrow — Management development concept of the HOLCIM Group », *EFMD Forum Magazine*, été 2003.
45. *Competing through Skills*, CREATE, 1999, Amin Rajan. Pour en savoir plus : www.create-research.co.uk
46. *Competing through Skills*, CREATE, 1999, Amin Rajan. Pour en savoir plus : www.create-research.co.uk
47. Michæl Osbaldeston, « Whose task is it to develop an organization and its people ? » *EFMD Forum Magazine*, été 2003.
48. Michæl Osbaldeston, « Whose task is it to develop an organization and its people ? » *EFMD Forum Magazine*, été 2003.
49. Bruno Dufour, « Painting the Picture : Management Development in Perspective, Redesigning Management Development in the New Europe, European Training Foundation », Report of the Torino group, février 1998.
50. A. Edmonson et B. Moingeon, « The How and Why of Organizational Learning : Mastering Global Business », *Financial Times supplement*, 1998.
51. Helen Handfield-Jones, *How Executives grow*, Mc Kinsey Quarterly, vol. 1, 2000.
52. Nathalie Shoppe Griffin, « Personalize your management development », *Harvard Business Review*, mars 2003.
53. J. Stuart Bunderson and K.M. Sutcliffe, « When to put the brakes on Learning », *Harvard Business Review*, février 2003 (annonçant l'article à venir dans le *Journal of Applied Psychology*).
54. Nigel Habersohn, « Habersohn & Associates », *EFMD Bulletin Newsletter*, juin 1999.
55. Sheila Tyler, Open University Business School, Final Report, « Project to Establish ROI in Large European Companies ».
56. Report of the EFMD ROI Learning Group, « ROI of Management Training and Development, an Innovative Approach to Measurement ». Pour en savoir plus : www.EFMD.be
57. Mumford Alan, *How Managers Learn : Management Development, a Guide for the Profession*, ILO 1998.
58. Bruno Dufour & Gordon Shenton, « CLIP », *EFMD Forum magazine*, 2002, deuxième édition.
59. En France, l'amalgame entre coaching et mentoring est souvent fait.
60. *Center for Creative Leadership e-Newsletter*, mai 2003, « April Poll Results on Coaching ».

61. David Clutterbuck, « Mentoring for Diversity », *EFMD Forum Magazine*, printemps 2001.
62. Elisabeth Lopez, « Mentoring : The World Bank Experience », Linkage Executive Summaries.
63. Sandra Bank Loggins, « Mentoring's Key Role in Career Development at Charles Schwab », Linkage Executive Summaries.
64. David Clutterbuck, « Coaching & Mentoring in a Global Environment », mai 2004, à dclutterbuck@item.co.uk.
65. Philippe Rosinski, *Coaching Across Cultures*, Nicholas Brealey Publishing.
66. Nancy Thomas, « Using Coaching & Mentoring to Accelerate Management Development at HP », *Linkage Executive Summaries*, mai 2001.
67. G. Van Shaik, Dinner speech at the EFMD Dean's & Directors' General Meeting, 2001.
68. Philip Sadler, « Leadership and Organizational Learning », *Handbook of Organizational Learning and Knowledge*, p. 415, Oxford University Press, 2001.
69. Antoine Kissenpfennig, Rüschlikon Centre, « presentation at the EFMD Advanced CU Learning Group meeting », mars 2002.
70. *Per-Anders Pehrson at the EFMD Corporate Members Meeting*, novembre 2000.
71. Mike Sweeney, « Driving Strategic Change Through Senior Leadership Development », presentation at the EFMD Corporate Learning Group, 10 mai 2004.
72. Suzy Wetlaufer, « An interview with Nestlé's Peter Brabeck », *Harvard Business Review*, février 2001.
73. *Harvard Business Review*, février 2001, p. 118.
74. Durk Jager, *EFMD Forum 2000*, troisième édition.
75. Michæl Osbaldeston, « From Business Schools to Learning Centres, Re-designing Management Development in the New Europe », European Training Foundation, Report of the Torino group, février 1998.
76. Angel Cabrera, *Trials and Trends, BizEd*, mai/juin 2003, p. 38.
77. Peter Lorange and Gilbert Xavier, Effective executive development, Developing the right strategy, EFMD Forum, 1998, première édition.
78. Gay Haskins, « Consortia programmes », London Business School, cycle d'octobre 1996.
79. Michæl Osbaldeston, Presentation at the EFMD LINK Seminar, 2003.
80. Mike Page, « Partnership Programmes », *EFMD Forum magazine*, printemps 2004.
81. Olle Bovin, « Responding to New Challenges in European Companies », Report of the Torino group, février 1998.
82. Sarah Murray, « CUX Awards », *Financial Times*, 13 octobre 2003.
83. Gay Haskins, *Consortia programmes*, London Business School, octobre 1996.
84. Voir Henry Mintzberg, *Des managers, des vrais ! Pas des MBA*, Éditions d'Organisation, 2005, pour plus de détails.
85. CLIP : Corporate Learning Improvement Process, diagnostic de certification des Universités d'Entreprise mis en place par l'EFMD.

86. Bruno Dufour, « Corporate Learning Improvement Process — CLIP », EFMD *Forum magazine*, été 2003.
87. FT Special Report, Business Education, 21 mars 2002 — Linda Anderson, « Essential part of educational landscape ».
88. Daniel Tobin, *The Knowledge Enabled Organization*, American Management Association, septembre 1997.
89. Prokesch Steven, « An Interview with British Petroleum's John Browne », *Harvard Business Review*, septembre-octobre 1997.
90. Thomas Sattelberger and Peter Westerbarkey, « HR Accelerates Strategic Culture Change », Deutsche Lufthansa AG, 1998.
91. Richard Dealtry, Case « Research in CU developments », *Journal of Workplace Learning*, 2000, issue 6.
92. Dominique Cufi, « Corporate University Challenge », *European Business Forum magazine*, issue 12, hiver 2003/3, p. 38.
93. Bertrand Moingeon, « CU : the hub of a learning organization », EFMD 2000 annual conference.
94. « The Corporate University : Learning Tools for success », APQC Report.
95. Jean-Claude Nataf, « The state of CU's in Europe », presentation at the Benchmarking Best Practices Seminar at STMicroelectronics en mai 2002.
96. M. Linders & S. Tymstra, « Dutch CU Survey », 2001.
97. Thomas Moore, « Corporate universities are here to stay », *Financial Times*, 25 mars 2002.
98. « The Corporate University : Measuring the Impact of Learning » — APQC best-practice report, été 2000.
99. « Center for Creative Leadership : Five steps to evaluating leadership development », Newsletter sur www.ccl.org.
100. Gordon Shenton & Bruno Dufour, « Corporate Learning Improvement Process CLIP », *EFMD Forum magazine*, été 2003.
101. Jeanne Meister, « E-learning success criteria », *CUX newsletter*, 5 décembre 2000.
102. Mark Jones & Sybren Tijmstra, « Learning from the EFMD CU group », EFMD Forum 2000, n 1.
103. Sybren Timstra, « The CU Challenge, presentation at the EFMD CU Start Up Workshop », janvier 2003.
104. Sarah Murray, « Corporate learning officer is on the rise », *Financial Times*, 22 mars 2004, Special Report.
105. Bruno Dufour, pendant l'atelier de l'Advanced Corporate Universities Learning Group de l'EFMD, automne 2003.
106. Mike Sweeney, « Driving Strategic Change through Senior Leadership Development », presentation at the EFMD Advanced Corporate Learning Group, le 10 mai 2004.
107. Tony Hayward, « BP Group treasurer, BP New Structure, New Challenges », presentation at the CREATE conference, juin 2001.
108. Martin Möhrle, « Learning and Development at Deutsche Bank : Human Resources : a Passion to Perform », décembre 2004.
109. Une récente restructuration a peut-être opéré d'importantes transformations au sein de cette université d'entreprise.
110. Corporate Universities International, avril 1999.

111. Matthias Bellman and Robert Schaffer, « Freeing managers to innovate », *Harvard Business Review*, juin 2001, réimpression F0106E.
112. Noël M. Tichy, « No ordinary boot camp », *Harvard Business Review*, avril 2001.
113. Andrew Mayo, *The Human Value of the Enterprise*, Nicholas Brealey Publishing, 2001.
114. Gary Hamel, « on Creating an organizational hierarchy of imagination, not experience », Chapter Six in *Rethinking the Future* by Roman Gibson, Nicholas Brealey Publishing, 1999. Traduction française : *Repenser le futur*, Village Mondial.
115. Shunryu Suzuki, *Zen Mind, Beginners' Mind*, ISBN : 0834800799. Weatherhill, New York & Tokyo, 1986.
116. Tom Peters, *Thriving on Chaos*, New York, Alfred A. Knopf, Inc., 1987.
117. Mitchell Ditkoff, série « Free the Genie », 12 brochures sur la pensée créative.
118. Victor Friedman, *The individual as agent for organizational learning*, *The handbook of Organizational Learning and Knowledge*, Oxford University Press 2001.
119. Peter Drucker, *The New Realities in Government and Politics/in Economics and Business/inSociety and World View*, New York: Harper & Row Publishers, 1989. Traduction française : *Les nouvelles réalités*, InterÉditions.
120. « Maestro unlocks corporate minds ». Interview with Benjamin Zander by Peter March, *Financial Times*, 17 janvier 2003.
121. Johana Mair, « Why some managers are entrepreneurs, and others are not. Entrepreneurial behavior in a large traditional firm : Exploring key drivers », IESE Insight Newsletter, 2002.
122. David Whyte, *The Heart Aroused*, juillet 1999, Doubleday/Currency.
123. Simon Majaro, *Managing Ideas for Profit : The Creative Gap*, McGraw Hill, 1992.
124. Alison Mailand, « Management Psychometric tests », *Financial Times*, 24 février 2000.
125. Le Cynefin Centre. Pour en savoir plus, consultez www.cynefin.net/.
126. Thomas Stewart, *How to think with your gut*, Business 2.0, 2002.
127. Andrew Argadon et Robert Sutton, « Building an innovation factory », *Harvard Business Review*, 2001.
128. Peter Haapaniemi, « CEO Survey, Innovation : Closing the implementation gap », *Chief Executive Magazine*, septembre 2002.
129. « Good ideas are not enough : Adding execution muscle to innovation engines », *Accenture*, automne 2002.
130. Ron Dvir et Edna Pasher, *How to create a climate for innovation*. Pour en savoir plus, consultez www.innovationecology.com
131. Alex Benady, « Organizations too can be put on the couch », *Financial Times*, 20 juin 2003.
132. John Gaulin à l'EFMD 2000 Corporate Members meeting.
133. John Kao, *Jamming the Art and Discipline of Business Creativity*, Harper-Business, 1996.
134. FAST Company, Fast Take, octobre 2000.
135. *Wisdom on creativity*. Pour en savoir plus, consultez www.kachaka.com

136. Paige Leavitt, *Rewarding Innovation*, APQC-Knowledge Sharing Network sur www.apqc.org
137. Center for Creative Leadership, consultez www.ccl.org
138. Peter Williamson, « Innovation as revolution », *Strategos e-bulletin*, avril 2000.
139. PeterDrucker talks about 21 century management, *Business Week Online*, 2 juin 1999.
140. Loren Gary, « Becoming a Resonant Leader », Burning Questions 2002, Harvard Management Update.
141. Strategos Institute, consultez www.strategos.com
142. Richard Branson, *DTI Innovation lecture*, 1998. Pour en savoir plus, consultez www.london-innovation.org.uk
143. Charles Leadbeater, *Living on Thin Air*, Penguin, 2000.
144. Peter Drucker, *Innovation and Entrepreneurship*, Harper Business, septembre 1986.
145. Trevor Davis, *Innovation and Growth : Thriving Beyond 2000*, PWC report.
146. Peter Lorange, *Stimulating growth, a top management perspective*, IMD Business Forum & Alumni event, Mexique, juin 2003. Pour plus d'informations, consultez www01.imd.ch/documents/businessforums.
147. Peter Lorange, *Stimulating growth*, op. cit.
148. Mark Maletz & Nitin Nohria, « Managing the whitespace », *Harvard Business Review*, février 2001.
149. Teresa Amabile, « How to kill creativity », *Harvard Business Review*, septembre-octobre 1998.
150. Jee Popova-Clark, *Creativity, Value, Age and Experience : Do they Correlate ?* PriceWaterhouseCoopers, juillet 2000.
151. Paul Roberts, « Creative Domains », *FAST company*, octobre 1997.
152. T. Davenport, L. Prusak, H. Wilson, «Who's bringing you hot ideas ? » *Harvard Business Review*, février 2003, p. 59.
153. Theodore Kinni, *Identify the Idea practitioners in your company*, Working Knowledge, Harvard Business School.
154. *Using Knowledge Management to Drive Innovation*, 10th Best Practice Report on KM from the APQC (American Productivity and Quality Center). Pour en savoir plus, consultez www.apqc.org.
155. Ikujiro Nunaka & Hirotaka Takeuchi, *The Knowledge Creating Company*, 1995, Oxford University Press.
156. Fons Trompenaars interviewed by Simon Lelic in *Knowledge Management Magazine*, mai 2003, Volume 6 n° 8.
157. APQC : the World Bank Profile — *Best Practices in Knowledge Management*, 2003. Pour en savoir plus : www.apqc.org.
158. Carlos Ghosn, President NISSAN Motors Ltd — conférence à la Cranfield School of Management, 28 novembre 2002.
159. Laurence Prusak et Eric Lesser, « Communities of practice, social capital and organizational knowledge », *EFMD Forum*, 1999, n° 3.
160. Jasmin Oesterle, DaimlerChrysler, *The Role of a CU in Achieving a Culture of Knowledge Transfer*, European Business Information Conference, mars 2000, à Amsterdam (Pays-Bas).

161. Amin Rajan, Leadership in a changing world, at the EFMD workshop : Leadership Development, Searching a New Paradigm, 11 et 12 juin 2003, à Londres (Royaume-Uni).

162. Peter Thorpe, pour en savoir plus : www.tail.org/seminars

163. « Create a stimulating environment for innovation, the Bekaert Group experience », *EFQM Newsletter*, septembre 2000.

164. « How BMW turns art into profit », *Harvard Business Review*, janvier 2001, réimpression R0101B.

165. D. Sutherland, J. Hartmann et M. Seidel, « From roadmap to roadway : Managing innovation at BMW », *Perspectives on Business Innovation newsletter*, n° 8. Pour en savoir plus, Cap Gemini Ernst & Young Center for Business Innovation at www.cbi.cgey.com/Journal

166. The Brainstore : www.brainstore.com/defaulte.asp

167. Jonathan D. Day, Paul Y. Mang, Ansgar Richter & Jon Roberts, *The innovative organization*, McKinsey Quarterly, 2001, n° 2.

168. Gary Hamel, « Bringing Silicon Valley inside », *Harvard Business Review*, septembre-octobre 1999.

169. Jonathan D. Day, Paul Y. Mang, Ansgar Richter & John Roberts, *The innovative organization*, McKinsey Quarterly, 2001, n° 2.

170. *P&G news release*, 14 juin 2000.

171. *Innovation University : Best Practices group*, 13 juillet 2000. Pour en savoir plus, consultez www.thinksmart.com.

172. Gary Hamel, « Bringing Silicon Valley inside », *Harvard Business Review*, septembre-octobre 1999.

173. Steps Role Play : www.stepsroleplay.co.uk/index.htm

174. Richard Olivier at the EFMD 2000 Annual Conference.

175. Pour en savoir plus, consultez www.lunaea.com/words/rumer

176. Henry Mintzberg, *Managers Not MBAs : a Hard Look at the Soft Practice of Managing and Management Development*, Berret-Koehler, 2004. Traduction française : *Des managers, des vrais ! Pas des MBA*, Éditions d'Organisation.

Remerciements

Dans le monde interconnecté d'aujourd'hui, les personnes sont la source de tout avantage compétitif. Dans ce contexte beaucoup reconnaissent l'importance du développement du management pour donner forme à leur compétence « différente ». Une valeur réelle en matière de développement du management provient de la façon d'aligner et de composer les initiatives. La perspective humaine est et doit être omniprésente. Ce rapport se présente comme un modèle pour comprendre la très grande variété d'approches envers la formation et aussi comme un guide pour créer des environnements d'entreprise cohérents. Nous exprimons notre gratitude à tous ceux qui, volontairement ou involontairement, ont contribué à cette publication.

À l'aide de plus d'une centaine de profils, l'objectif de ce livre est d'illustrer l'excellente pratique du développement du management en Europe. Il puise dans les ressources créatives du réseau EFMD et son information tirée de la vie courante aidera ceux qui sont sur le terrain à mettre en œuvre leur accompagnement stratégique. De plus, cet ouvrage est bâti en grande partie sur la vision de Charles Handy à l'EFMD qui privilégie le dialogue permanent entre théorie et pratique.

Les experts du monde de l'entreprise, comme ceux du monde académique, donnent ici un aperçu pénétrant de leur propre approche. Les exemples qui sont cités le sont en tant qu'illustration. Il existe une telle variété de formules de coopération qu'il faudrait écrire un annuaire pour les citer toutes or ceci n'est pas notre intention. De plus, les occasions de formation que nous mentionnons peuvent être ciblées pour des niveaux organisationnels différents et peuvent varier dans leur préoccupation, allant de l'atelier de résolution de problème, aux services du développement de l'entreprise au sens large.

Cela fait maintenant une trentaine d'années que l'EFMD s'occupe de promouvoir l'excellence parmi les approches diverses du développement du management en Europe. Le résultat des recherches qui sous-tendent cette promotion n'a jamais été publié en un ouvrage complet. Ce manuel comble cette lacune, c'est un guide professionnel, bâti sur l'expérience et l'expertise des entreprises européennes leaders en Europe qui font partie du réseau EFMD.

Ce rapport sur le vif donne de nombreux exemples, en provenance des meilleures entreprises européennes, afin de montrer comment on peut mettre en œuvre un accompagnement stratégique. Accompagner c'est apprendre, au sens le plus large du terme. Ce livre est essentiellement pratique et très accessible. Il veut aider son lecteur à :

- aborder de nouveaux concepts de formation et de développement du management ;
- comprendre comment les meilleures entreprises les ont mis en œuvre ;
- s'en servir pour construire plus vite une stratégie alignée ;
- établir le fondement d'une approche excellente à son propre développement du management.

Les lecteurs trouveront ici une mine d'informations leur permettant de décider si telle ou telle initiative convient à leur entreprise et de choisir les bons plans en matière de stratégie future.

Le but de cet ouvrage est de révéler des opportunités d'innover en matière de formation, de sorte à réaliser un savant mélange donnant une imprégnation d'entreprise des plus efficaces.

Nous tenons à remercier tout particulièrement les experts du réseau EFMD qui ont partagé leur expertise et leur perspicacité. Il n'aurait pas été possible sans eux de réaliser ce guide.

Nous remercions toutes les personnes qui, dans les universités d'entreprise, nous ont communiqué très aimablement les toutes dernières informations. Sans l'intervention des personnes que nous mentionnons ci-après, il n'aurait pas été possible d'inclure tous les profils que nous donnons dans cet ouvrage.

ABB University
M. Paul Lewis

ABN AMRO Academy
M. Raymond Madden

Alcatel University
M. Jan Ginneberge

The Allianz Management Institute
M. Peter Clist

Alstom Learning Institute
M. Gérard Soyer

Barclays University
M. Robin Blass

British Petroleum
Mme. Ann Ewing
M. Peter Callway

DaimlerChrysler Services Academy
M. Shlomo Ben-Hur

Deutsche Bank learning and development
Dr Martin Möhrle

EADS Corporate Business Academy
M. Hervé Borensztejn

General Electric
Mme Linda Boff

General Motors University
Mme Christiane Steinborn
M. Allan Mitchell

Heineken University
Mme Saskia van Walsum

Isvor Fiat
M. Osvaldo Busana
M. Rino Garbellano

The Lufthansa School of Business
M. Peter Brantzen

LVMH House
Mme Concetta Lanciaux

Novartis
M. Frank Waltmann

Siemens Learning
M. Vincent O'Neill

ST University
M. Gérard Mangin

Trilogy University
M. Eric Levine

UBS Leadership Centre
M. Michael Sweeney

Union Fenosa Corporate University
M. José Angel Fernandez Isard
M. Antonio Fuertes Zurita

University of Lloyds TSB
M. Stephen Mapp

Volkswagen Coaching
M. Wilfried Von Rath

Les auteurs et l'éditeur se sont efforcés de contacter toute personne ayant le droit de copyright. Si, par inadvertance, qui que ce soit a été oublié, l'éditeur sera heureux de faire toute correction nécessaire dès que possible.

Index